Ernst Nauer **Organisation als Führungsinstrument**

Dr. Ernst Nauer

Organisation als Führungsinstrument

Ein Leitfaden für Vorgesetzte

3., unveränderte Auflage

Verlag Paul Haupt
Bern · Stuttgart · Wien

1. Auflage: 1993
2. Auflage: 1997

Die Deutsche Bibliothek – CIP-Einheitsaufnahme

Nauer, Ernst :
Organisation als Führungsinstrument : ein Leitfaden für Vorgesetzte /
Ernst Nauer. –
3., unveränd. Aufl. –
Bern ; Stuttgart ; Wien : Haupt, 1999
ISBN 3-258-05517-3

Alle Rechte vorbehalten
Copyright © 1999 by Paul Haupt Berne
Jede Art der Vervielfältigung ohne Genehmigung des Verlages ist unzulässig
Dieses Papier ist umweltverträglich, weil chlorfrei hergestellt
Printed in Switzerland

http://www.haupt.ch

Inhaltsverzeichnis

Inhaltsverzeichnis 5
Vorwort 11

Kapitel 1: Ziele und Grundlagen der Organisation 13

1. Das Organisationsproblem 16
2. Ziele und Einflussfaktoren der Organisation 19
    2.1   Zielorientierung 19
    2.2   Leistungsorientierung 20
    2.3   Systemorientierung 23
    2.4   Soziale Aspekte 29
3. Instrumente der Organisation 31
4. Einsatzbereiche der Organisation 33
5. Organisation als Führungsaufgabe 36
    5.1   Festlegung von Zielen, Mitteln und Verfahren 37
    5.2   Sicherung von Stabilität und Flexibilität 38
    5.3   Organisation als Chefaufgabe 39
    5.4   Organisation und Motivation 41
Literatur zu Kapitel 1 43

Kapitel 2: Organisationsprinzipien 45

1. Bildung von Stellen und Stellengruppen 48
    1.1   Prinzipien der Stellenbildung 48
    1.2   Voraussetzungen und Kriterien der Delegation 52
           1.21   Delegation als Führungsaufgabe 53
           1.22   Delegationsprinzipien 54
           1.23   Delegationsgrad 56
           1.24   Häufigste Delegationsfehler 57
    1.3   Abstimmung von Aufgaben und Kompetenzen 59
    1.4   Horizontale und vertikale Stellengruppierung 63
           1.41   Leitungs- und Kontrollspanne 64
           1.42   Führungsstufen 66
2. Stellenarten und organisatorische Beziehungen 70
    2.1   Stellenarten, Strukturtypen und Organisationsformen 70
    2.2   Einzelne Stellenarten 71
           2.21   Linienstellen und Linienstruktur 71

	2.22	Stabsstellen und Stabs-Linienstruktur	72
	2.23	Zentrale Dienste	74
	2.24	Matrix-Stellen	75
2.3		Strukturtypen und organisatorische Beziehungen	77
	2.31	Ein-Linien-Beziehungen	77
	2.32	Mehr-Linien-Beziehungen	78
	2.33	Verbindungswege in Ausnahmefällen	79

3. Stellenbesetzung 82
    3.1   Grundsätze der Stellenbesetzung 82
    3.2   Personen- oder sachbezogene Stellenbesetzung 83
    3.3   Stellvertretung 85
    3.4   Spezielle Stelleninterpretationen 88
Literatur zu Kapitel 2 90

Kapitel 3: Analyse und Gestaltung der Organisation 91

1. Grundlagen des Reorganisierens 94
    1.1   Einsatzbereiche organisatorischer Änderungen 94
    1.2   Gründe und Zyklen von Organisationsstudien 96
    1.3   Abstimmung von Struktur, Prozessen und Verhalten 98
    1.4   Reaktion der betroffenen Mitarbeiter 101
2. Vorgehen bei der Analyse von Strukturen 104
    2.1   Grundsatzfragen 104
    2.2   Phasen eines Organisationsprojektes 107
    2.3   Voranalyse 109
    2.4   Analyse und Beurteilung des IST-Zustandes 112
           2.41   Planung der IST-Analyse 113
           2.42   Durchführung der IST-Analyse 114
3. Methoden und Instrumente der Strukturanalyse 119
    3.1   Vorgehens- und Methodenwahl 119
    3.2   Dokumentenanalyse 121
    3.3   Fragebogen 122
           3.31   Voraussetzungen und Vorgehen 123
           3.32   Inhalt und Bedeutung des Fragebogens 125
    3.4   Interview 128
           3.41   Einsatz und Interview-Arten 128
           3.42   Interview-Phasen 129
           3.43   Spielregeln und taktisches Verhalten 131
    3.5   Übrige Analysetechniken 134

4. Vorgehen zur Gestaltung von Strukturen ... 136
4.1 Konkretisierung von Zielen und Anforderungen ... 136
4.2 Aufstellen von Alternativen ... 138
4.3 Bewertung von Lösungsvorschlägen ... 140
Literatur zu Kapitel 3 ... 144

Kapitel 4: Organisations-Hilfsmittel ... 145

1. Einsatzbereiche der Organisationshilfsmittel ... 148
2. Hilfsmittel zur Darstellung von Strukturmerkmalen ... 149
2.1 Organigramm ... 149
2.2 Kommunikationsdiagramme ... 153
3. Hilfsmittel zur Implementierung der Struktur ... 156
3.1 Wahl der Hilfsmittel ... 156
3.2 Job Contract ... 158
3.3 Stellenbeschreibungen ... 161
3.31 Zweck und Einsatz der Stellenbeschreibung ... 161
3.32 Inhalt und Gestaltung von Stellenbeschreibungen ... 162
3.33 Vorgehen ... 166
3.4 Funktionendiagramm (FD) ... 166
3.41 Hauptmerkmale und Ziele des FD ... 167
3.42 Abstimmung des FD auf die Organisationsstruktur ... 169
3.43 Erstellung eines Aufgabenkataloges ... 170
3.44 Festlegung der Funktionen ... 173
3.45 Vorgehen bei der Erstellung eines FD ... 174
3.46 Beurteilung des FD ... 175
Literatur zu Kapitel 4 ... 177

Kapitel 5: Analyse und Gestaltung von Prozessen ... 179

1. Ziele und Einsatzgebiete von Prozessen ... 182
2. Analyse und Gestaltung der Aufgabenstruktur ... 183
2.1 Problemstellung und Zielsetzung der Aufgabenanalyse ... 183
2.2 Technik der Aufgabenanalyse ... 186
2.3 Arbeitsvereinfachungskonzepte ... 191
2.4 Gemeinkosten-Wertanalyse (GWA) ... 197
2.5 Festlegen von Schlüsselbereichen ... 202
3. Analyse und Gestaltung der Arbeitsabläufe ... 206

3.1 Problemstellung und Ziele bei Ablaufanalysen 206
3.2 Vorgehen und Methodenwahl 207
3.3 Einzelne Analysetechniken 210
3.4 Gestaltung und Einführung bereinigter Abläufe 214
Literatur zu Kapitel 5 217

Kapitel 6: Organisationsformen 219

1. **Grundlagen der strukturellen Ausrichtung** 222
   1.1 Von der Strategie zur Struktur 222
   1.2 Darstellung und Beurteilung der Dimensionen 226
   1.3 Möglichkeiten der Strukturierung 228
2. **Eindimensionale Organisationskonzepte** 234
   2.1 Nach Funktionen orientierte Organisationskonzepte 234
   2.2 Produktorientierte Organisationsform 236
   2.3 Regionale Organisationskonzepte 238
3. **Matrix-Organisation** 241
   3.1 Darstellung und Integration der Dimensionen 241
   3.2 Regelung der Zusammenarbeit 243
   3.3 Vorteile und Probleme der Matrix-Organisation 245
   3.4 Tensor-Organisation 247
4. **Produktmanagement** 250
   4.1 Grundlagen des Produktmanagements 250
   4.2 Anwendungsvoraussetzungen 251
   4.3 Aufgaben des Produktmanagers 253
   4.4 Einsatzformen und organisatorische Integration 255
   4.5 Vorteile und Probleme des Produktmanagements 257
5. **Projektmanagement** 259
   5.1 Grundlagen des Projektmanagements 259
   5.2 Projektkoordination (Projektmanagement in Stabsfunktion) 262
   5.3 Matrix-Projektorganisation (integrierte Projektorganisation) 264
   5.4 Reine Projektorganisation (Task Force Management) 270
   5.5 Gestaltung und Abwicklung von Projekten 273
6. **Aktuelle Organisationskonzepte** 279
   6.1 Lean Management 280
   6.2 Cluster- und/oder Netzwerkorganisation 285
Literatur zu Kapitel 6 288

Kapitel 7: Führungsstrukturen 291

1. Führungsorganisation und Führungsstrukturen 294
2. Einsatz und Leistungsauftrag des Verwaltungsrates 297
    2.1   Bedeutung des VR nach Art und Grösse des Unternehmens 297
    2.2   Traditionelle und neue VR-Aufgaben 299
    2.3   Aufgaben und Rollenverteilung in einem aktiven VR 302
3. Aufgaben und Struktur der Geschäftsleitung 305
    3.1   Grundsätzliche Eigenschaften der Ein-Mann-Führung 307
    3.2   Grundsätzliche Eigenschaften der Gremiums-Führung 309
    3.3   Typische Gremiums-Konzepte 310
    3.4   Typische Führungskonzepte in mittleren Unternehmen 315
        3.41   «Der Pionier» 317
        3.42   «Der Souveräne» 319
        3.43   «Der Ausbauer» 320
        3.44   «Der Verwalter» 322
        3.45   «Der Mächtige» 323
        3.46   «Der Neue» 325
        3.47   «Der Platzhalter» 326
Literatur zu Kapitel 7 329

Index 331
Anhang 335

Vorwort

Bei jeder organisatorischen Gestaltung sollen bestmögliche Voraussetzungen für die Bewältigung der zukünftig anfallenden Aufgaben geschaffen werden. Die Organisation ist damit nicht Selbstzweck, sondern sie hat für eine effiziente Umsetzung der Unternehmensstrategie zu sorgen. Weil sich ein Unternehmer nur periodisch mit Strukturfragen auseinander setzen muss, ist die operationelle Umsetzung von Strategien oft mit Schwierigkeiten verbunden. Offenbar fällt es leichter, Ideen und Visionen zu definieren, als die zur Zielerreichung erforderlichen organisatorischen Massnahmen festzulegen.

Wenn ein Unternehmer die Organisation nur als unbedeutende Nebenaufgabe betrachtet, entsteht mit der Zeit ein Gebilde, von dem man später behauptet, es sei «historisch gewachsen». Dabei verlangt eine dynamische Unternehmensführung eine schnelle und situationsgerechte Anpassung der Unternehmensorganisation. Ferner entstehen Strukturen und Prozesse nicht durch einen einmaligen Akt, sondern aufgrund zahlreicher, täglich anfallender Entscheidungen. Die Einsetzung neuer Mitarbeiter, die Bildung von Projektteams oder die Zuweisung neuer Aufgaben erfordern systemkonforme Entscheidungen und Kenntnisse über Organisationsprinzipien, Hilfsmittel und Verfahren. So gesehen, betrachten wir die Organisationstätigkeit als eine wesentliche Führungsaufgabe für jeden Chef.

Sowohl bei der strategischen Ausrichtung der Organisation als auch bei dispositiven Entscheidungen ist ein Vorgesetzter angewiesen auf eine klare Darstellung der organisatorischen Zusammenhänge. Die Zielsetzung dieses Buches besteht somit in der Darstellung und Erläuterung organisatorischer Grundlagen sowie der Vermittlung des Vorgehens zur Lösung konkreter Organisationsprobleme.

Meine Auffassung über die Zweckmässigkeit organisatorischer Regelungen bildete sich während meiner langjährigen Praxis als selbständiger Unternehmensberater. Daneben bin ich seit über zwanzig Jahren als Dozent für Betriebswirtschaft an der Hochschule St. Gallen tätig. Trotz dieser Verbundenheit mit der Hochschule verzichte ich aus praktischen Gründen bewusst auf eine vollständige Auflistung wissenschaftlicher Lehrmeinungen. Dagegen ist eine teilweise Anlehnung an das St. Galler Management-Konzept bei der Einordnung, Analyse und Gestaltung der vielfältigen Organisationsprobleme unverkennbar.

Erfindungen auf dem Gebiete der Organisation sind selten. Die Erkenntnisse eines Organisators über Strukturen, Prozesse und Verfahren entstehen aufgrund des Literaturstudiums und der praktischen Erfahrung. Die ersten theoretischen Grundlagen erhielt ich von meinen früheren Lehrmeistern, den Herren Professoren H. Ulrich und R. Staerkle anlässlich meiner Tätigkeit am Institut für Betriebswirtschaft. Aber auch den aktuellen Kontakten mit Prof. P. Gomez verdanke ich viele Anregungen und Erkenntnisse. Stellvertretend für verschiedene betriebsinterne Diskussionspartner richtet sich mein besonderer Dank an Dr. Max Schmid von Hoffmann La-Roche für die konstruktiven Organisationsgespräche der letzten Jahre.

Ein herzlicher Dank gebührt meiner Frau Trudi, welche nicht nur diese aufwendige Abendbeschäftigung erdulden musste, sondern auch die Texteingabe übernommen hat.

Die formelle Gestaltung dieses Buches verdanke ich meinem Sohn Thomas. Er hat mich mit viel Geduld in die Geheimnisse des NeXT-Computers eingeführt und mit viel Fleiss und Ausdauer das druckfertige Manuskript erstellt.

Schliesslich bedanke ich mich bei meinem langjährigen Freund Werner Dillitzer, welcher sich spontan für das Korrekturlesen geopfert hat.

St. Gallen/Abtwil, Oktober 1993   Ernst Nauer

Kapitel 1

Ziele und Grundlagen der Organisation

Kapitel 1

1. Das Organisationsproblem 16

2. Ziele und Einflussfaktoren der Organisation 19
    2.1   Zielorientierung 19
    2.2   Leistungsorientierung 20
    2.3   Systemorientierung 23
    2.4   Soziale Aspekte 29

3. Instrumente der Organisation 31

4. Einsatzbereiche der Organisation 33

5. Organisation als Führungsaufgabe 36
    5.1   Festlegung von Zielen, Mitteln und Verfahren 37
    5.2   Sicherung von Stabilität und Flexibilität 38
    5.3   Organisation als Chefaufgabe 39
    5.4   Organisation und Motivation 41

Literatur zu Kapitel 1 43

Ziele und Grundlagen der Organisation

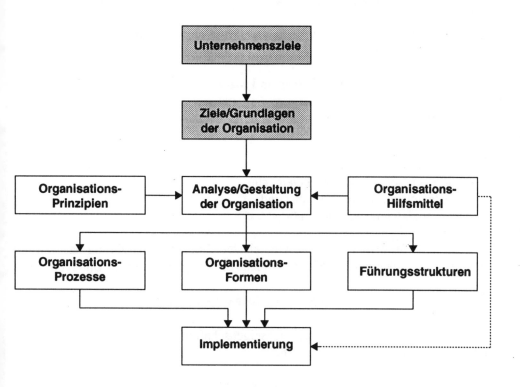

Problemkreise/Fragen

- Was heisst organisieren?
- Was versteht der Organisator unter Objekten, Phasen, Instrumenten?
- Welchen Stellenwert hat die Organisation innerhalb der Unternehmensführung? Ist sie Selbstzweck oder Hilfsmittel?
- Welche Erkenntnisse resultieren aus dem Systemansatz?
- Welche Wechselwirkungen bestehen zwischen: Struktur, Prozessen, Prinzipien und Hilfsmitteln der Organisation?
- Kann die Organisation als Führungsaufgabe bezeichnet werden?
- Was versteht man unter formaler und informaler Organisation?
- Welche Organisationsaufgaben kann ein Vorgesetzter nicht delegieren ?

1. Das Organisationsproblem

Ausgangspunkt und Objekt der Organisation ist die Unternehmung, welche nach dem Ansatz des systemorientierten Managements definiert wird als

produktives und soziales System.

Etwas ausführlicher umschrieben handelt es sich bei der Unternehmung um ein Gebilde, welches

- bestimmte Ziele verfolgt,
- diese wirtschaftlich erreichen möchte,
- Systemeigenschaften aufweist und
- dem sozialen Bereich angehört.

Die Organisation als wichtiger Bestandteil der Unternehmensführung hat sich mit sämtlichen Massnahmen zu befassen, welche die Tätigkeit in einem Unternehmen

ordnen und effizient gestalten.

Gemäss den aufgeführten Unternehmenseigenschaften lassen sich für die Organisation folgende Anforderungen ableiten:

- Schaffung günstiger organisatorischer Voraussetzungen zur Erreichung der unternehmerischen Ziele
- Erhöhung der Produktivität
- Möglichst ökonomischer Einsatz der Mittel
- Prozess- und kundenorientierte Ausrichtung der Aktivitäten
- Schaffung einer transparenten und flexiblen Ordnungsstruktur
- Bestmögliche Abstimmung der Interessen des Unternehmens auf die Bedürfnisse der Mitarbeiter
- Schaffung einer günstigen Unternehmenskultur.

Weil jedes Unternehmen seine Aufgabe in einer dynamischen Umwelt erfüllen muss, sind bei der organisatorischen Gestaltung auch eine Vielzahl externer Einflussfaktoren zu berücksichtigen. Als Beispiel dafür gelten die kürzeren Produktlebenszyklen, der rasante technische Fortschritt oder der nur schwer erfassbare Wandel der Kommunikationstechnologie. Durch eine laufende und individuelle Anpassung der Organisation an die Umweltbedingungen kann sich ein Unternehmen im Wettbewerb vorteilhaft positionieren oder sich nach Gomez[1.1] die erforderliche Autonomie verschaffen.

Eine klare Darstellung und Strukturierung der vielfältigen Organisationsprobleme ist ein recht schwieriges Unterfangen. Die unterschiedlichen Arten, Grössen und Lebensphasen der Unternehmen erschweren eine allgemein gültige Klassierung.

Als Leitfaden für dieses Buch werden wir die Organisationsprobleme nach dem Ablauf bzw. den einzelnen Phasen darstellen, wobei jeder Problemkreis in einem separaten Kapitel behandelt wird. Angefangen von den unternehmerischen Zielen bis zur Implementierung der Organisation ergeben sich gemäss Abb. 1.1 folgende Zusammenhänge:

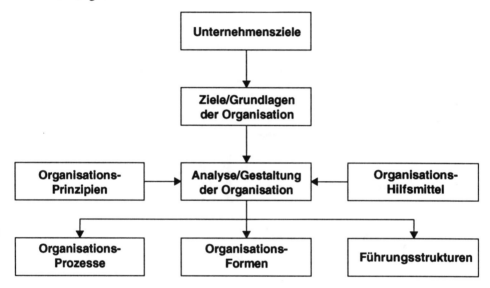

Abb. 1.1: Grundlagen und Problemkreise der Organisation

Die **Unternehmensziele** bilden den Ausgangspunkt und die Grundlage für jede organisatorische Tätigkeit. Die Interdependenzen zwischen Strategie und Organisation bzw. operationeller Umsetzung sind heute unbestritten. So gesehen stellen die **Organisationsziele** ein Anforderungsprofil dar, welches aus der strategischen Planung abgeleitet werden kann.

Die **Analyse und Gestaltung der Organisation** beinhaltet zusammen mit der am Schluss eines Projektes vorzunehmenden **Implementierung** die eigentliche Organisationstätigkeit. Isoliert betrachtet stellen sie die Phasen oder das Vorgehen bei Organisationsproblemen dar. Diese Tätigkeiten können dann sinnvoll und effizient durchgeführt werden, wenn bewährte **Prinzipien** beachtet und zweckmässige **Hilfs-**

mittel eingesetzt werden. Prinzipien und Hilfsmittel werden in der Literatur auch als Instrumente bezeichnet.

Als Einsatzbereiche oder Objekte der Organisation gelten die **Prozesse** oder **Arbeitsabläufe**, die **Organisationsformen** und die **Führungsstrukturen**. Bei gesamtunternehmerischen Projekten werden sämtliche Einsatzbereiche untersucht, bei kleineren Projekten stehen meist nur einzelne Objekte zur Diskussion.
Versucht man das Organisationsproblem nach Dimensionen zu ordnen, resultiert die in Abb. 1.2 dargestellte Beziehungsstruktur.

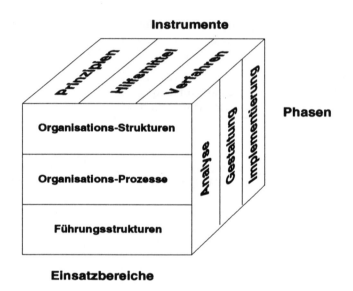

Abb. 1.2: Dimensionen der Organisation

Eine verbale Umschreibung der Organisationstätigkeit nach den Dimensionen könnte somit lauten:

- Analyse, Gestaltung und Implementierung von
- Prozessen, Organisationsformen und Führungsstrukturen unter Berücksichtigung oder Verwendung geeigneter
- Prinzipien, Hilfsmittel und Verfahren,

zur Erreichung der angestrebten Unternehmensziele.

2. Ziele und Einflussfaktoren der Organisation

2.1 Zielorientierung

Jede organisatorische Aktivität setzt sich zum Ziel, bestmögliche Voraussetzungen für eine erfolgreiche Bewältigung der zukünftig anfallenden Aufgaben zu schaffen. Diese Zukunftsorientierung der Organisation setzt strategische Grundsatzentscheide voraus. Umgekehrt kann die strategische Planung auch Aktivitäten enthalten, welche für die Betriebsorganisation von sekundärer Bedeutung sind. Dazu gehören alle Massnahmen, welche zur Nutzung externer Potentiale erfolgen (z.B. Kooperationsverträge) und der Wertsteigerung des Gesamtunternehmens dienen.

Dagegen hat die etwas enger gefasste Geschäftsstrategie einen direkten Einfluss auf die Organisation. Sie orientiert uns, mit welchen strategischen Geschäftseinheiten (SGE) und welchen strategischen Erfolgspositionen (SEP) Wettbewerbsvorteile geschaffen werden sollen. Die Erfüllung des unternehmerischen Leistungsauftrages wird gesteuert und überwacht durch die finanziellen Zielvorstellungen. Nicht weniger wichtig, jedoch schwerer messbar sind die sozialen Ziele oder Rahmenbedingungen. Die in Anlehnung an das St.Galler Management-Modell resultierende Zielstruktur haben wir in der folgenden Abb. 1.3 dargestellt.

Abb. 1.3: Ziele der Unternehmung

Obwohl die Erzielung einer angemessenen Rendite oder etwa die Aufrechterhaltung der Beschäftigung bei vielen Unternehmen einen sehr grossen Stellenwert hat, dürfte die konsequente Verfolgung der Produkt-Markt-Ziele zur Stärkung der Kerngeschäfte der eigentliche Promotor für das unternehmerische Wirken sein.

> Die Organisation hat demnach Mittel und Verfahren bereitzustellen, damit die Verfolgung der Produkt-Markt-Ziele zu einem wirtschaftlichen Erfolg führt.

2.2 Leistungsorientierung

Die Hauptaufgabe der Organisation besteht in der Schaffung eines funktionsfähigen und wirtschaftlichen Systems. Für die organisatorischen Aktivitäten genügt der Oberbegriff «Wirtschaftlichkeit» nicht, hier spricht man von:

- Rentabilität
- Produktivität
- Wirtschaftlichkeit
- Effektivität
- Effizienz.

Unter **Rentabilität** versteht man das Verhältnis zwischen dem eingesetzten Kapital (auch Faktoreneinsatz genannt) und dem daraus resultierenden Gewinn. Allerdings braucht man zur Erzielung einer ansprechenden Rendite nicht Unternehmer zu sein. Wer die Rentabilität als einziges anzustrebendes Ziel betrachtet, kann sein Geld mit einem kleineren Risiko in Obligationen oder Aktien anlegen.
Demgegenüber setzt ein Unternehmer sein Vermögen ein und stellt seine ganze Persönlichkeit zur Verfügung, um das von ihm gesteckte Produkt-Markt-Ziel zu erreichen. Die daraus resultierende Rendite braucht er für die Substanzerhaltung und Wertsteigerung seines Unternehmens.

Die **Produktivität** umschreibt das Input/Output-Verhältnis von betrieblichen Vorgängen oder die technische Leistungsfähigkeit einer Maschine, einer Anlagegruppe oder ganzer Betriebe.
Bei dieser Messgrösse sind unterschiedliche Wertschöpfungen in Form von zusätzlichen Arbeitsleistungen oder höherer Qualität bei der Ausbringungsmenge in Rechnung zu stellen.
Zu Zeiten der Industrialisierung konzentrierten sich die Anstrengungen zur Produktivitätserhöhung ausschliesslich auf den betrieblichen Bereich. Die Haupttätigkeit des Organisierens konnte demnach mit Rationalisierung umschrieben werden. Erst in den letzten Jahren wurde auch die Verwaltung als Objekt für Rationalisierungsmassnahmen herangezogen.

Ziele und Grundlagen der Organisation

Bei der **Wirtschaftlichkeit** wird das Input-Output-Verhältnis nicht in Mengen, sondern in Franken (Aufwand-Ertrag) gemessen. Einem wirtschaftlich arbeitenden Unternehmen gelingt es somit, den Mitteleinsatz, d.h. den Aufwand in einem günstigen Verhältnis zum Ertrag zu halten.

Die Begriffe Effizienz und Effektivität stehen heute bei zahlreichen Projekten im Vordergrund. Sie bedeuten in der Kurzform:

> **Effizienz** = **die Dinge richtig tun**
> **Effektivität** = **die richtigen Dinge tun.**

Wer die **Effizienz** in seinem Unternehmen steigern will, muss durch eine funktionale Aufgabenteilung dafür sorgen, dass gleichartige Prozesse zusammengefasst und rasch und kostengünstig bearbeitet werden. Dieses traditionelle Organisationsprinzip fordert eine konsequente Zentralisierung gleichartiger Tätigkeiten, Standardisierung und Rationalisierung zur Erreichung der Kostenführerschaft. Die Gegner des Effizienz-Prinzips verweisen auf die Teiloptimierung, die komplexere horizontale Arbeitsteilung mit den unverhältnismässig vielen Schnittstellen und die isolierte Problemlösung in jeder Produktionsstufe.

Unter **Effektivität** als Organisationsprinzip versteht man eine auf die Bedürfnisse der Kunden und die internen Prozesse abgestimmte Arbeitsteilung, welche zu einer vertikalen Strukturierung führt. Durch eine funktionsübergreifende Arbeitsteilung, angefangen bei der Forschung, Entwicklung bis zur Produktion sollen die Schnittstellen minimiert werden. Die erleichterte Zusammenarbeit und die verbesserte Kommunikation wirken sich indirekt durch die verbesserte Qualität und die schnelleren Durchlaufzeiten günstig auf die Wirtschaftlichkeit aus. Dieses, auch unter dem Begriff «Simultaneous Engineering» bekannte Prinzip, betrachtet den Zeitfaktor und damit den Zeitwettbewerb als wichtigste Steuerungsgrösse.

Eine konsequente Leistungsorientierung darf sich nicht ausschliesslich auf die betrieblichen Vorgänge beschränken, sondern muss im Sinne des «ganzheitlichen Denkens» auch den Organisationsaufwand berücksichtigen. Organisationsprojekte sind demnach nur dann gerechtfertigt, wenn nach den eingeleiteten Veränderungen entweder die Gesamtkosten sinken oder das Kosten-Nutzenverhältnis verbessert wird.

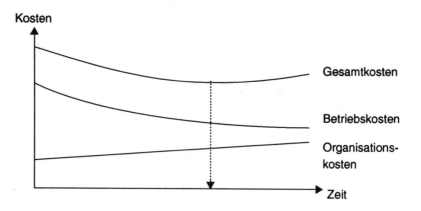

Abb. 1.4: Zusammenhang zwischen Organisationskosten und Wirtschaftlichkeit

Aus den aufgeführten Begriffen der Leistungsorientierung resultieren folgende Anforderungen an die Tätigkeit des Organisators:

Es sind Mittel und Wege zu finden, damit

- das eingesetzte Kapital zur Herstellung einer Marktleistung angemessen verzinst werden kann,
- das Verhältnis von Ausbringungsmenge und Einsatzmenge verbessert werden kann,
- wichtige Aktivitäten systematisch durchgeführt und unwesentliche Arbeiten reduziert oder weggelassen werden,
- bei Anstreben der Kostenführerschaft sämtliche Tätigkeiten effizient erledigt werden, oder
- zur Gewinnung des Zeitwettbewerbs kurze Gesamtdurchlaufzeiten resultieren,
- die Gesamtkosten unter Einschluss der Organisationskosten gesenkt werden können.

2.3 Systemorientierung

Das Konzept des systemorientierten Managements hat Prof. H. Ulrich mit seinen Schülern am Institut für Betriebswirtschaft an der Hochschule St.Gallen entwickelt. Weil der Autor am gleichen Institut die Unternehmensberatung leitete, ist eine Anlehnung an einzelne Ansätze unverkennbar. Das St.Galler Management-Konzept, wie es in der heutigen, erweiterten Form genannt wird, fördert das ganzheitliche Denken und stellt einen Bezugsrahmen für die Analyse und Lösung von Managementproblemen dar. Weil wir nur auf einzelne Elemente dieses Konzeptes eintreten, verweisen wir auf die Publikationen von Bleicher[1.2], Schwaninger[1.3] und Gomez/Zimmermann[1.4].

Aus organisatorischer Sicht interessieren uns folgende, systemorientierte Ansätze:

- Die Darstellung der Unternehmung als technisch-soziales System in seinem Umfeld und mit seinen Vernetzungen.
- Die Schaffung eines Bezugsrahmens und Denkmusters für die vom Management zu bearbeitenden Problemfelder in der normativen, strategischen und operativen Dimension.

In der ursprünglichen Fassung befasst sich das St.Galler Management-Konzept vor allem mit dem Systemcharakter des Unternehmens. Ein System wird definiert als:

> «Eine gegenüber der Umwelt abgegrenzte Gesamtheit von Elementen, zwischen denen Beziehungen bestehen.»

Der Organisator hat die Aufgabe, die Elemente so zu ordnen und zu strukturieren, dass das Gesamtsystem eine höhere Wirkung erhält als die Summe der Elemente. *(Bsp. Eine gut organisierte Truppe hat eine bessere Gesamtwirkung als eine gleiche Anzahl Einzelkämpfer).*

Dabei spielen das

- ganzheitliche Denken,
  (die Probleme werden in ihrer Vielschichtigkeit und Vernetzung erfasst)
- prozessorientierte Denken,
  (das Zusammenwirken von Elementen und Teilen wird erfasst)
- interdisziplinäre Denken,
  (Einbezug von Erkenntnissen aus anderen Fachgebieten)

eine bedeutende Rolle.

Der Begriff «System» wird dabei für die kleinste Beziehungsstruktur (Stelle) wie auch für das komplexe System (Gesamtunternehmen) verwendet.

Wenn wir im Sinne der «bottom up»-Betrachtung eine Stelle analysieren, erhalten wir die Elemente:

- Aufgaben
- Personen
- Hilfsmittel.

Erst wenn einer bestimmten Person Aufgaben übertragen und Hilfsmittel zur Verfügung gestellt werden, entsteht eine Stelle. Die Beziehungen zwischen den einzelnen Elementen stellen die Information dar.

Der Systemcharakter einer Stellengruppe kann nun wie folgt dargestellt werden:

Klare Zuteilung von Aufgaben (△) und Hilfsmitteln (■) an Personen (◉).

Nicht so: ⟶ **Sondern so:**

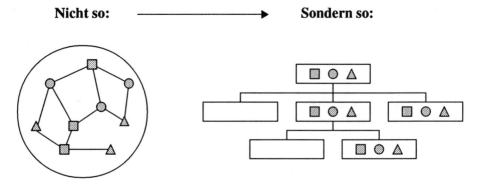

Abb. 1.5: Systemcharakter eines Unternehmens

Es wäre theoretisch denkbar, in einem Kleinunternehmen jeden Tag bei Arbeitsbeginn die Aufgaben neu zu verteilen. Da zur effizienten Aufgabenerfüllung eine gewisse Ordnung unerlässlich ist, würde sich jedoch bald eine bestimmte Arbeitsteilung einspielen. In der Tat stellen wir uns, wenn wir an einen Betrieb oder einzelne Tätigkeiten denken, immer gewisse Aufgabenpakete (Verkauf, Produktion) und nicht Einzelaufgaben vor. Wir gehen also bereits bei unseren Vorstellungen davon aus, dass eine produktive Arbeitsweise ohne geordnete, formale Systeme kaum denkbar wäre.

Ziele und Grundlagen der Organisation

Diese Annahme ist heute keineswegs mehr unbestritten. Einzelne aktuelle Organisationsformen, wie z.B. die Cluster-Organisation, propagieren bei der Arbeitszuweisung eine viel höhere Variantenvielfalt. Nach diesem Ansatz wäre es also denkbar, dass die Mitarbeiter ihre Aufgaben häufig wechseln.
Im Gegensatz zur kleinsten Einheit stellt das St.Galler Management-Modell [1.5] das Supersystem Unternehmung mit seinen Beziehungen zur Umwelt wie folgt dar:

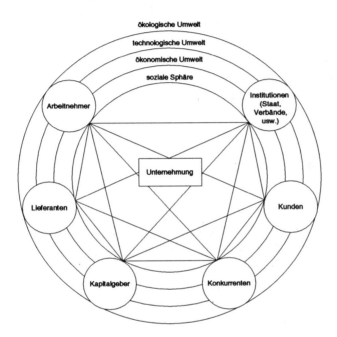

Abb. 1.6: Unternehmung und Umwelt nach dem St.Galler Management-Modell

Die Unternehmung selbst steht somit in einer recht komplexen Beziehungsstruktur zu verschiedenen Institutionen sowie einzelnen Sphären der Umwelt. Erfolgreiches Wirtschaften hängt somit nicht nur von der betriebsinternen Tüchtigkeit ab, sondern auch von den Beziehungen zu den verschiedenen Institutionen. Es sind dies:

- Kapitalgeber
- Kunden
- Konkurrenten
- Arbeitnehmer
- Lieferanten
- Staat und Verbände.

Bei konkreten Problemlösungen ist die Umwelt noch weiter zu fassen, um Ansprüche zu berücksichtigen, welche nur teilweise von den aufgeführten Institutionen vertreten werden.
Diese Sphären der Umwelt können gegliedert werden nach

- **technologische Sphäre**
  (neue Rohstoffe, schnellere Produktionseinrichtungen, neue Verfahren),

- **ökonomische Sphäre**
  (Weltwirtschaft, volkswirtschaftliche und politische Entwicklung, Währungssysteme, Wirtschaftszweige),

- **soziale Sphäre**
  (gesellschaftliche Entwicklung, Arbeitsmoral, Kultur, Recht),

- **ökologische Sphäre**
  (Gesamtheit der Umwelt, Natur, Beschränktheit der Rohstoffe, schädliche Reststoffe).

Vor allem grössere Unternehmen haben sich zur Sicherung einer langfristig erfolgreichen Unternehmenspolitik mit den Anliegen zahlreicher Anspruchsgruppen (Stakeholder) zu befassen.
Vom Systemansatz besteht die Forderung nach

- offenen,
- relativ stabilen,   > SYSTEMEN
- dynamischen

Offene Systeme nehmen Rücksicht auf die zahlreichen Einflussfaktoren und Nebenbedingungen, welche auf das Unternehmensgeschehen einwirken.
Die Forderung nach **Stabilität** von Systemen verlangt die Zusammenlegung dauerhaft gültiger, gleichartiger oder operativer Aufgaben. Damit werden die Voraussetzungen für die Spezialisierung und für die Automatisierung geschaffen.
Die **Dynamik** bezieht sich auf die Veränderung des Systems im Zeitablauf. Das Ausmass möglicher Veränderungen hängt einerseits von der Dynamik der Umwelt, andererseits von der Offenheit des Systems ab.

Ziele und Grundlagen der Organisation

> Von einem dynamischen Unternehmen kann bereits dann gesprochen werden, wenn sich dieses den veränderten Umweltfaktoren schneller anpasst als seine Konkurrenten.

Das Systemdenken als Grundlage methodischer Arbeitsweise lässt sich wie folgt zusammenfassen:

- Die Unternehmung steht in einem Beziehungsnetz von Institutionen und Umweltsphären und hat deshalb bei ihren Aktivitäten auf zahlreiche Nebenbedingungen zu achten.
- Eine Unternehmung besteht aus einer Vielzahl von Systemen, welche in einer Systemhierarchie miteinander verbunden sind.
- Ein System besteht aus einzelnen Elementen sowie deren Beziehungen zueinander. Bei den einzelnen Elementen geht es um die organisatorisch bestmögliche Zuordnung von Aufgaben an Personen mit den entsprechenden Hilfsmitteln.
- Die Aufgabe des Organisators besteht vor allem in der richtigen Strukturierung von Teilsystemen mit dem Ziel, eine bestmögliche Effizienz des Gesamtsystems «Unternehmung» zu erreichen.

In der erweiterten Form stellt das St.Galler Management-Konzept (vgl. Abb. 1.7) dem Management aber auch einen Ordnungsrahmen für die vielfältigen Problemfelder zur Verfügung.

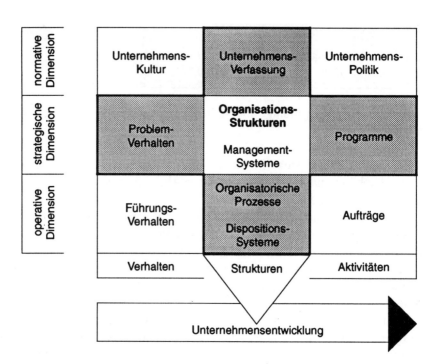

Abb. 1.7: Die Organisationsstrukturen und ihre Determinanten im St.Galler Management-Konzept nach Gomez (1.4)

Auch bei diesem Konzept wird die Unternehmung als System dargestellt, wobei sich die unternehmerischen Aktivitäten in der normativen, strategischen und operativen Dimension abspielen. Die Organisationsstrukturen werden eindeutig der strategischen und die darauf basierenden Prozesse der operativen Dimension zugewiesen. Die Systematik erleichtert uns die Zuordnung der Problemfelder und Aufgabenpakete und ist nicht als Ordnungsrahmen für die Zuständigkeit des Managements gedacht.

Das St.Galler Management-Konzept veranschaulicht sehr deutlich die Zusammenhänge und Wechselwirkungen zwischen der normativen, strategischen und operativen Dimension einerseits und den Aktivitäten, Strukturen und Verhalten andrerseits. Ohne Umsetzung der Pläne in Aktivitäten, ohne Einsatz und Einbezug der Mitarbeiter durch richtiges Führungsverhalten ist eine erfolgreiche Unternehmensführung nicht denkbar.

2.4 Soziale Aspekte

Definitionsgemäss ist die Unternehmung ein produktives, soziales System. Als Gesamtsystem hat sie gesellschaftliche Interessen zu berücksichtigen und intern für positive zwischenmenschliche Beziehungen zu sorgen. Demgemäss unterscheiden wir:

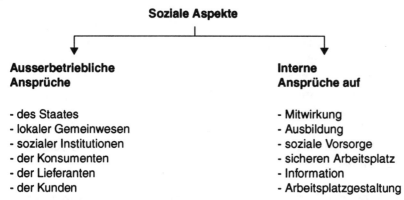

Ausserbetriebliche Ansprüche

- des Staates
- lokaler Gemeinwesen
- sozialer Institutionen
- der Konsumenten
- der Lieferanten
- der Kunden

Interne Ansprüche auf

- Mitwirkung
- Ausbildung
- soziale Vorsorge
- sicheren Arbeitsplatz
- Information
- Arbeitsplatzgestaltung

Die **ausserbetrieblichen Ansprüche** an das Unternehmen haben in den letzten Jahren erheblich zugenommen. Der Staat und die Gemeinwesen fordern umweltfreundlichere Produktionsprozesse, unsere Absatzpartner zwingen uns, kostspielige Qualitätssicherungssysteme einzuführen, und die Öffentlichkeit will mehr Informationen über die finanzielle Situation und die Unternehmensstrategie erhalten.

Grosse Unternehmen versuchen durch eine systematische Öffentlichkeitsarbeit diesen externen Ansprüchen gerecht zu werden. Die Veröffentlichung von Sozial- und Ökobilanzen sind Beispiele für eine gezielte Imagepflege.

Noch schwieriger ist es, den Kunden, Verbraucher oder Konsumenten in den Griff zu bekommen. Weil sein Verhalten nur schwer berechenbar ist, wird er zum eigentlichen Spielverderber einer perfekten Unternehmenstaktik. Hätten wir es mit einem Homo oeconomicus zu tun, dann könnten wir die absatzpolitischen Instrumentarien programmieren und erhielten somit gesicherte Strategien.

Unser Absatzpartner wird jedoch nur teilweise von rationalen Überlegungen geleitet. Allerdings gibt er dies niemals zu, im Gegenteil, er versucht, alle seine Entscheidungen mit ausgewogenen Kosten-Nutzen-Überlegungen zu begründen. Effektiv haben wir uns mit unterschiedlichen Menschentypen und Individuen zu befassen, welche bei ihren Entscheidungen von Sympathien, Antipathien, Prestige, Macht und anderen subjektiven Aspekten beeinflusst werden.

Die **innerbetrieblichen Ansprüche** nehmen ebenfalls zu und finden ihren Ausdruck bei der Mitbestimmung, den kostspieligen Sozialversicherungen, dem Recht auf Ausbildung, wenn möglich sogar in Form von Bildungsurlauben sowie auf einen gesicherten Arbeitsplatz. In Zeiten der Rezession verhalten sich die Mitarbeiter und deren Verbände eher zurückhaltend.

Organisatorisch relevant sind jedoch die konkreten zwischenmenschlichen Beziehungen, welche sich auf die Arbeitsergebnisse produktiv oder auch hemmend auswirken können. Die Schaffung eines fruchtbaren Arbeitsklimas ist denn oft auch der Gegenstand wissenschaftlicher Untersuchungen. Nach Blake/Mouton[1.6] ist ein Führungsverhalten anzustreben, bei welchem bei vollständiger Berücksichtigung der menschlichen Aspekte eine höchste Produktivität sichergestellt wird.

Auch der Ansatz der Organisationsentwicklung bestätigt, dass zur bestmöglichen Motivation gute Leistungen unerlässlich sind. Ferner zeigen die Untersuchungen von Pümpin[1.7] über den Zusammenhang zwischen Unternehmenskultur und Produktivität, dass Unternehmen mit einer ausgeprägten Mitarbeiterorientierung offenbar erfolgreicher arbeiten.

Vielleicht wurde bei der Ausbildung von Führungskräften in der Vergangenheit zu viel Wert auf technologische und sachliche Aspekte und zu wenig auf Führungs- und Motivationseigenschaften gelegt. Sicher darf behauptet werden, dass die menschliche Arbeitskraft für jedes Unternehmen ein wertvolles Potential darstellt und es sich daher lohnt, vermehrt die Ziele, Wünsche und Interessen der Mitarbeiter zu ergründen. Die in verschiedenen Unternehmen vorgenommene Umbenennung der Personalchefs zu «Human Resources Manager» ist ein erster, wenn auch nur formeller Ansatz dazu.

3. Instrumente der Organisation

Sowohl bei der Bildung von Stellen als auch bei der Festlegung von Arbeitsabläufen haben wir zweckrationales Verhalten vorausgesetzt. Was genau darunter zu verstehen ist, kann der Organisator meist nur in konkreten Fällen erläutern. Für eine theoretische Interpretation fehlen uns die Begriffe Prinzipien und Hilfsmittel.

Als **Prinzipien** bezeichnen wir sämtliche Grundsätze des Organisators über die Strukturierung von Stellen, die Gestaltung von Prozessen sowie den Einsatz zweckmässiger Hilfsmittel. Diese in der «Trickkiste» des Unternehmers oder Organisators gesammelten Prinzipien stammen aus

- den positiven und negativen Erfahrungen seiner eigenen Tätigkeit,
- dem Erfahrungsaustausch unter Berufskollegen,
- der Literatur über Organisation und Führungslehre,
- der richtigen Einschätzung der konkreten Situation bzw. der Unternehmung, ihrer Vergangenheit und Entwicklungsaussichten sowie der darin tätigen Mitarbeiter. *(Das richtige Skiwachs lässt sich erst dann bestimmen, wenn vorgängig die Eigenschaften des Schnees ermittelt wurden.)*

Die Darstellung und Beurteilung der einzelnen Prinzipien erfolgt im Kapitel 2.
Wenn wir Hilfsmittel als Instrumente der Organisation bezeichnen, so fallen darunter auch die technischen Einrichtungen wie: Computer, Telefax, Videorecorder, Textverarbeitungssysteme oder etwa die Möglichkeit, Telephon- oder Video-Konferenzgespräche simultan via Satellit durchführen zu können. Im engeren Sinne versteht man unter Hilfsmitteln die verschiedenen Arbeitsinstrumente zur Formalisierung und Visualisierung der Organisation (Stellenbeschreibung, Funktionendiagramm, Netzplan). Die wichtigsten Hilfsmittel werden wir im Kapitel 4 darstellen.

Eine zweckrationale Gestaltung der Aufbauorganisation oder einzelner Arbeitsabläufe ist nur dann möglich, wenn die Wechselwirkungen zwischen den Einsatzbereichen einerseits und den Instrumenten andererseits beachtet werden.

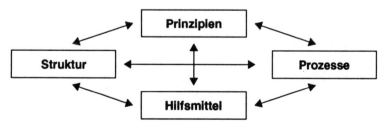

Abb. 1.8: Wechselwirkungen zwischen Einsatzbereichen und Instrumenten

Bei der Analyse und Neugestaltung eines Bereiches können beispielsweise aus der dargestellten Abhängigkeit folgende Fragen resultieren:

Struktur und Prinzipien
- Erfüllt die neugeschaffene Struktur die Voraussetzung der Führbarkeit?
- Wurden bei der Abteilungs- und Stellenbildung günstige Voraussetzungen für eine grösstmögliche Delegation von Aufgaben geschaffen?
- Ist die Lenkung der geschaffenen Teilsysteme mit einem vertretbaren Koordinationsaufwand möglich?
- Hat die vorgenommene Arbeitsteilung die Möglichkeit einer verstärkten Spezialisierung berücksichtigt?

Struktur und Prozesse
- Begünstigen die geschaffenen Abteilungen einen logischen Arbeitsablauf?
- Wurden die einzelnen Tätigkeiten eines Arbeitsablaufes in bezug auf Wichtigkeit, Notwendigkeit und Zweckmässigkeit analysiert, bevor die entsprechenden Tätigkeiten den Stelleninhabern zugeteilt wurden?
- Wurde bei der örtlichen Anordnung der Arbeitsplätze auf möglichst kurze Kommunikationswege geachtet?

Struktur und Hilfsmittel
- Haben wir bei den einzelnen Stellen gleichartige Aufgaben zusammengefasst, so dass sich der Einsatz bewährter Hilfsmittel lohnt?
- Wurde bei der Beschaffung von technischen Hilfsmitteln darauf geachtet, dass örtlich dezentralisierte Stellen gleichzeitig ihre Arbeit verrichten können? (Dialogsysteme)
- Welche besonderen Informations- und Koordinationsinstrumente haben wir für die dezentral angesiedelten Stellen vorgesehen, damit eine zunehmende Isolierung verhindert werden kann?

Prozesse und Hilfsmittel
- Unterstützen die eingesetzten Hilfsmittel die effiziente Abwicklung der Prozesse?
- Wurden die richtigen Hilfsmittel eingesetzt?
- Erfüllen sie die Ansprüche in bezug auf Einfachheit, Flexibilität und Transparenz?

4. Einsatzbereiche der Organisation

Gemäss unserer Definition befasst sich die Organisation mit allen Massnahmen, welche die einzelnen Tätigkeiten in einem Unternehmen ordnen und effizient gestalten. Die Objekte der Organisation sind: Die Struktur eines Unternehmens, die damit verbundenen Prozesse und die Arbeitsteilung auf der obersten Führungsebene (Führungskonzepte). Diese Einsatzbereiche und die mit der Organisationstätigkeit verbundenen Ziele lassen sich wie folgt darstellen:

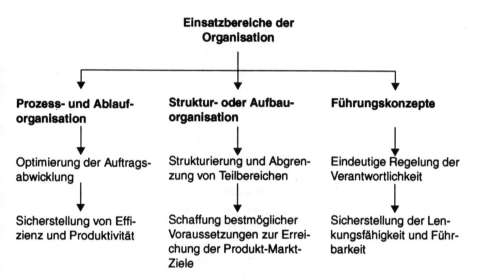

Abb. 1.9: Einsatzbereiche der Organisation

Unter **Prozess- und Ablauforganisation** verstehen wir eine zweckrationale Gestaltung und Abwicklung der zwischen den einzelnen Stellen und Abteilungen erforderlichen Aktivitäten.

Sobald mehrere Stellen bei der Erfüllung der gleichen Aufgabe mitwirken, muss festgestellt werden:

– *welche Tätigkeiten*
– *in welcher Reihenfolge*
– *durch welche Stellen*

erledigt werden müssen.

Damit soll sichergestellt werden, dass arbeitsteilige Aufgaben trotz der gewählten Spezialisierung (Stellenbildung) rationell abgewickelt werden können.

Die genaue Aufzeichnung der Arbeitsabläufe ist vor allem dann wichtig, wenn die an der Aufgabe beteiligten Stellen örtlich voneinander getrennt sind. Überall dort, wo die Stelleninhaber die Möglichkeit haben, regelmässige Kontakte zu pflegen und Informationen auszutauschen, verlieren Ablaufpläne ihren Stellenwert. So sind beispielsweise die Aussichten eines Organisators, mit Ablaufstudien in einem Grossraumbüro Rationalisierungseffekte zu erzielen, äusserst gering.

Als **Struktur- oder Aufbauorganisation** bezeichnet man die Bildung und Abgrenzung einzelner Stellen, Stellengruppen oder ganzer Führungsbereiche.
Die Strukturierung eines Unternehmens wird am übersichtlichsten in Organigrammen dargestellt. Aus diesem Hilfsmittel erkennt man

- die korrekte Bezeichnung der Stelle,
- die hierarchische Eingliederung (Führungsstufe),
- die Beziehung zu übergeordneten, benachbarten und untergeordneten Stellen.

Die im Organigramm zum Ausdruck gebrachte Aufbauorganisation beinhaltet einen Grundsatzentscheid in bezug auf die Strukturierung eines Unternehmens und orientiert uns somit über die formellen Aspekte der Organisation.

Unter den informellen Aspekten der Organisation verstehen wir spontan erfolgte Gruppierungen und Beziehungen innerhalb einer Organisation aufgrund gemeinsamer Eigenschaften oder Merkmale der Stelleninhaber. Anlass für informelle Beziehungen können sein: Zugehörigkeit zu Vereinen (Sportclubs), sprachliche Herkunft oder Zusammenschlüsse, welche aus einer vergleichbaren beruflichen Ausbildung resultieren (Chemiker, Ing. ETH).

Bestehende informelle Gruppierungen sind nirgends erfasst, d.h. theoretisch nicht existent; praktisch können sie indessen eine ausserordentliche Bedeutung haben. Weil das Verhalten informeller Gruppen mehrheitlich positiv ausfällt, ist gegen deren Existenz kaum etwas einzuwenden. Im Gegenteil: Ein geschickter Unternehmer oder Organisator, der Angehörige informeller Gruppen für seine Ideen gewinnen kann, darf mit dem Multiplikatoreffekt rechnen.

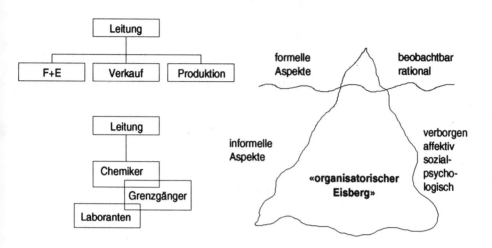

Abb. 1.10: Formale und informale Systeme

Die **Führungskonzepte** bezwecken gemäss unseren Ausführungen die Sicherstellung der Lenkung und Koordination von Teilsystemen. Wunderer[1.8] bezeichnet die Führung als «zielorientierte soziale Einflussnahme zur Erfüllung gemeinsamer Aufgaben mit einer strukturierten Arbeitssituation».

Im Gegensatz zu den Struktur- und Ablaufproblemen, bei denen zweckrationale Aspekte berücksichtigt werden müssen, gibt es für diese Einflussnahme von oben nur wenige Richtlinien und Gesetzmässigkeiten. Ähnlich gelagerte Betriebe können eine Ein-Mann-Führung oder eine Gremiumsführung aufweisen. Offenbar spielen bei der Festlegung der Führungsstruktur Tradition, Eigentumsverhältnisse und Führungsansprüche eine bedeutende Rolle. Die Zweckmässigkeit der einzelnen Führungskonzepte werden wir im Kapitel 7 untersuchen.

5. Organisation als Führungsaufgabe

Ein Unternehmen setzt sich zum Ziel, bestimmte Marktleistungen herzustellen und dabei eine angemessene Rentabilität zu erzielen. Wer die damit verbundenen Aufgaben nicht allein bewältigen will, hat für eine zweckmässige Arbeitsteilung zu sorgen. Bei dieser Arbeitsteilung müssen die zu übertragenden Aufgabenpakete und die damit verbundenen Ziele genau definiert werden.

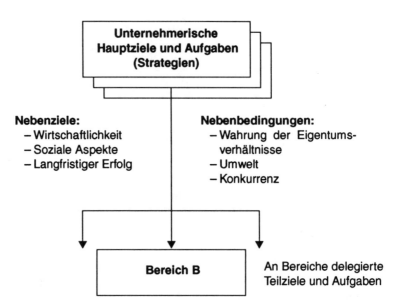

Abb. 1.11: Arbeitsteilung durch Formulierung von Teilzielen und Delegation von Aufgaben

> Die Übertragung von Aufgaben auf die nächste Hierarchiestufe, die zielorientierte Gestaltung von Strukturen und Prozessen, ist eine nicht delegierbare Führungs- und Organisationsaufgabe.

Weil jeder Chef für organisatorische Entscheide und deren Auswirkungen in seinem Bereich selbst verantwortlich ist, kann er diese Aufgabe nur teilweise Spezialisten übertragen.

Ziele und Grundlagen der Organisation

Im Rahmen der Führungsaufgabe «Organisieren» hat jeder Vorgesetzte folgende Aufgaben zu übernehmen:

- Festlegen von Zielen, Mitteln und Verfahren als Voraussetzung für eine effiziente Aufgabenerfüllung auf der nächsten Führungsstufe.

- Schaffung von Stabilität und Flexibilität innerhalb des eigenen Führungsbereiches.

- Planung der organisatorischen Voraussetzungen zur Bewältigung der zukünftig anfallenden Aufgaben.

- Instruktion und Motivation der Mitarbeiter bei der Planung und Einführung organisatorischer Neuerungen.

5.1 Festlegung von Zielen, Mitteln und Verfahren

Organisatorische Regelungen sind nie Selbstzweck, sondern sie müssen der Erreichung der unternehmerischen Ziele dienen. Die Führungsaufgabe «Organisieren» kann somit als Abstimmung von Zielen, Mitteln und Verfahren unter Berücksichtigung der Nebenbedingungen dargestellt werden.

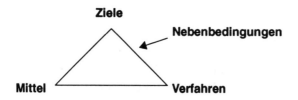

Der Unternehmer und die ihm direkt unterstellten Mitarbeiter kennen aufgrund der gemeinsamen Planungsarbeit die unternehmerischen Ziele. Sie wissen auch, welcher Mitteleinsatz zur Erreichung dieser Ziele gerechtfertigt ist und haben es so leichter, die richtigen Verfahren zu wählen.

Beispielsweise möchte ein Unternehmer aufgrund der strategischen Planung eine bestimmte Produktgruppe fördern (Ziel). Die geplante Umsatzsteigerung rechtfertigt den Einsatz (Mittel) eines qualifizierten Absatz-Mitarbeiters. Er entschliesst sich, diesen neuen Mitarbeiter als Produkt-Manager (Verfahren) einzusetzen. Schon vor dem Einsatz müssen die Kompetenzen (Nebenbedingungen) dieses neuen Mitarbeiters klar geregelt werden.

Die eigentlichen Probleme bei der Festlegung von Zielen, Mitteln und Verfahren entstehen erst auf den unteren Führungsstufen. Weil sich der zuständige Chef nicht am unternehmerischen Planungsprozess beteiligen konnte, besteht die Gefahr, dass er den Zusammenhang zwischen Unternehmens- und Teilziel nicht mehr ausreichend erfassen kann. Dabei kann es passieren, dass eine Teilaufgabe überbewertet wird, die eingesetzten Mittel sich nicht rechtfertigen oder unzweckmässige Verfahren gewählt werden. In diesen Fällen wird die Organisation nicht als Mittel zum Zweck, sondern als Selbstzweck eingesetzt.

Zur Verwirklichung eines modernen Führungsstiles sollen die, von den einzelnen Stellen zu erreichenden, wichtigsten Ziele definiert werden. Von dieser Möglichkeit zur richtigen Delegation wird in vielen Unternehmungen noch zu wenig Gebrauch gemacht. Dafür wird laufend kontrolliert und korrigiert, eine Situation, die kürzlich ein Chef wie folgt charakterisiert hat:

> *«Uns sagt man nie genau WAS wir zu tun haben,*
> *jedoch ganz genau WIE wir es tun sollen!»*

Nicht nur für den Orientierungsläufer, sondern auch für jeden Chef und Mitarbeiter gilt der Grundsatz:

> *«Wer das Ziel nicht kennt, kann den Weg nicht finden.»*

5.2 Sicherung von Stabilität und Flexibilität

Fortschrittlich gestaltete Führungsbereiche zeichnen sich sowohl durch Stabilität als auch durch Flexibilität aus. Demnach gilt die These:

> *«Je besser ein Verantwortungsbereich organisiert ist,*
> *desto leichter kann improvisiert werden.»*

Zur Erläuterung dieses scheinbaren Widerspruchs möchten wir folgenden Vergleich heranziehen. Wer einen Vortrag halten muss, dokumentiert sich, strukturiert seine Ideen und versucht diese nach Möglichkeit zu visualisieren. Mit dieser Vorbereitung kann man ohne weiteres auf eine besondere Situation eintreten, ohne dass man die Übersicht verliert. Ähnlich verhält es sich mit der Organisation. Wenn zum voraus klar ist, wer was zu tun hat, lassen sich neue, unvorhergesehene Aufgaben leichter einschieben.

Die Art und Weise der organisatorischen Aufgabenübertragung richtet sich nach dem Kriterium der Planbarkeit. Grundsätzlich kann eine Aufgabe erledigt werden durch:

- **Planung** vorausschauend für langfristig geltende Regelungen

- **Disposition** vorausschauend für Einzelfälle und kurzfristig geltende Regelungen

- **Improvisation** im Augenblick des Auftretens für einen bestimmten Fall einmalig geltende Regelung.

Ein Chef erfüllt seine Aufgaben gut, wenn er

- möglichst viele der ihm zum voraus bekannten Aufgaben eindeutig und klar den dafür vorgesehenen Stellen überträgt (Stabilität),

- die periodisch anfallenden Spezialaufgaben zu Projektaufgaben definiert und für eine termingerechte Erledigung sorgt,

- die täglich neu anfallenden Kurzaufgaben nach den Kriterien Dringlichkeit und Wichtigkeit erledigt oder delegiert (Flexibilität).

Wir werden auf diese Prinzipien im Abschnitt über die Delegation näher eingehen.

5.3 Organisation als Chefaufgabe

Für die laufende Anpassung der organisatorischen Regelungen an die neuen Verhältnisse ist jeder Chef selbst verantwortlich. Wir denken hier einerseits an Korrekturmassnahmen zur Behebung von Störungen und andererseits an vorsorgliche Massnahmen zur Bewältigung der zukünftig anfallenden Aufgaben. Wer sich mit der Aufnahme neuer Märkte oder der Einleitung anspruchsvoller Projekte befasst, sollte auch die organisatorischen Aspekte regeln.

Fast sämtliche organisatorischen Massnahmen werden im Hinblick auf zukünftig anfallende Aufgaben und Ereignisse getroffen. Bei der Organisationsplanung muss somit von einer als wahrscheinlich angenommenen Situation ausgegangen werden. Diese Zukunftsorientierung stellt, wie übrigens alle Planungsaufgaben, grosse Anforderungen an die zuständigen Chefs.

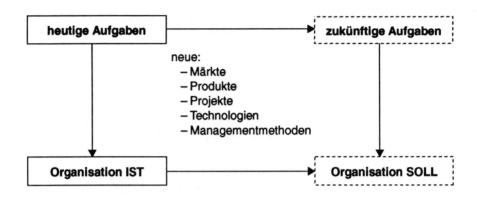

Abb. 1.12: Vorsorgliche Organisationsplanung

Ein wichtiges Problem im Rahmen der organisatorischen Tätigkeit stellt die Frage der richtigen Proportionierung dar. Sollen im Sinne der Evolution laufend organisatorische Anpassungen vorgenommen werden, oder ist es besser, von Zeit zu Zeit die gesamte Organisation einer grundlegenden Überprüfung zu unterziehen?

Entsprechend diesem Grundsatzentscheid wären dafür einzusetzen die:

- **Teelöffelmethode**   z.B. Verbesserung der Tätigkeit am Arbeitsplatz

- **Kohleschaufelmethode** z.B. Analyse und Verbesserung von Arbeitsabläufen

- **Baggermethode**   z.B. Überprüfung und Verbesserung der Gesamtstruktur.

Eine Empfehlung für die richtige Dosierung ist ohne Kenntnisse der konkreten Situation nicht möglich. Zweifellos gehören kleinere organisatorische Verbesserungen zu den Daueraufgaben eines Chefs. Hat ein Vorgesetzter mehrere Verantwortungsbereiche zu führen, dann sollte er sich jedes Jahr einer Abteilung besonders widmen und sowohl personell als auch organisatorisch bestmögliche Voraussetzungen für eine speditive Aufgabenerfüllung schaffen.

Eigentliche Strukturanalysen sollten, unter Berücksichtigung einer unvermeidbaren Mehrbelastung, nur bei wichtigen Ereignissen und höchstens alle fünf Jahre durchgeführt werden. Als wichtige Ereignisse gelten zum Beispiel die Aufnahme einer neuen Produktgruppe oder Dienstleistung, die Erschliessung neuer Märkte oder die

Einführung neuer Technologien. Der Normalverlauf organisatorischer Änderungen lässt sich demgemäss wie folgt darstellen:

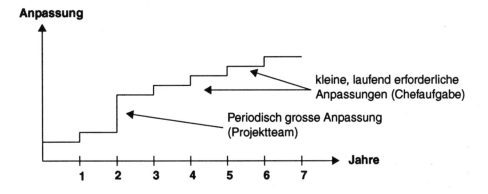

Abb. 1.13: Grosse und kleine organisatorische Anpassungen im Zeitablauf

Zusammenfassend lässt sich festhalten:

- Organisatorische Verbesserungen gehören zu den Daueraufgaben eines Chefs.

- Arbeitsplatzbezogene Verbesserungen sind laufend, strukturelle Anpassungen periodisch durchzuführen.

- Bei der Änderung wichtiger Teilgebiete ist die gesamte Struktur unter Berücksichtigung der zukünftig anfallenden Aufgaben in Frage zu stellen. Dazu sind die zuständigen Chefs meist überfordert. Für diese Aufgaben eignen sich Projektteams, welche von externen Experten geleitet werden, besser.

5.4 Organisation und Motivation

Übernimmt ein Chef einen neuen Verantwortungsbereich, dann setzen wir voraus, dass er gegenüber der angenommenen Aufgabenstellung eine positive Grundhaltung mitbringt. Ob die ihm zugewiesenen Mitarbeiter seinen Vorstellungen entsprechen, und ob er sich mit den bestehenden organisatorischen Regelungen befreunden kann, wird sich erst nach einigen Monaten herausstellen. Die meisten Chefs haben, in bezug auf die Art und Weise der Aufgabenerfüllung, einen genügenden Handlungsspielraum. Sie sind verpflichtet, die organisatorischen Regelungen mitzugestalten und bei unbefriedigender Stellenbesetzung für Abhilfe zu sorgen. Wer diese Chefaufgabe ablehnt, etwa nach dem Motto:

**«Was nützt mir die beste Organisation,
wenn mir die erforderlichen Mitarbeiter fehlen»**

wird seinen Chefbereich bestenfalls verwalten können. Im Gegensatz dazu verstehen wir unter Führen

- ein persönliches Voranschreiten bei der Aufgabenerfüllung, verbunden mit der Ausstrahlung einer «Packen-wir's-an-Mentalität»,

- der Wille, die Organisation als Mittel zum Zweck konstruktiv einzusetzen oder allenfalls anzupassen,

- das vorhandene Mitarbeiterpotential laufend zu aktivieren.

Im Vordergrund einer erfolgreichen Geschäftstätigkeit steht primär die Ankurbelung des Mitarbeitereinsatzes durch neue, interessante und herausfordernde Sachaufgaben.

Wer viel arbeitet, weiss plötzlich nicht mehr warum!

Dem Chef fällt daher die Aufgabe zu, einzelne Vorschriften, Arbeitsabläufe oder historisch gewachsene Strukturen periodisch in Frage zu stellen. Bei richtiger Information der Betroffenen gewinnt er durchaus arbeitswillige und kritische Helfer. Dabei gilt die Regel, dass diese bereits bei der Erarbeitung der Arbeitsunterlagen auf zahlreiche Probleme und Doppelspurigkeiten stossen, Mängel, welche meistens stillschweigend behoben werden.

Eine gemeinsame Überprüfung der bestehenden Arbeitsteilung bietet dem Chef eine willkommene Gelegenheit, das Potential der Mitarbeiter auf die Hauptaufgaben, bzw. auf die Schlüsselfaktoren zu lenken. Durch den Einbezug der Mitarbeiter und eine verbesserte Ressourcenzuteilung entsteht ein allgemeiner, willkommener «Turbo-Effekt», welcher sich in einer erhöhten Leistungsbereitschaft und einer konstruktiven Haltung gegenüber der Arbeit bemerkbar macht.

Literatur zu Kapitel 1

1.1	Gomez P.	Die Organisation der Autonomie ZfO, 6/1988
1.2	Bleicher K.	Das Konzept Integriertes Management - Das St.Galler Management-Konzept, Frankfurt/New York 1991
1.3	Schwaninger M.	Integrale Unternehmensplanung Frankfurt/New York 1989
1.4	Gomez P./Zimmermann T.	Unternehmensorganisation, Das St.Galler Management-Konzept, Frankfurt/New York 1992
1.5	Ulrich H./Krieg W.	St.Galler-Management-Modell, Bern 1974
1.6	Blake R./Mouton S.	Verhaltenspsychologie im Betrieb, Econ Düsseldorf, Wien 1974
1.7	Pümpin C.	Management strategischer Erfolgspositionen, Haupt, Bern 1982
1.8	Wunderer R./Grunwald W.	Grundlagen der Führungslehre, Berlin 1982

Kapitel 2

Organisationsprinzipien

1. Bildung von Stellen und Stellengruppen 48
1.1 Prinzipien der Stellenbildung 48
1.2 Voraussetzungen und Kriterien der Delegation 52
1.21 Delegation als Führungsaufgabe 53
1.22 Delegationsprinzipien 54
1.23 Delegationsgrad 56
1.24 Häufigste Delegationsfehler 57
1.3 Abstimmung von Aufgaben und Kompetenzen 59
1.4 Horizontale und vertikale Stellengruppierung 63
1.41 Leitungs- und Kontrollspanne 64
1.42 Führungsstufen 66

2. Stellenarten und organisatorische Beziehungen 70
2.1 Stellenarten, Strukturtypen und Organisationsformen 70
2.2 Einzelne Stellenarten 71
2.21 Linienstellen und Linienstruktur 71
2.22 Stabsstellen und Stabs-Linienstruktur 72
2.23 Zentrale Dienste 74
2.24 Matrix-Stellen 75
2.3 Strukturtypen und organisatorische Beziehungen 77
2.31 Ein-Linien-Beziehungen 77
2.32 Mehr-Linien-Beziehungen 78
2.33 Verbindungswege in Ausnahmefällen 79

3. Stellenbesetzung 82
3.1 Grundsätze der Stellenbesetzung 82
3.2 Personen- oder sachbezogene Stellenbesetzung 83
3.3 Stellvertretung 85
3.4 Spezielle Stelleninterpretationen 88

Literatur zu Kapitel 2 90

Organisationsprinzipien

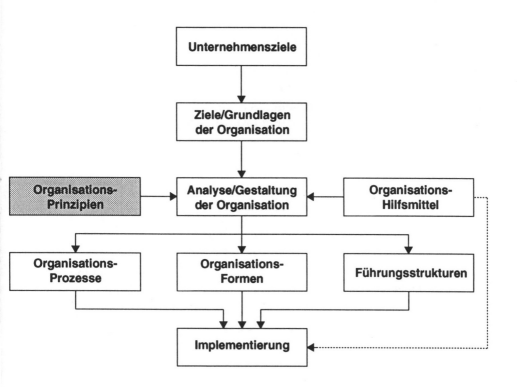

Problemkreise/Fragen

- Welche Prinzipien sind bei der Delegation von Aufgaben zu beachten?
- Was verstehen wir unter einem hohen, was unter einem schwachen Delegationsgrad?
- Welche Stellenarten gibt es? Wie setzt man sie ein?
- Wie müssen die Beziehungen zwischen den einzelnen Stellen geregelt werden?
- Was bedeuten kleine oder grosse Leitungs- und Kontrollspannen?
- Welche Eigenschaften haben flache und steile Organisationspyramiden?
- Was ist bei der Stellenbesetzung zu beachten?
- Was versteht man unter: Springer, Job Rotation, Job Enlargement und Job Enrichment?

1. Bildung von Stellen und Stellengruppen

1.1 Prinzipien der Stellenbildung

Unter einer Stelle verstehen wir eine aus den Gesamtaufgaben des Unternehmens abgeleitete **kleinste organisatorische Einheit.**
Eine Stelle ist somit ein sozio-technisches System und enthält mindestens eine oder mehrere Personen, eine Aufgabe oder ein Aufgabenbündel sowie die zur Aufgabenerfüllung erforderlichen Hilfsmittel.

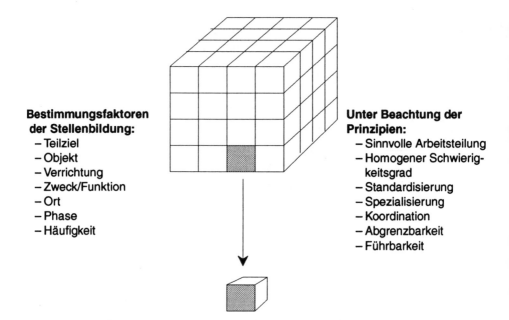

Stelle als kleinste Leistungseinheit des Unternehmens

Abb. 2.1: Bildung einer Stelle

Bei der Definition der Stelle ist zu beachten, dass es sich um eine abstrakte organisatorische Einheit handelt mit einem eigenständigen Aufgabenbereich und nicht um einen Arbeitsplatz. Eine Stelle kann mehrere Arbeitsplätze enthalten bzw. mehrere Personen können sich die Aufgabe einer Stelle teilen.

In diesem Sinne ist auch ein Direktor, welcher sich einen Gehilfen oder Assistenten leistet und ihm fallweise einzelne Aufgaben überträgt, als eine Stelle zu interpretieren.

Organisationsprinzipien

Bei der Stellenbildung geht es somit neben der später zu behandelnden Kompetenzausstattung sowie der Integration in die Gesamtorganisation vorerst um die richtige Bündelung von Aufgaben.

Zur Festlegung der **Bestimmungsfaktoren** dienen folgende Fragen:

- Welches Teilziel wird mit dieser Stelle verfolgt?
- Welche Objekte sollen verändert werden?
- Welche einzelnen Verrichtungen sind dazu erforderlich?
- Welche Soll-Werte werden für die Aufgabenerfüllung vorgegeben?
- An welchem Ort, mit welchen Hilfsmitteln und mit welchen Verfahren sollen die Aufgaben durchgeführt werden?

Diese Bestimmungsfaktoren werden wir im Rahmen der Aufgabenanalyse behandeln. An dieser Stelle interessieren uns vor allem die Rahmenbedingungen oder **Prinzipien der Aufgabenbündelung**.

In Anlehnung an eine Untersuchung von Davis/Taylor führt R. Staerkle[2.1] in seinen Vorlesungsunterlagen folgende **Prinzipien** auf:

- Sinnvolle Aufgabenbündelung
- Variierende Teilaufgaben
- Berufsorientierte Aufgabenbündelung
- Ausgeglichene Arbeitsbelastung
- Ausreichender Selbstbestimmungsgrad
- Erkenntnisse der Organisationsentwicklung.

- **Sinnvolle Aufgabenbündelung**
  Zu den vordergründigen Prinzipien der Aufgabenbündelung zählen die Möglickeiten der Standardisierung und der Spezialisierung. Als sinnvoll wird eine Aufgabenbündelung jedoch erst dann betrachtet, wenn neben technischen Aspekten auch menschliche und psychologische Überlegungen einbezogen werden.
  Der Mitarbeiter sollte vor allem leicht seine Teilleistung als Bestandteil einer übergeordneten Aufgabenstellung einordnen können. Dadurch wird ihm die Identifikation mit seinen stellenbezogenen Aufgaben und damit mit dem Gesamtunternehmen erleichtert.

- **Variierende Teilaufgaben**
  Die Bestrebung, Teilaufgaben nach Möglichkeit zu variieren, wurde unter dem Begriff: «Job Enrichment» populär. Danach soll das Interesse an der Arbeit und damit auch der Erfolg gesteigert werden können, wenn abwechslungsreichere Tätigkeiten in einer Stelle zusammengefasst werden. Als besonders wirkungsvoll zeigt sich dabei der Einbezug der beteiligten Mitarbeiter bei der Planung und Gestaltung der Aufgabenteilung.

- **Koordinierbare Teilaufgaben**
  Jede Aufgabe ist durch ein Netz von Informationen mit anderen Aufgaben verknüpft. Bei der Zuteilung von Aufgaben sollen die erforderlichen Querbeziehungen auf ein Minimum reduziert werden. Diese Überlegungen könnten beispielsweise dazu führen, dass technisch anspruchsvolle Werkzeuge nicht vom zentralen Einkauf, sondern durch den AVOR-Chef eingekauft werden. Dadurch können komplizierte Bedarfsanforderungen vermieden und allfällige Rückfragen des Lieferanten ohne Formalitäten erledigt werden.

- **Berufsorientierte Aufgabenbündelung**
  Die Ausbildung von Fachkräften nach speziellen unternehmerischen Aspekten ist nur selten möglich. Deshalb ist bei der Zuteilung von Aufgaben auf die bestehenden Berufsbilder angemessen Rücksicht zu nehmen. Stellen, welche Aufgaben aus verschiedenen Fachgebieten enthalten, sind erfahrungsgemäss schwer zu besetzen.

- **Ausgeglichene Arbeitsbelastung**
  Das Aufgabenvolumen sollte dem verfügbaren Mitarbeiterpotential entsprechen. Eine dauernde Überbelastung führt zu Stresserscheinungen oder zu Vernachlässigungen wichtiger Aufgaben.
  Die Ursache für die Fehleinschätzung bei der Übertragung von Aufgaben an die Mitarbeiter liegt meistens beim nicht einkalkulierten Wissensvorsprung des Chefs. Da jeder Mitarbeiter sich vorerst über die zugewiesenen Aufgaben orientieren muss, stimmt oft der Grundsatz:

> *«Jede Aufgabe braucht mindestens doppelt so viel Zeit, als dies der Chef sich vorstellt.»*

Noch schlimmer als Überbelastungen sind allerdings zeitliche Unterforderungen. Diese führen zu Langeweile, ungenügender Motivation sowie intensiver Bearbeitung relativ unwichtiger Aufgaben (Streckengeschäfte).

– **Ausreichender Selbstbestimmungsgrad**
Verschiedene Untersuchungen weisen darauf hin, dass eine erweiterte Selbstbestimmung über die Art und Weise der Aufgabenerfüllung sich positiv auf die Leistungsergebnisse auswirkt. Bei der Auftragsübertragung sollte deshalb das Schwergewicht der Information auf die zu verfolgenden Ziele und die zu beachtenden Nebenbedingungen gelegt, dagegen der Handlungsspielraum in bezug auf Methodik und Vorgehen so gross als möglich gelassen werden.

– **Erkenntnisse der Organisationsentwicklung**
Die modernen Ansätze der Organisationsentwicklung weisen auf die Notwendigkeit hin, technische und menschliche Einflussfaktoren bei der Stellenbildung zu berücksichtigen. Am besten zum Ausdruck bringt dieses Anliegen der Ansatz von Friedländer/Braun[2.2], wobei sowohl die organisatorischen Prozesse als auch die Strukturen einbezogen werden.

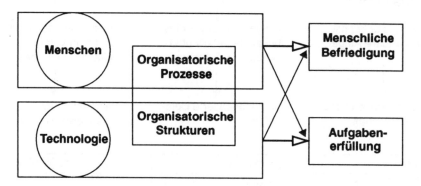

Abb. 2.2: Darstellung der OE-Ansätze nach Friedländer/Braun

1.2 Voraussetzungen und Kriterien der Delegation

Im Abschnitt über die Stellenbildung wurden die Voraussetzungen für eine technisch und menschlich richtige Bündelung von Aufgaben dargestellt. Die Übertragung von Aufgaben spielt sich jedoch nicht nur im organisatorischen, sondern ebensosehr im dispositiven Bereich sowie im täglichen Geschehen ab.

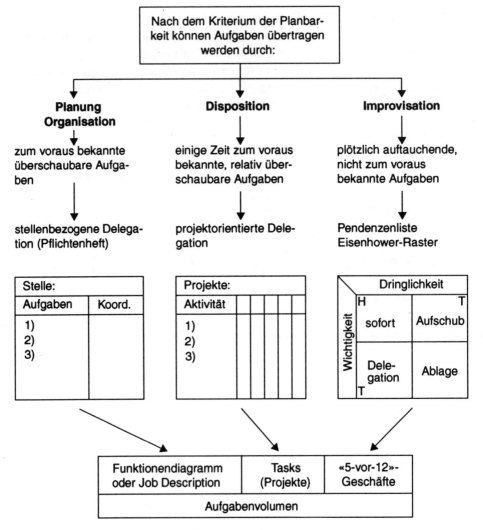

Abb. 2.3: *Delegation nach der Planbarkeit der Aufgaben*

Bei operativen Stellen ist der Anteil der planbaren Aufgaben recht hoch. In der Regel muss der Vorgesetzte diese, in Pflichtenheften aufgeführten Daueraufgaben nur selten ändern. Bei Chefpositionen wird dagegen ein beachtlicher Teil der Aufgaben im Rahmen der Disposition und der Improvisation übertragen. **Aus der Sicht des Mitarbeiters könnte das Aufgabenpaket** somit wie folgt strukturiert werden:

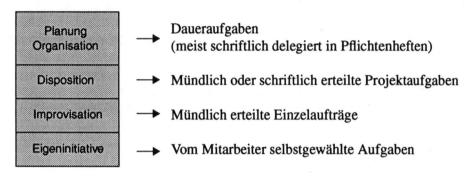

Abb. 2.4: Struktur des Aufgabenpaketes für mittlere Chefs

Der grösste Teil eines Aufgabenpaketes besteht in fest delegierten Aufgaben, ein kleinerer Teil entfällt auf die Projekt-Aufgaben und Tagesgeschäfte. Ein initiativer Mitarbeiter braucht aber auch Zeit zur Erledigung von selbstgewählten Aufgaben.

1.21 Delegation als Führungsaufgabe

Innerhalb des Führungsprozesses lässt sich die Delegation von Aufgaben wie folgt darstellen:

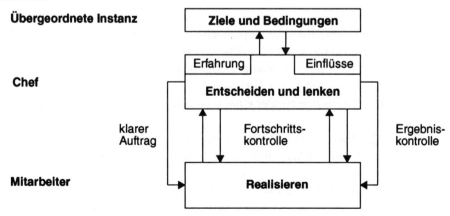

Abb. 2.5: Delegation innerhalb des Führungsprozesses

Für den **einzelnen Chef** lassen sich aus dem Führungsprozess folgende Delegationsregeln ableiten:

- Er hat die seinem Verantwortungsbereich übertragenen Aufgaben unter Beachtung der übergeordneten Ziele, allfälliger Einflüsse sowie seiner Erfahrung in operationelle Teilaufgaben zu gliedern.

- Diese konkreten Teilaufgaben hat er mit klaren Aufträgen an seine Mitarbeiter zu delegieren.

- Mit einer periodischen Ausführungskontrolle muss er die fach- und termingerechte Auftragserledigung sicherstellen (Zwischenkoppelung).

- Das erreichte Resultat hat er mit seiner Führungsvorgabe zu vergleichen und allfällige Korrekturmassnahmen anzuordnen (Feedback).

1.22 Delegationsprinzipien

Im Rahmen der Disposition oder der aktuellen Geschäftsführung stellt sich für Vorgesetzte aller Führungsstufen die Delegationsfrage täglich. Für eine positive Delegation sind dabei folgende Prinzipien zu beachten:

1) Eine Aufgabe sollte möglichst vollständig und umfassend übertragen werden. Die Übertragung isolierter Teilaufgaben ist zu vermeiden.
    richtig: Bitte stimmen Sie die Buchhaltung ab.
    falsch: Addieren Sie die Kontenblätter.

2) Nicht nur die Aufgaben, sondern auch die zur Aufgabenerfüllung erforderlichen Kompetenzen sollen klar definiert werden.
    richtig: Für die geplante Verkaufsförderungsaktion stehen Ihnen Fr. 30'000.– zur Verfügung.
    falsch: Sie sollten wieder einmal eine Verkaufsförderungsaktion starten.

3) Nach Möglichkeit sollten wiederholt auftauchende Aufgaben der selben Stelle übertragen werden. Wechselnde Aufgabenzuteilungen und ad-hoc-Delegationen sind zu vermeiden.
    richtig: Für alle Kontakte zur OSEC ist unser Marketingleiter zuständig.
    falsch: Dieses Jahr werden wir den Marketingleiter zur OSEC-GV schicken.

4) Der Schwierigkeitsgrad der delegierten Aufgaben sollte den Fähigkeiten und dem Ausbildungsgrad des Mitarbeiters entsprechen.
   richtig: *Für die Sicherheit der Betriebsanlagen ist unser Entwicklungsingenieur verantwortlich.*
   falsch: *Lassen Sie unsere Betriebsanlagen durch den Hausmechaniker prüfen.*

5) Jede Aufgabe soll durch die unterst mögliche Stelle erledigt werden.
   richtig: *Der Einkauf der Geschäftswagen ist Sache des Garagenchefs.*
   falsch: *Unser Generaldirektor will die Geschäftswagen selbst einkaufen.*

6) Rückdelegation ist zu vermeiden.
   richtig: *Diese Aufgabe gehört in Ihren Verantwortungsbereich. Bitte bringen Sie mir einen entscheidungsreifen Vorschlag.*
   falsch: *Aufgrund meiner Erfahrung sollten Sie sich für die Variante B entscheiden.*

Als wichtigste **Voraussetzungen** zur Bewältigung der betrieblichen Delegationsprinzipien gelten:

– Vorgesetzte und Mitarbeiter müssen die Ziele der Unternehmung und ihrer Stelle kennen.

– Ein Vorgesetzter ist vor allem dann bereit zu delegieren, wenn er nicht nur nach seiner persönlichen Leistung, sondern ebenso nach jener seiner Mitarbeiter beurteilt wird.

– Chef und Mitarbeiter sollten sich über die zu erreichenden Ziele und Ergebnisse einig sein. Wer seine Mitarbeiter schon in der Planungsphase einer Aufgabe miteinbezieht, sichert sich eine bessere Motivation.

– Damit einem Mitarbeiter Aufgaben delegiert werden können, muss er eine entsprechende Qualifikation besitzen. Dazu ist erforderlich, dass der Vorgesetzte die Führungsaufgaben «Förderung und Unterstützung der Mitarbeiter» optimal erfüllt.

– Erstmalige Delegationen bewirken in der Regel häufige Rückfragen. Durch vollständige Instruktionen muss der Mitarbeiter so bald als möglich in die Lage versetzt werden, seine Aufgaben selbständig zu erledigen. Danach hat sich der Vorgesetzte gegen jeden Versuch der Rückdelegation zu wehren. Nur so wird der Chef ausgereifte Vorschläge und später entscheidungsfähige Mitarbeiter erhalten.

1.23 Delegationsgrad

Unter Delegationsgrad verstehen wir die Freiheit und Selbständigkeit einer Stelle gegenüber über- und nebengeordneten Instanzen. Ein Assistent, welcher ausschliesslich Hilfstätigkeiten ausführt, verfügt beispielsweise über einen geringen Delegationsgrad. Demgegenüber muss ein Profit-Center-Leiter, von dem man eigenständige Leistungen erwartet, über einen höheren Delegationsgrad verfügen.

Der Delegationsgrad einer Stelle lässt sich am besten aus der Stellenbeschreibung ablesen.

Hinweise für einen **schwachen** Delegationsgrad sind Sätze wie:
- er wirkt mit bei...
- er unterstützt seinen Vorgesetzten bei...
- er schlägt vor...
- er ergreift die Initiative zu...

Bei einem **mittleren** Delegationsgrad heisst es:
- zusammen mit dem Betriebsleiter entscheidet er...
- im Rahmen der Richtlinien erledigt er...
- er plant die erforderlichen Investitionen und...
- er untersucht...

Auf einen **höheren** Delegationsgrad deuten:
- er ist verantwortlich für...
- er erledigt selbständig...
- er entscheidet über...
- er organisiert und überwacht...

Das Ausmass des Delegierens von Aufgaben und Kompetenzen wird bei aller Sachlichkeit der anzustellenden Überlegungen immer eine Frage des Ermessens und damit des Führungsstils sein.

Die Vorteile eines **hohen Delegationsgrades** sind:
- Entlastung der übergeordneten Stellen von Aufgaben, welche untergeordnete Stellen zufriedenstellend erfüllen können.
- Konzentration der Führungsinstanzen auf wichtige, strategische, planerische und dispositive Entscheidungen.
- Entscheidungen werden innerhalb jener Stellengruppe gefällt, bei der die Folgen unmittelbar wirksam werden.

Als Nachteile werden aufgeführt:
- Bedarf an qualifizierten und verantwortungsbewussten Mitarbeitern, ein Zustand, welcher erst nach systematischen Schulungs- und Lernprozessen erreichbar ist.
- Gefahr der Überforderung einzelner Mitarbeiter.

1.24 Häufigste Delegationsfehler

Eine mangelhafte Delegation zählt zu den häufigsten «Manager-Krankheiten». Dabei finden Seminarteilnehmer bei der Beurteilung von Fallbeispielen mit Leichtigkeit heraus, wie die betreffenden Manager besser und wirkungsvoller delegieren könnten. Nur im eigenen Arbeitsbereich ist es offenbar schwierig, die als richtig erkannten Grundsätze zu befolgen. Die wichtigsten Fehler und Probleme bei der Delegation sind:

- **Mangelndes Vertrauen gegenüber den Mitarbeitern**
  Die Hauptblockade gegen erfolgreiche Delegation ist und bleibt das mangelnde Vertrauen gegenüber den Mitarbeitern. Vorgesetzte, welche behaupten, dass sie keine qualifizierten Mitarbeiter haben, denen sie entsprechende Aufgaben übertragen können, vergessen, dass es zu ihren Führungsaufgaben gehört, geeignete Leute auszubilden.

- **Mangelndes Vorbild**
  Anlässlich von Organisationsanalysen stellt man wiederholt fest, dass die Delegationsbereitschaft der mittleren Chefs wesentlich von der Delegationsfreudigkeit der Führungsspitze abhängt. Ein Geschäftsleiter, welcher richtig führt und delegiert, wird von seinen direkt unterstellten Führungskräften imitiert. Fehlt dieses Vorbild, so lassen sich Delegationsgrundsätze auf tieferer Stufe nur mühsam durchsetzen.

- **Unangenehme Aufgaben**
  Vorgesetzte, welche vorwiegend unangenehme Aufgaben abschieben, tragen wenig zur Verbesserung der Leistungsbereitschaft ihrer Mitarbeiter bei.

- **Teilaufgaben**
  Der Mitarbeiter sollte in der Regel Ziel und Zweck seiner Aufgaben kennen. Aus diesem Grunde sollten wenn möglich keine isolierten Ausführungsfunktionen delegiert werden, bei denen die Zusammenhänge der Arbeit nicht erkannt werden können.

- **Einsatz mehrerer Mitarbeiter**
  Es gibt immer wieder Chefs, welche die «Begabung» haben, die gleiche Arbeit an mehrere Mitarbeiter zu delegieren. Sie unterschätzen dabei oft die informellen Kommunikationsbeziehungen zwischen den Mitarbeitern und bewirken mit Mehrfachaufträgen Unsicherheit, wenn nicht sogar Frustrationseffekte.

- **Rückdelegation**
  Mit der Übernahme eines Auftrages hat der Mitarbeiter die Pflicht, die Situation zu studieren, Alternativen zu überprüfen, einen klaren Antrag zu stellen oder zu entscheiden. Wenig verantwortungsbewusste Mitarbeiter versuchen bei der Problemlösung durch geschickte Fragen den Chef einzuschalten. Bei einem Fehlentscheid entsteht dadurch eine willkommene «Kollektivschuld».

- **Unersetzlichkeit**
  Wer konsequent delegiert, riskiert, dass seine Mitarbeiter mit der Zeit wesentliche Teilbereiche überblicken können. Aus falscher Furcht vor dem Stellvertreter oder Nachfolger erledigen ängstliche Chefs grössere Aufgabenpakete bewusst selbst.

1.3 Abstimmung von Aufgaben und Kompetenzen

Zu den wohl bekanntesten Organisationsprinzipien gehört der von Ulrich[2.3] in seinem Organisationsbrevier verbreitete Grundsatz:

Aufgaben, Verantwortung und Kompetenzen müssen inhaltlich aufeinander abgestimmt werden.

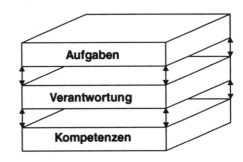

Abb. 2.6: Abstimmung von Aufgaben, Verantwortung und Kompetenzen

Im technischen Bereich ist es selbstverständlich, dass ein Mitarbeiter ein Produkt nur dann herstellen kann, wenn er über die entsprechenden Rohstoffe und Hilfsmittel verfügt und die zur Erbringung der Leistung erforderlichen Mitarbeiter einsetzen kann. Im administrativen Bereich ist dieser Organisationsgrundsatz keinesfalls selbstverständlich.
Denken wir an

- die Produktmanager, welche den Auftrag erhalten, Produkte einzuführen, ohne dass bei dieser verantwortungsvollen Aufgabe über Kompetenzen gesprochen wird;
- die Beauftragten für Public Relations, welche zur Erreichung der ihnen übertragenen Aufgaben auf den guten Willen der Mitarbeiter angewiesen sind;
- die Projektleiter, welche zur Durchsetzung ihrer Ziele ihr ganzes Einfühlungsvermögen mobilisieren müssen, um eine betriebsinterne Unterstützung zu erhalten.

Die aufgeführten Beispiele zeigen, dass die Beachtung dieses Grundsatzes im administrativen Bereich nicht als Selbstverständlichkeit betrachtet werden darf.

Abstimmung der Verantwortung
Über die Übertragung und Abstimmung der Verantwortung hört man vor allem in der Praxis recht unterschiedliche Ansichten. Beispielsweise werden folgende Thesen vertreten:

- *«Verantwortung kann man nicht teilen und daher nicht delegieren.»*
- *«Ein Chef ist für alles verantwortlich, was in seinem Bereich geschieht.»*
- *«Die Delegation von Aufgaben bringt keine Teilung, sondern im Gegenteil eine Addition von Verantwortung mit sich.»*

Würden diese Thesen stimmen, dann müsste der Bankdirektor mit seinem Vermögen haften, wenn der Schalterbeamte Kundengelder unterschlägt.
Aus organisatorischer Sicht ergäbe sich bei der Richtigkeit dieser Meinung die fatale Situation, dass ein Unternehmer nur mit einem erheblichen Risiko Aufgaben übertragen dürfte. Wenn er für jeden Fehler haften würde, dann müsste er praktisch jede Massnahme und Entscheidung seiner Mitarbeiter persönlich überwachen.

Der Realität wesentlich näher kommt dagegen der ebenfalls oft gehörte Grundsatz, wonach
- *ein Chef sich für alles, was in seinem Bereich passiert, verantwortlich fühlen sollte und auf jeden Fall Rechenschaft ablegen muss.*

Zu einer aus unternehmerischen Sicht besseren Lösung braucht es eine differenziertere Betrachtung der Verantwortlichkeit.

> **Nicht übertragen, also nicht delegiert werden kann die Führungsverantwortung.**

Ein Chef hat immer dafür zu sorgen, dass
- die richtigen Mitarbeiter eingesetzt werden,
- die Mitarbeiter richtig instruiert werden,
- die Mitarbeiter die Ziele und Nebenbedingungen ihrer Aufgaben kennen,
- die Ausführungs- und Ergebniskontrolle planmässig und systematisch erfolgen.

Bei der als Beispiel aufgeführten Unterschlagung des Bankbeamten müsste somit festgestellt werden, ob bei der Anstellung die fachlichen und persönlichen Voraussetzungen erfüllt waren, ob die Einführung systematisch erfolgte, ob regelmässige und stichprobenartige Kontrollen zur Überprüfung der Arbeit durchgeführt wurden. Sind diese Voraussetzungen erfüllt, so kann der entsprechende Vorgesetzte nicht für den Fehler des Schalterbeamten haftbar gemacht werden. Die Frage der Verantwortlichkeit bei der Delegation von Aufgaben haben wir in der Abb. 2.7 dargestellt.

Organisationsprinzipien

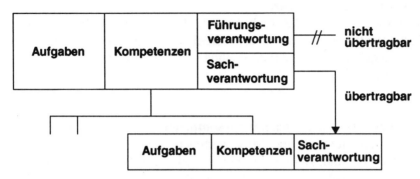

Abb. 2.7: Delegation der Verantwortung

Die Führungsverantwortung bleibt somit in jedem Fall beim Vorgesetzten. Der Mitarbeiter dagegen trägt die **Handlungs- und Sachverantwortung**. Der Mitarbeiter haftet für fahrlässige oder vorsätzliche Fehler, für die Nichtausnützung der Kompetenzen bzw. die daraus resultierenden Schäden. Wenn also beispielsweise ein Mitarbeiter die Sicherheitsvorschriften missachtet oder einen Befehl seines Vorgesetzten nicht ausführt, so wird er die Verantwortung tragen müssen. Sein Chef hat den Nachweis zu erbringen, dass er seiner Instruktions- und Kontrollpflicht in zumutbarem Masse nachgekommen ist.

Abstimmung der Kompetenzen
Als Kompetenzen bezeichnen wir das **Handlungsrecht** zur Ausführung einer Aufgabe. Wer eine Aufgabe erhält, muss auch über die entsprechenden Rechte verfügen, diese Aufgabe weiterzugeben, auszuführen oder in dieser Angelegenheit zu entscheiden. Eine genaue Umschreibung der Kompetenzen ist vor allem dann erforderlich, wenn mehrere Stellen gleichzeitig bei der Aufgabenerfüllung mitwirken. Weil die Kompetenzfrage im Kapitel über das Funktionendiagramm ausführlich behandelt wird, begnügen wir uns an dieser Stelle mit folgenden Grundformen:

- **Antragskompetenz:**
  Die Initiative zur Zusammenstellung der Entscheidungsgrundlagen und zur Unterbreitung des Vorhabens liegen beim Mitarbeiter. Gleichzeitig sollte der Antrag auch in materieller Hinsicht einen Vorschlag enthalten. Der Entscheid wird nach Prüfung der Unterlagen von einer übergeordneten Instanz gefällt.
  Beispiele: – *Anstellung eines Mitarbeiters*
  – *Werbebudget*
  – *Bedarfsanforderung für eine Maschine*

- **Ausführungskompetenz:**
  Der Mitarbeiter hat das Recht bzw. die Pflicht, die ihm übertragenen Aufgaben auszuführen. Sofern keine ausdrücklichen Vorschriften vorliegen, kann er das Vorgehen oder die Arbeitsmethode selbst bestimmen.
  Beispiele: *– Bezüge ab Lager*
               – Fakturierung

- **Verfügungs- und Entscheidungskompetenz:**
  Der Mitarbeiter muss über Mittel verfügen, welche zur Erfüllung der Aufgabe erforderlich sind. Bei der Entscheidungskompetenz steht ihm das Recht zu, zwischen Handlungsalternativen zu wählen.
  Beispiele: *– Beschaffung einer Frankiermaschine*
               – Zusammenstellung eines Projektteams

- **Anordnungskompetenz:**
  Hier wird das Recht übertragen, eine konkrete Aufgabe im Namen einer übergeordneten Instanz weiter zu delegieren. Beispielsweise werden an Geschäftsleitungssitzungen zahlreiche Massnahmen angeordnet, welche die Sitzungsteilnehmer nicht direkt betreffen. In diesem Fall muss das Anordnungsrecht einem der anwesenden Sitzungsteilnehmer übertragen werden.

Bei der Übertragung von Kompetenzen sind folgende Regeln zu beachten:

- Die beauftragte Instanz soll sämtliche Kompetenzen erhalten, welche zu einer korrekten Aufgabenerfüllung erforderlich sind. Ungenügende Kompetenzausstattung fördert die Rückdelegation, d.h. bei der ersten Unklarheit landet der Auftrag wieder auf dem Schreibtisch des Vorgesetzten.

- Die delegierende Instanz hat dafür zu sorgen, dass die Einheit der Willensbildung nicht gefährdet wird. Auch die mit Teilaufgaben beauftragten Stellen haben sich an die bestehenden unternehmenspolitischen Ziele und Nebenbedingungen zu halten.

Das Ausmass der Kompetenzübertragung hängt nicht nur von der Art der Aufgabenstellung, sondern auch vom Führungsstil des Vorgesetzten ab.

1.4 Horizontale und vertikale Stellengruppierung

Eine Leitungsinstanz kann immer nur eine begrenzte Anzahl Stellen führen. Wächst das Unternehmen, dann müssen Stellengruppen gebildet werden. Für den Aufbau dieser Teilsysteme gelten die gleichen Prinzipien wie bei der Stellenbildung. Zusätzlich muss auf die Intensität der Beziehungen zwischen den einzelnen Stellen geachtet werden. Jede Stellengruppe sollte für sich wieder eine möglichst selbständige organisatorische Einheit darstellen.

Mit der Zusammenfassung von Stellen werden bei der

- **horizontalen Strukturierung**
  Grundsatzentscheide über die Organisationsform und die Kontrollspanne gefällt, bei der

- **vertikalen Strukturierung**
  wird über die Anzahl der Führungsstufen entschieden.

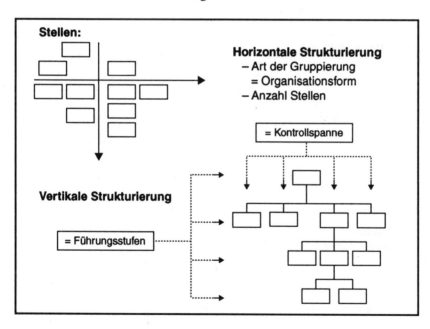

Abb. 2.8: Strukturierung von Stellen

Bei der **horizontalen Strukturierung** müssen die Stellen gemäss den unternehmerischen Zielen nach Verrichtungen, Produkten, Objekten oder Regionen zusammengefasst werden. Gleichzeitig ist das Problem der Zentralisation und Dezentralisation von Spezialaufgaben (Einkauf, Personal, Finanzen) zu lösen. Weil nur eine begrenzte Anzahl von Stellen in einem Führungsbereich zusammengefasst werden können, stellt sich die Frage der richtigen Leitungs- oder Kontrollspanne.

Eine **vertikale Strukturierung** drängt sich auf, wenn bei der horizontalen Stellenbildung die vertretbare Leitungs- oder Kontrollspanne überschritten wird. Mit der Bildung von Stellengruppen oder zusätzlichen Führungsbereichen werden zugleich Führungsstufen geschaffen.

1.41 Leitungs- und Kontrollspanne

Unter Leitungs- oder Kontrollspanne verstehen wir die Anzahl der Mitarbeiter, welche einem Chef direkt unterstellt sind. Gemäss einem traditionellen Organisationsprinzip dürfte ein Chef nicht mehr als 5-7 Direktunterstellte haben. Demgemäss wird eine Kontrollspanne mit mehr als 7 Mitarbeitern als gross, eine Kontrollspanne von 2-4 Mitarbeitern als klein interpretiert.

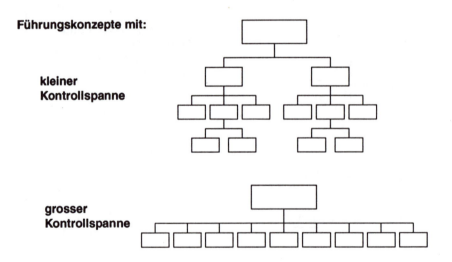

Abb. 2.9: Kleine und grosse Kontrollspanne

Nach dieser sehr globalen Einstufung wollen wir uns einer etwas differenzierteren Beurteilung zuwenden.
Professor Höhn, der Begründer des Harzburger Modells, hat in seinen Seminarien die Hauptaufgaben eines Chefs jeweils wie folgt definiert:

«Ein Chef hat.....
- *seine Mitarbeiter zu führen*
- *eigene Sachaufgaben zu erledigen*
- *und an die Zukunft des Unternehmens zu denken».*

Prozentzahlen für diese vorgeschlagene Aufgabenteilung wurden allerdings nie genannt. Fest steht, dass ein Chef neben der Erledigung persönlicher Sachaufgaben genügend Zeit haben muss für die schwer delegierbaren Planungs- und Führungsaufgaben. Jeder direkt unterstellte Mitarbeiter beansprucht die Zeit seines Chefs für die:

- korrekte Instruktion
- periodische Ausführungsüberwachung
- Ergebniskontrolle.

Hat ein Chef zu viele direkt unterstellte Mitarbeiter, dann wird er mit Führungs- und Koordinationsaufgaben zeitlich überlastet. Damit wird er seine eigenen Sachaufgaben nur mit Überstunden und seine Planungsaufgaben kaum mehr erledigen.
Die Arbeitsanteile eines Chefs mit normaler und grosser Kontrollspanne könnten wie folgt dargestellt werden:

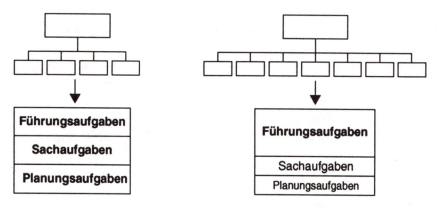

Abb. 2.10: Arbeitsanteile eines Chefs bei unterschiedlicher Kontrollspanne

Eine zu kleine Kontrollspanne deutet nicht unbedingt auf eine unwirtschaftliche Organisation hin. Es ist durchaus üblich, gut bezahlte Spezialisten (Konstrukteure, Forscher, Chemiker) von Führungsaufgaben zu entlasten, nicht nur weil diese Spezialisten Führungsaufgaben ohnehin nicht schätzen, sondern weil die ihnen zugewiesenen Sachaufgaben strategisch wichtiger sind.

Als vorläufiges Resultat können wir festhalten, dass die Frage der richtigen Kontrollspanne abhängt

- von der Bedeutung der übertragenen Sach- und Planungsaufgaben,
- vom Aufwand, der für die Führung der direkt unterstellten Mitarbeiter erforderlich ist.

Aus dem zweiten Punkt geht eindeutig hervor, dass nicht die Zahl der direkt unterstellten Mitarbeiter entscheidend ist, sondern vielmehr der Führungsaufwand.
In einem Industriebetrieb ist es beispielsweise durchaus üblich, einem Meister bis zu zwanzig Arbeiter (Dreher, Fräser etc.) zu unterstellen. Der Standardisierungsgrad der Aufgaben vereinfacht offensichtlich die Führungs- und Kontrollarbeit. Demgegenüber wäre ein Marketingleiter mit der gleichen Anzahl von Mitarbeitern hoffnungslos überlastet. Vertreter, Produktmanager, Marktforscher, Verkäufer und Werbefachleute erfordern einen höheren Koordinationsaufwand.

Aus diesen Ausführungen lässt sich das Problem der Leitungs- und Kontrollspanne wie folgt zusammenfassen:

Die Kontrollspanne kann grösser sein, wenn

- die zugeordneten Aufgaben einfach sind und sich wenig ändern,
- Aufgaben und Kompetenzen klar geregelt sind,
- der Chef belastbar ist und über gute Führungseigenschaften verfügt,
- die Mitarbeiter qualifiziert sind und selbständig arbeiten,
- ein kooperativer Führungsstil praktiziert wird,
- ausgereifte Organisationshilfsmittel eingesetzt werden,
- zur Unterstützung der Planungsaufgaben geeignete Stabsleute zur Verfügung stehen.

1.42 Führungsstufen

Als Führungsstufe bezeichnet man die vertikale Positionierung einer Stelle innerhalb der Unternehmenshierarchie. Die Anzahl der zu bildenden Führungsstufen steht in einem direkten Zusammenhang mit der Leitungs- und Kontrollspanne. Organisationskonzepte mit kleiner Kontrollspanne erfordern mehr Führungsstufen als solche mit grosser Kontrollspanne.

Für den Organisator sind in diesem Zusammenhang von Bedeutung:

- die Bezeichnung der Führungsstufen
- die richtige Anzahl der zu wählenden Führungsstufen.

Eine korrekte, einheitliche **Bezeichnung der Führungsstufen** gibt es nicht. Es ist das Recht des Unternehmers, die Führungsstufen nach seinem persönlichen Geschmack zu bezeichnen und bei der Gestaltung der Visitenkarte auf die individuellen Wünsche der Mitarbeiter einzutreten. Die gebräuchlichsten Bezeichnungen sind:

1. Stufe — *Unternehmens- oder Geschäftsleitung*

2. Stufe — *Geschäftsbereichs- oder Spartenleiter*

3. Stufe — *Bereichsleiter*

4. Stufe — *Ressortleiter*

5. Stufe — *Abteilungsleiter*

6. Stufe — *Team- oder Gruppenleiter*

7. Stufe — *Stelle*

Bezeichnungen wie Profit-Center-Leiter, Produktgruppenleiter und Projektleiter deuten eher auf die Funktion als auf die hierarchische Einstufung hin. Welche Bezeichnung gewählt wird, spielt weniger eine Rolle, wichtig ist die Einheitlichkeit der Stellenbezeichnungen innerhalb des gleichen Unternehmens.

Die Anzahl der zu **wählenden Führungsstufen** ist abhängig von
- der Grösse des Unternehmens sowie
- der Homogenität bzw. Heterogenität der Stellen, welche grosse bzw. kleinere Leitungsspannen zulassen.

Die Tatsache, dass vergleichbare Unternehmen in bezug auf Anzahl Führungsstufen stark voneinander abweichen, zeigt, dass diese Kriterien recht unterschiedlich interpretiert werden.

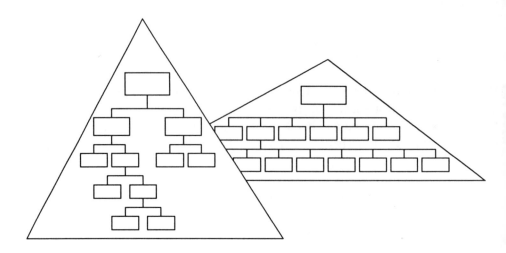

Abb. 2.11: Zusammenhang zwischen Kontrollspanne und Führungsstufen

Die Anhänger der **steilen Pyramide** schätzen die klare Differenzierung zwischen den einzelnen Führungsstufen, weil dadurch die Beförderungsmöglichkeiten verbessert werden. Meistens werden die Positionen mit Statussymbolen (Titeln, Firmenwagen, schönere Pulte) unterstrichen. Dass bei einer allzu künstlich geschaffenen «Hackordnung» Frustrationseffekte bei den Nichtbegünstigten auftreten, wird entweder nicht wahrgenommen oder ignoriert.

Zu den Befürwortern einer **flachen Pyramide** gehören vor allem die Mitarbeiter ab der zweiten Führungsstufe. Würde man allein auf ihre Interessen abstellen, dann müssten sämtliche Stellen dem Unternehmensleiter direkt unterstellt werden. Die Bestätigung dieser These erhalten wir bei Organisationsanalysen, wenn die Fragebogen ausgewertet werden. Auf die Frage: «Wo sollte Ihre Stelle innerhalb der bestehenden Organisation eingeordnet werden», beantragen die meisten Stelleninhaber eine zu hohe Einstufung. Offenbar wünscht sich jeder Mitarbeiter einen möglichst kompetenten und angesehenen Chef.

Abgesehen von dieser verständlichen Einstellung der Mitarbeiter gibt es heute immer mehr Unternehmer, welche sich möglichst flache Strukturen wünschen. Nach dem Grundsatz:

> **So wenig Führungsstufen wie möglich,
> so viele wie nötig**

versuchen sie die mit der Hierarchie verbundene Machtstruktur auf ein Minimum zu beschränken.

Über die Kontrollspanne und das damit zusammenhängende Problem der Führungsstufen gelten folgende **Merksätze**:

- Zur Beurteilung der Kontrollspanne ist weniger die Zahl der unterstellten Mitarbeiter von Bedeutung, als vielmehr der Zeitaufwand zu deren Führung.

- Sind einem Chef heterogene Aufgabenbereiche unterstellt, so bedeutet eine grosse Kontrollspanne eine Überlastung mit Koordinationsaufgaben und demgemäss eine Vernachlässigung der Planungsaufgaben.

- Sind in einer Unternehmensorganisation mehrheitlich kleine Kontrollspannen anzutreffen, besteht der Verdacht auf eine unwirtschaftliche Führung.

- Heute besteht die Tendenz, die Kontrollspanne zu erhöhen und so wenig Führungsstufen als unbedingt nötig einzuführen.

- Zu viele Führungsstufen sind eigentliche Zeitfallen, welche die Effizienz der Auftragsabwicklung beeinträchtigen.

- Flache Pyramiden bewirken eine verbesserte Kommunikation, eine höhere Motivation der Mitarbeiter und sind in der Regel wirtschaftlicher als hierarchisch aufgeblähte Organisationskonzepte.

2. Stellenarten und organisatorische Beziehungen

2.1 Stellenarten, Strukturtypen und Organisationsformen

Diskussionen über organisatorische Probleme werden oftmals erschwert durch die Verwendung unterschiedlicher Begriffe für gleiche Sachverhalte. Bei unseren Ausführungen werden die wichtigsten Begriffe wie folgt definiert:

- Eine **Stelle** gilt als kleinste organisatorische Einheit und enthält Person, Aufgaben und Hilfsmittel. Eine Stelle kann mehrere Arbeitsplätze enthalten.

- Die **Stellenart** charakterisiert die Art und Weise der Aufgabenerfüllung (z.B. Stabsstelle, Linienstelle).

- Die **organisatorischen Beziehungen** befassen sich mit den horizontalen und vertikalen Verbindungen zwischen den einzelnen Stellen (z.B. Dienstweg, Anrufungsweg).

- Unter **Strukturtyp** versteht man die Integration einer Stelle in der Organisation oder die Beziehung einer Stelle zu den übrigen Organisationseinheiten (z.B. Stab-Linien-Organisation).

- Die **Organisationsform** verrät uns, nach welcher unternehmerischen Dimension (Funktionen, Produkte, Märkte) eine Organisationstruktur primär ausgerichtet ist.

Der Unterschied zwischen Strukturtypen und Organisationsformen kann wie folgt dargestellt werden:

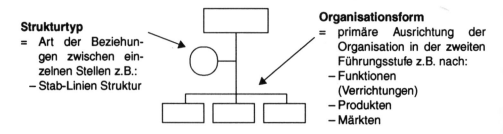

Bei den Strukturtypen unterscheidet man grundsätzlich zwischen:
- Einliniensystem (Stab/Linie)
- Mehrliniensysteme (Zentrale Dienste/Matrix)

Dabei darf man nicht vergessen, dass es sich immer nur um einzelne Elemente handelt, welche den Organisationstyp prägen, jedoch mit der Organisationsform wenig zu tun haben.

2.2 Einzelne Stellenarten

2.21 Linienstellen und Linienstruktur

Wenn ein Unternehmen behauptet, es hätte einen Organisationstyp nach der Form der reinen Linienorganisation, so möchte es damit zum Ausdruck bringen, dass es grossen Wert legt auf eine klare Aufgabenteilung und einen eindeutigen Instanzenweg. Die hierarchische Struktur, die Unterstellungsverhältnisse und damit die formellen Anweisungsrechte erhalten einen grossen Stellenwert.

Merkmale von Linienstellen:

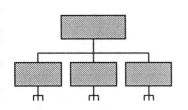

- Aufteilung der Gesamtaufgabe in Teilaufgaben.
- Linie zeigt Unterstellungsverhältnis, Dienstweg, Weisungsrechte.
- Jeder Mitarbeiter hat nur einen Chef.
- Bei Meinungsverschiedenheiten zwischen zwei Mitarbeitern muss die übergeordnete Instanz eingeschaltet werden.

Vorteile:
- Absolut klare Delegation von Aufgaben, Verantwortung und Kompetenzen an die entsprechenden Stellen.
- Einheit der Auftragserteilung wird sichergestellt.
- Rasche und eindeutige Entscheide sind möglich.
- Jeder Mitarbeiter hat nur einen Chef.
- Vermeidung von Querbeziehungen.

Nachteile:
- Sämtliche Koordinationsprobleme müssen vom Chef übernommen werden, daher Gefahr von Problemstau an der Leitungsspitze.
- Erschwerte Koordination zwischen den Abteilungen bei innovativen, bereichsüberschreitenden Aufgaben.
- Förderung von Abteilungsdenken.

Praktische Anwendung:
- In reiner Form höchstens bei Kleinbetrieben denkbar.

2.22 Stabsstellen und Stabs-Linienstruktur

Überlastete Geschäfts- oder Bereichsleiter versuchen für zeitraubende Nachforschungen und Planungsarbeiten Stabsmitarbeiter einzusetzen. Die primäre Aufgabe einer Stabsstelle umfasst somit die Unterstützung, Entlastung und Beratung von Linienstellen. Weil Stabsstellen situativ am Aufgabenpaket ihres Vorgesetzten partizipieren, handelt es sich streng genommen nicht um eine Instanz oder selbständige organisatorische Einheit. Weil auch Stabsstellen vom Autonomiestreben erfasst werden, gilt die letzte Bemerkung nur für die Anfangsphase der Stellenbildung.

Merkmale von Stabsstellen:

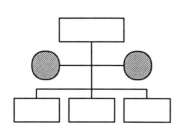

- Übertragung von Aufgaben mit beratendem Charakter an einzelne Stellen (der Stab berät – die Linie befiehlt).
- Aufgabe, der Linie Entscheidungsunterlagen zu liefern.
- Einsatz von Mitarbeitern für neue oder noch nicht zuweisbare Sonderaufgaben.
- Keine Weisungsrechte.

Vorteile:
- Entlastung der Leitungsspitze oder Bereichsleiter von Aufgaben der Entscheidungsvorbereitung.
- Einsatz von Spezialisten für neue, innovative Aufgaben.
- Risikoarme Ausbildung von Nachwuchskräften.

Nachteile:
- Schwache Stäbe erbringen ein ungünstiges Kosten-Nutzenverhältnis (Luxus).
- Starke Stäbe werden in ihrer Entfaltung gehemmt oder sie eignen sich Kompetenzen an, wodurch sie zu «grauen Eminenzen» heranwachsen.
- Starke Stäbe übernehmen zu ihrer Existenzsicherung anspruchsvolle Planungsaufgaben und entziehen damit den Linienstellen die Verantwortung über die Zukunftssicherung.

In bezug auf die praktische Anwendung gibt es eine Vielzahl von Stabsstellen, welche sich durch ihre Einflussnahme in die Primärstruktur unterscheiden und sich nur bedingt in ein System einordnen lassen. So bezeichnet man den persönlichen Gehilfen eines Betriebs- oder Marketingleiters als Stabsmann, ebenso den Generalsekretär eines Bundesdepartementes, eine Stelle, die erfahrungsgemäss über sehr viel Macht verfügt. Der Wirklichkeit am nächsten dürfte folgende Einteilung kommen:

- **Persönliche Stabsstellen**
  Die Stelleninhaber leisten in dieser Funktion Dienstleistungen in Form von Informationssammlung und -aufbereitung, Entscheidungsvorbereitung und Weiterleitung von Aufträgen im Namen des Chefs. Solche reine Stabsstellen oder Stabsgeneralisten finden wir unter der Bezeichnung «Assistent» oder «Direktionssekretär».

- **Stabsspezialisten oder Fachstäbe**
  Fachstäbe unterstützen die Leitungsinstanzen auf einem abgrenzbaren Fachgebiet. Zur Ausübung ihrer Funktion verfügen sie über ihre natürliche Fachautorität und formell oder informell über Mitsprache- und Entscheidungsrechte. Der wirkungsvolle und unkomplizierte Einsatz eines Spezialisten mit rein beratender Stimme ist im täglichen Geschehen nicht denkbar. Typische Stabsspezialisten sind: Wirtschaftsjuristen, Sicherheitsbeauftragte, Versicherungsexperten oder EDV-Sachverständige.

- **Führungs- oder Generalstab**
  Wer einen Führungsstab einsetzt, versucht die Vorteile der klaren Kompetenz- und Verantwortlichkeitsbegrenzung des Ein-Liniensystems mit den Vorteilen der Spezialisierung des Mehr-Liniensystems zu verbinden[2.4]. Der Führungsstab übernimmt in der Regel strategisch wichtige Planungs- und Koordinationsfunktionen, Aufgaben, die von einer Linieninstanz kaum bewältigt werden könnten. Führungsstäbe finden wir hauptsächlich in Konzernorganisationen (strategische Planung, Qualitätssicherung) oder bei öffentlichen Institutionen (Generalsekretariat).

2.23 Zentrale Dienste

Bei den Zentralen Diensten steht die Idee der Zusammenfassung fachlich zentralisierbarer Aufgaben im Vordergrund. Zur wirkungsvollen Aufgabenerfüllung müssen die Zentralen Dienste über fachtechnische Weisungsbefugnisse verfügen. Damit erhalten wir eine mit den Spezialstäben identische Beziehungsstruktur.

Merkmale der Zentralen Dienste:

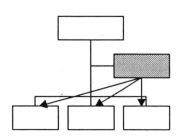

- Zusammenfassung bzw. Zentralisierung von Spezialaufgaben bei einer Stelle.
- Zur Erhöhung ihrer Wirksamkeit erhält die «Stabsstelle» einzelne **fachtechnische Weisungsrechte**, womit sie in die Kategorie der Zentralen Dienste aufsteigt.
- Zentrale Dienste wirken mit bei der Planung, bestimmen das Vorgehen und verfügen über Mitsprache- und Entscheidungsrechte gegenüber anderen Stellen.

Vorteile:
- Wirksamer Einsatz von Spezialisten durch die direkte Einschaltung in einzelne Fachaufgaben.
- Entlastung der Linienstellen auf verschiedenen Führungsstufen durch Zentralisation von Spezialaufgaben.
- Verhinderung eines fachspezifischen Problemstaus an der Spitze der Unternehmung.

Nachteile:
- Zentrale Dienste neigen zur Eigendynamik, d.h. sie versuchen ihren Einfluss auf das Unternehmungsgeschehen laufend zu vergrössern. Dabei entsteht die Gefahr einer partiellen Amputation von unternehmerischen Aufgaben bei den Linienstellen.
- Bei ungenauer Festlegung der fachtechnischen Weisungsrechte entstehen Kompetenzkonflikte mit den Linienstellen.

Praktische Anwendung:
- Es besteht die Tendenz, alle jene Tätigkeiten als Zentrale Dienste zu interpretieren, welche nicht direkt mit dem Unternehmenszweck verbunden sind (z.B. Personalwesen, EDV, Werbebüro, Revision, Organisation).

2.24 Matrix-Stellen

Auch bei den Matrix-Stellen steht die Zentralisierung einer Fachaufgabe im Vordergrund. Im Unterschied zu den Zentralen Diensten erscheinen die Matrix-Stellen im Organigramm als gleichwertige unternehmerische Dimensionen. (Einzelheiten vgl. Kapitel 6, Abschnitt 3).

Merkmale der Matrix-Stellen:

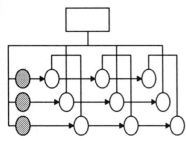

- Es handelt sich um Fachstellen, welche jedoch **gleichwertig** wie die Linienstellen in die Organisation eingestuft sind.
- Diese Matrix-Stellen erhalten genau definierte, fachtechnische Weisungsrechte.
- Einzelne Mitarbeiter haben damit zwei Chefs
  - Linienchef (Was ist zu tun)
  - Fachvorgesetzten (Wie ist es zu tun).

Vorteile:
- Durch die gleichwertige organisatorische Einstufung erhalten Matrix-Stellen eine ihrer Bedeutung entsprechende Wirkung.
- Das Spezialwissen gut bezahlter Fachtechniker kommt verschiedenen Stellen zugute.
- Erleichterte Stellenbesetzung (Stabsstellen werden von kompetenten Mitarbeitern gemieden).

Nachteile:
- Bei ungenauer Definition der Kompetenzen entstehen Konflikte.
- Die einzelnen Mitarbeiter versuchen ihre Chefs gegenseitig auszuspielen.
- Die Verantwortlichkeit für unternehmerische Entscheidungen ist nicht mehr klar feststellbar.

Praktische Anwendung:
- Jedes mittlere Unternehmen besitzt Matrix-Stellen, da nur diese eine wirksame Erfüllung von Spezialaufgaben gewährleisten (z.B. Personalwesen, Organisationsabteilung, Produktmanagement).
- In reiner Form (und dort werden sie auch so bezeichnet) erfüllen Matrix-Stellen bei der Profit-Center-Organisation ihre Wirkung (z.B. Controlling, Marketing-Service).

Von der Linien-Struktur zur Matrix-Struktur
(Eine Entwicklungsgeschichte als Zusammenfassung)

Phase 1
Klare Linienstruktur

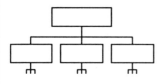

Ein Geschäftsmann gründete ein Unternehmen und stellte einen Buchhalter, einen Produktionsleiter sowie einen Verkaufsleiter ein. Er wollte absolut klare Verhältnisse haben und entschied sich deshalb für eine **klare Linienstruktur**. Jeder wusste, was er zu tun hatte und das Geschäft lief bestens.

Phase 2
Stab-Linienstruktur

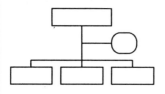

Ein Freund überzeugte unseren Geschäftsmann, dass mit einem Computer administrative Tätigkeiten effizienter erledigt werden könnten. Unser Chef war Neuerungen gegenüber aufgeschlossen. Damit seine Organisation nicht beeinträchtigt werde, entschloss er sich, einen **Assistenten** anzustellen, welcher sich unter seiner Aufsicht mit der EDV zu befassen hatte.

Phase 3
Zentrale Dienste

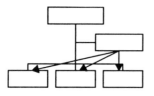

Die neu geschaffene EDV-Stabsstelle brachte schon bald erhebliche Erleichterungen. Weil jede Änderung von unserem Chef beurteilt werden musste, bevor sie bei den Linienstellen durchgesetzt werden konnte, gab es wiederholt Schwierigkeiten. Unser Chef entschloss sich daher, dem EDV-Mann für seine Tätigkeit fachtechnische Weisungsrechte zu erteilen. Die Stabsstelle wurde somit zur Stelle **«Zentrale Dienste»** umfunktioniert.

Phase 4
Matrix-Struktur

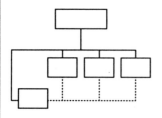

Das Unternehmen wurde zunehmend grösser und die damit verbundenen EDV-Probleme komplexer. Die EDV-Stelle übernahm zusätzliche logistische Aufgaben und lieferte wichtige Entscheidungsgrundlagen. Damit die für das Unternehmen bedeutungsvolle Stelle ihre Aufgabe ausüben konnte, wurde die EDV-Abteilung als gleichberechtigte Stelle in die Organisation integriert. Damit verfügte unser Chef, ohne es zu wissen, über eine **Matrix-Struktur.**

2.3 Strukturtypen und organisatorische Beziehungen

Heute wird eine Organisation als modern bezeichnet, wenn die Organisationsschranken klein sind bzw. die Beziehungen zwischen den einzelnen Stellen möglichst intensiv, frei und ungebunden spielen. Zweifellos ist eine möglichst dynamische Beziehungsstruktur eine wichtige Voraussetzung für eine effiziente Leistungserbringung. Zu freie Beziehungen beeinträchtigen allerdings die Führbarkeit eines Unternehmens und führen zu unklaren Verantwortlichkeiten. Nach dem Grundsatz: «So viel Freiheit wie möglich; so viele Regelungen wie nötig», braucht es in einer Unternehmungsorganisation offenbar beide Elemente, also:

– Spielregeln oder Normen, welche den normalen Arbeitsablauf ordnen und eine gewisse Stabilität der Unternehmensführung sicherstellen.

– Mitarbeiter, welche in Ausnahmesituationen die Verantwortung übernehmen und Entscheidungen treffen oder Anweisungen erteilen, selbst wenn diese in keinem Organisationshandbuch vorgesehen sind.

In diesem Abschnitt befassen wir uns vorerst mit den Spielregeln oder Prinzipien, **welche im Normalfall** das Zusammenwirken zwischen einzelnen Stellen prägen. Diese Prinzipien regeln somit die Kommunikationsbeziehungen zwischen einzelnen Stellen und zwar sowohl vertikal als auch horizontal. Anschliessend soll aufgezeigt werden, dass in Ausnahmefällen Beziehungen ausserhalb der bestehenden Regelungen erforderlich und erwünscht sein können.

2.31 Ein-Linien-Beziehungen

Die **vertikale Verbindung** zwischen zwei Linienstellen zeigt

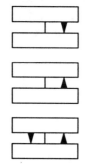

– von oben nach unten
  – Dienstweg, Unterstellungsverhältnis,
  – Anweisungsrecht, Auftragserteilung,
– von unten nach oben
  – Anrufsweg (im Zweifelsfalle hat sich ein Mitarbeiter immer an seinen Chef zu wenden),
– wechselseitig
  – Informationen (diese unterliegen keinerlei organisatorischen Regelungen).

Die Einführung einer **Stelle ohne eigenen Fachbereich** (Stab-Linienbeziehung) zeigt

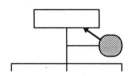

- die Übertragung unterstützender Aufgaben aus dem übergeordneten Fachbereich,
- die Beratungsfunktion dieser Stelle.

Enthalten Stabsstellen **eigene Fachbereiche** (z.B. Recht, PR), dann bedeutet dies

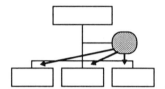

- eine Zentralisierung von Spezialaufgaben,
- das Recht oder die Pflicht dieser Fachstäbe, die Linienstellen bei der Ausübung ihrer Tätigkeiten zu unterstützen.

2.32 Mehr-Linien-Beziehungen

Die Einführung einer **nebengeordneten Linienstelle** bedeutet

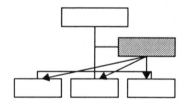

- den Einsatz von Zentralen Diensten zur Ausübung volumenmässig bedeutungsvoller zentralisierbarer Aufgaben,
- die Zuordnung genau definierter fachtechnischer Weisungsrechte.

Die Aufführung einer **Zentralstelle** auf der gleichen Führungsstufe zeigt

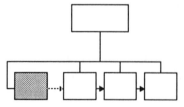

- die Gleichstellung von Linien- und Fachstelle,
- die ausdrückliche Zuweisung von fachtechnischen Weisungsrechten an die Matrixstelle.

Zu den **Mehrliniensystemen** gehört auch das von Taylor propagierte und angeblich von Henry Ford ausgetestete Organisationsmodell, welches zur allgemeinen Verwirrung als funktionale Organisation bezeichnet wird.

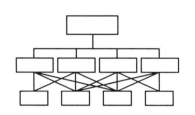
Dabei handelt es sich ausschliesslich um eine unternehmerische Denkweise, welche Flexibilität von allen Stellen fordert. Als reiner Strukturtyp existiert dieses Modell in der Praxis nicht, weil ungeordnete Weisungsbefugnisse unweigerlich zum Chaos führen müssten. Mit Nachdruck muss auch darauf hingewiesen werden, dass der funktionale Organisationstyp von Taylor nicht mit der verrichtungsorientierten funktionalen Organisationsform verwechselt werden darf.

2.33 Verbindungswege in Ausnahmefällen

Bestehende organisatorische Regelungen gelten immer für die Abwicklung von Aufträgen im Normalfall. In Ausnahmefällen kann ein «Dienst nach Vorschrift» die Effizienz der Aufgabenerledigung beeinträchtigen. Welches Verhalten im Einzelfall richtig ist, soll an zwei Beispielen erläutert werden.

Die Forschungsabteilung einer Firma hat sich mit der Weiterentwicklung eines Produktes befasst und einen Rohstoff entdeckt, welcher das Aussehen des Produktes verändert, den Fabrikationsprozess vereinfacht und weit billiger zu stehen kommt.

Die Einführung der Neuerung ist indessen noch nicht entschieden. Trotzdem informiert der Entwicklungsingenieur die nebengeordneten Stellen über die bisherigen Ergebnisse. Aufgrund dieser Information verzichtet der Marketingleiter auf einen Neudruck der Prospekte, der Einkäufer bestellt nur noch so viel vom alten Rohstoff, wie unbedingt erforderlich ist, und der Produktionsleiter stellt seinen Investitionsantrag für den Ersatz der derzeitigen Produktionseinrichtung zurück.

Diese Situation kann wie folgt dargestellt werden:

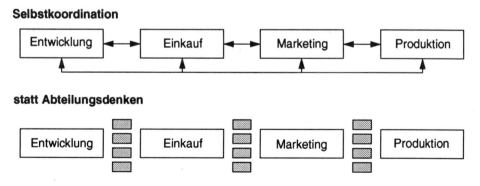

Abb. 2.12: Selbstkoordination statt Abteilungsdenken

Aus diesem Beispiel geht hervor, dass eine funktionsfähige Organisation geradezu auf nicht zum voraus festgelegte, informelle Kontakte angewiesen ist. Besonders bei grösseren und komplexeren Organisationsstrukturen spielen die informellen Querbeziehungen, welche auf der Initiative verantwortungsvoller Mitarbeiter beruhen, eine lebenswichtige Rolle.

Eine Missachtung oder Verletzung der aufgeführten «organisatorischen Grundgesetze» kann aber auch zu Störungen und Konflikten führen.

Nehmen wir beispielsweise an, ein Geschäftsleiter setzt seinen Betriebsleiter unter Druck und fordert die Fertigstellung eines Projektes innert zehn Tagen. Der Betriebsleiter stimmt nach einigen Überlegungen diesem Termin zu und verspricht dem Geschäftsleiter die zeitgerechte Erledigung des Auftrages. Am nächsten Morgen ruft er seine Mitarbeiter zu sich und erteilt ihnen die erforderlichen Weisungen. Dabei erfährt er, dass sein tüchtigster Konstrukteur vom Verkaufschef den Auftrag erhalten habe, ihn nächste Woche zu einem Auslandkunden zu begleiten. Der Betriebsleiter muss somit sein Terminversprechen rückgängig machen.

Diese Situation lässt sich wie folgt darstellen:

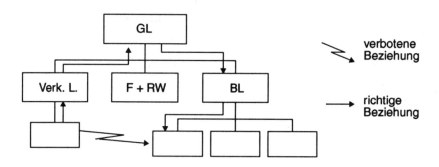

Abb. 2.13: Richtige und verbotene organisatorische Beziehungen

Anweisungen ausserhalb des Dienstweges beeinträchtigen die Führbarkeit des entsprechenden Verantwortungsbereiches. Der Verkaufschef hätte den Betriebsleiter vorgängig ersuchen sollen, ihm einen Konstrukteur zuzuteilen.

Die in diesem Abschnitt aufgeführten Grundsätze über Stellenarten und deren Verbindungswege können durch folgende **Merksätze** zusammengefasst werden:

- Zu den wichtigsten Stellenarten gehören

    - Linienstellen
    - Stabsstellen
    - Zentrale Dienste
    - Matrix-Stellen

    Die Bezeichnungen sind ein Indiz für die Kompetenzausstattung und deuten an, wie der entsprechende Leistungsauftrag erfüllt wird.

- Als Strukturtyp bezeichnen wir die Integration einer Stelle in die Organisation und damit die Regelung der horizontalen und vertikalen Verbindungen. Dabei unterscheiden wir zwischen

    - Ein-Linienbeziehungen (z.B. Stab-Linienorganisation),
    - Mehr-Linienbeziehungen (z.B. Matrix-Organisation).

- Die Regelung der Verbindungswege ist für die Abwicklung von Routinefällen wichtig, weil ohne vorgeplante Kommunikationswege eine geordnete Arbeitsweise nicht denkbar ist. In Ausnahmefällen sind solche Regelungen situativ und flexibel zu interpretieren.

- Die Klassierung nach Strukturtypen hat heute nur noch eine geringe praktische Bedeutung. Aufgrund unserer Erfahrung sind wir überzeugt, dass

    - es reine Linienorganisationen nicht mehr gibt,
    - Stab-Linienorganisationen eher selten vorkommen,
    - «funktionale Organisationskonzepte» nach dem Ansatz von Taylor nicht existieren,
    - nahezu jedes Unternehmen über Zentrale Dienste verfügt,
    - in fast jeder Organisation Matrixstellen anzutreffen sind, obwohl diese meist als Stabsstellen aufgeführt werden.

3. Stellenbesetzung

Bei der Stellenbesetzung geht es um die Übertragung eines konkreten Aufgabenbündels an den Mitarbeiter. Aus der Sicht der Unternehmung stellt sich dabei die Frage:

> *«Welche Person wird die derzeitigen und zukünftigen Aufgaben einer Stelle am besten erfüllen?»*

3.1 Grundsätze der Stellenbesetzung

Ausgangspunkt einer Stellenbesetzung bildet ein nach sachlogischen Aspekten zusammengestelltes Aufgabenpaket. Fasst man die wichtigsten Planungs-, Führungs- und Sachaufgaben zusammen, so erhält man das **Arbeits- oder Stellenbild** (Job Description). Wer diese Leistungen erbringen will, muss bestimmte Voraussetzungen erfüllen. Die in einer Liste zusammengestellten Voraussetzungen werden als **Anforderungsprofil** (Job Specification) bezeichnet. Gesucht wird somit eine Person, welche möglichst viele der aufgeführten Anforderungen erfüllt.

Auf der anderen Seite haben wir Bewerber, welche einen Aufgabenbereich suchen, mit dem sie sich voll und ganz identifizieren können. Jeder Stellensuchende hat gewisse Vorstellungen von einem Ideal-Job, einer Position mit Aufgaben, welche er aufgrund seiner Erfahrung routinemässig erledigen kann; jedoch auch mit Aufgaben, welche eine echte Herausforderung darstellen und damit der Entfaltung der eigenen Persönlichkeit dienen. Aus dem Vergleich zwischen den **Merkmalen einer Person**, d.h. dem vorhandenen Wissen, Können und den Neigungen einerseits und dem **Anforderungsprofil** andererseits resultiert das sogenannte **Eignungsprofil**.

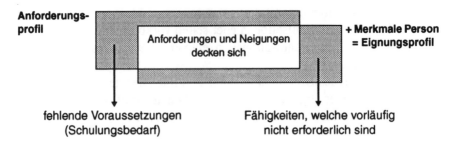

Abb. 2.14: Abstimmung von Anforderungs- und Eignungsprofil

Erfüllt eine Person alle Kriterien eines Anforderungsprofils, so müsste man von einem Idealfall sprechen. In der Regel steht indessen der ideale Kandidat nicht zur Verfügung, d.h. die Unternehmung muss sich mit einer bestmöglichen Übereinstimmung zufrieden geben.

Erfüllt ein Bewerber zu wenig Anforderungen, so kommt er kaum für die entsprechende Position in Frage. Bringt er im Vergleich zum Anforderungsprofil zu viele Fähigkeiten mit, so ist er überqualifiziert und scheidet ebenfalls aus dem Selektionsprozess aus. Kandidaten, bei denen zwischen den fehlenden Voraussetzungen und den vorläufig nicht geforderten Fähigkeiten ein Gleichgewicht besteht, haben die besten Chancen für eine erfolgreiche Stellenbesetzung.

3.2 Personen- oder sachbezogene Stellenbesetzung

Bei der Beurteilung eines Eignungsprofils stellt sich regelmässig die Frage, ob eine Stelle eher sachbezogen (ad rem) oder personenbezogen (ad personam) besetzt werden soll. Obwohl diese Frage nur im konkreten Fall richtig beantwortet werden kann, streben die meisten Personalverantwortlichen eher eine **sachbezogene Stellenbesetzung** an. Wenn eine Buchhaltung abgestimmt oder eine Kalkulation erstellt werden soll, nützt es wenig, wenn wir diese Aufgabe einem Mitarbeiter übertragen, welcher dazu nicht fähig ist, dafür aber mehrere Fremdsprachen spricht. Anders wäre der Fall zu beurteilen, wenn mit dem gleichen Kandidaten eine von sieben Verkaufsstellen zu besetzen wäre. Hier könnte mit einer Neuverteilung der Länderverantwortlichkeit ein tüchtiger Verkäufer durchaus in ein Organisationskonzept integriert werden. Eine Anpassung der Stelle darf immer dann vorgenommen werden, wenn im entsprechenden Verantwortungsbereich die Erledigung sämtlicher Aufgaben sichergestellt werden kann.

Bei der **personenbezogenen Stellenbesetzung** wird verstärkt Rücksicht genommen auf spezifische Fähigkeiten, Eignungen und Neigungen des Stellenbewerbers. Dieses Vorgehen ist vor allem dann vertretbar, wenn der Aufgabenbereich der zur Diskussion stehenden Stelle noch nicht klar definiert ist, oder wenn das Unternehmen über ein grosses Potential von neuen Stellen verfügt (für einen tüchtigen Mann werden wir sicher eine Position finden).

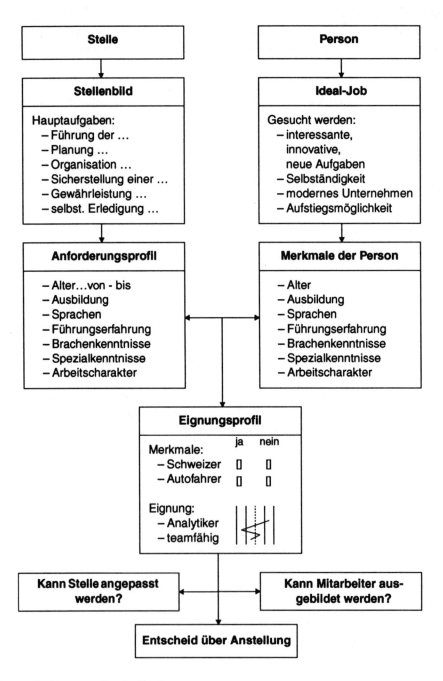

Abb. 2.15: Prozess der Stellenbesetzung

Allerdings spricht es wenig für die Zielstrebigkeit eines Stellensuchenden, wenn er sich für ein Unternehmen entscheidet, das ihm nur einen schlecht definierten Aufgabenbereich offerieren kann. Solche Bewerber suchen nicht herausfordernde Aufgaben, als vielmehr eine gesicherte Position.

Dagegen ist es durchaus üblich, dass Bewerber nicht alle Voraussetzungen mitbringen und mit gezielten Ausbildungsmassnahmen erst noch aufgebaut werden müssen.

Folgende Hinweise aus dem eigenen Erfahrungsbereich mögen als Zusammenfassung und Diskussionspunkte dienen:

- Die Erstellung eines Anforderungsprofils führt zu einem objektiveren und sachorientierteren Selektionsprozess.

- Der direkte Vorgesetzte ist häufig nicht in der Lage, organisationsgerechte Anforderungsprofile zu erstellen. Meistens werden zu viele und nicht unbedingt notwendige Anforderungen aufgeführt. Die Mitwirkung des Personalverantwortlichen ist deshalb wichtig.

- Ein Bewerber erfüllt selten alle Anforderungen. Eine systematische Einführung und ein entsprechender Weiterbildungsplan kann sowohl für den Kandidaten als auch für das Unternehmen vorteilhaft sein.

- Von einer Stellenbesetzung mit überqualifizierten Bewerbern muss abgeraten werden. Wer aus einer Notlage eine weniger anspruchsvolle Aufgabe akzeptiert, ist unterfordert und wird die Stelle bei der nächsten Gelegenheit wechseln.

3.3 Stellvertretung

Notwendigkeit der Stellvertretung

Übernimmt ein Chef einen Verantwortungsbereich, so hat er im Rahmen seiner Führungsaufgabe dafür zu sorgen, dass die Aufgaben bei einer zeitlich befristeten Abwesenheit (Unfall, Krankheit, Militärdienst) möglichst reibungslos erledigt werden.

In zahlreichen Unternehmen bereitet die Lösung der Stellvertretungsfrage immer noch Schwierigkeiten. In den meisten Fällen liegt die Ursache beim jeweiligen Vorgesetzten. Besonders autoritäre Chefs haben das Gefühl, dass ihre Arbeit von keinem Mitarbeiter auch nur annähernd übernommen werden kann. Trifft dies zu, so hat es unser Chef in der Vergangenheit unterlassen, seine Mitarbeiter bei wichtigen Aufgaben und Problemen beizuziehen. Er hat somit seine Führungs- bzw. Ausbildungsaufgabe nicht erfüllt. Es kann aber auch sein, dass er aus Gründen des Selbstschutzes bewusst Informationen zurückhält, womit er seine Unersetzlichkeit zu festigen versucht.

Stellvertretungsarten

- **Der vollamtliche Stellvertreter**

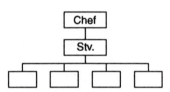

Diese Art der Stellvertretung ist dann möglich, wenn sich auch im Normalfall der Vorgesetzte und sein Stellvertreter die Arbeit teilen. Bei Abwesenheit des Chefs übernimmt der vollamtliche Stellvertreter sämtliche Aufgaben und Kompetenzen des Vorgesetzten. Diese Lösung ist nur bei speziellen Berufskategorien anzutreffen (Chirurgen, Flugkapitän, Co-Pilot). In der Wirtschaft lässt sich eine Doppelbesetzung einer Stelle nur selten rechtfertigen. Beispielsweise kann ein Unternehmensleiter, welcher noch verschiedene andere Profit-Center überwachen muss, in seinem Stammhaus einen stellvertretenden Direktor einsetzen. Damit behält er wenigstens auf dem Papier die Macht über die Führung des Stammhauses. In allen übrigen Fällen deuten vollamtliche Stellvertretungen auf Führungsschwächen hin.

- **Der Stellvertreter im Nebenamt**

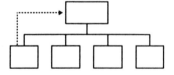

Im Normalfall ernennt der Chef einen seiner Mitarbeiter zum nebenamtlichen Stellvertreter. Bei sehr kleinen Führungsbereichen (Chef und Sekretärin) ist eine vertikale Stellvertretung nicht möglich. In diesen Fällen muss ein benachbarter Abteilungs- oder Bereichsleiter die Stellvertretung übernehmen. Der nebenamtliche Stellvertreter übernimmt somit neben seiner Haupttätigkeit die dringlichsten Aufgaben seines Chefs. Dabei handelt er im Sinne des Stelleninhabers, jedoch auf eigene Verantwortlichkeit. Der Stellvertreter sorgt vor allem dafür, dass keine dringlichen Geschäfte liegenbleiben, sondern unverzüglich an die dafür am besten geeigneten Leute weitergeleitet werden.

– **Der Platzhalter**

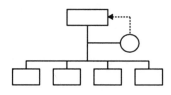

Beim Platzhalter handelt es sich um keinen eigentlichen Stellvertreter, sondern vielmehr um einen Koordinator, Postverteiler und Terminüberwacher. In der Regel werden tüchtige Chefsekretärinnen oder Assistenten für diese Aufgabe eingesetzt.
Dabei entscheiden sie nicht über Sachfragen, sondern sorgen dafür, dass bei wichtigen Problemen der Chef orientiert wird oder bei weniger wichtigen und dringlichen Problemen der bestgeeignete Sachbearbeiter eingeschaltet wird.

Zusammenfassung und Ergänzungen

– Die Regelung der Stellvertretung ist eine wichtige Führungsaufgabe des Chefs.

– Fehlen geeignete Mitarbeiter, so sind die bestehenden Arbeitskräfte entsprechend zu instruieren oder auszubilden.

– Im Normalfall ist die Ernennung eines nebenamtlichen Stellvertreters aus dem eigenen Führungsbereich anzustreben (vertikale Lösung).

– Vollamtliche Stellvertreter oder Stellvertreter aus benachbarten Führungsbereichen sind nur in ganz speziellen Fällen zulässig, in den meisten Fällen deuten sie auf bestehende Führungsprobleme hin.

– Die Übernahme einer Stellvertretung berechtigt nicht zu selbstherrlichen Massnahmen, welche bei Anwesenheit des Stelleninhabers wenig Realisierungschancen hätten. Vielmehr sollen die Aufgaben während der Abwesenheitsperiode im Sinne des Chefs erledigt werden.

– Eine Stellvertretung beinhaltet keinerlei Recht auf Nachfolge. Wer die Gefahr der Heranbildung eines «Kronprinzen» umgehen will, kann die Stellvertretung rotierend (z.B. pro Geschäftsjahr) regeln.

3.4 Spezielle Stelleninterpretationen

Bei der Stellenbesetzung wird in der Regel ein konkretes Aufgabenpaket einer Person auf unbestimmte Zeit übertragen. Es gibt aber zunehmend Fälle, bei denen aus betrieblichen Gründen oder mit Rücksicht auf die Bedürfnisse des Mitarbeiters zum voraus eine zeitliche Begrenzung oder eine inhaltliche Veränderung der Stelle eingeplant wird.

Als **Springer** bezeichnet man jene Mitarbeiter, welche für mehrere Stellen ausgebildet und als vollamtliche Stellvertreter auf Reserve gehalten werden. Aufgrund ihrer Ausbildung und Erfahrung sind die Springer in der Lage, verschiedene Aufgabenbereiche zu übernehmen. Im Normalfall beschäftigen sie sich mit Spezialaufgaben, in den offenbar häufig auftretenden Ausnahmefällen übernehmen sie wichtige Schlüsselpositionen (z.B. Filialleiter, Montageleiter, Chefköche etc.).

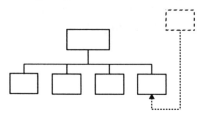

Unter **Job Rotation** oder Arbeitsplatzwechsel versteht man einen geplanten und systematischen Austausch mehrerer Mitarbeiter und Positionen. Im Gegensatz zum Prinzip des Springers erfolgt die Job Rotation auch im Normalfall. Durch die Instruktion mehrerer Personen in einzelne Arbeitsgebiete soll die betriebliche Übersicht verbessert und die Kontinuität der Leistungserbringung gesichert werden. Für den Mitarbeiter bedeutet die periodische Übernahme neuer Aufgabenbereiche eine Erweiterung von Wissen und Erfahrung sowie meist eine willkommene Abwechslung. Das Unternehmen erkauft sich mit dem Rotationsprinzip ein hohes Mass an personeller Unabhängigkeit.

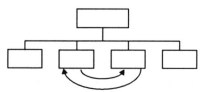

Beim **Job Enlargement** handelt es sich um eine horizontale Aufgabenerweiterung, wobei nur einzelne Elemente der benachbarten Aufgaben zusammengelegt werden. Ansätze zur Aufgabenerweiterung basieren meistens auf der Initiative zweier Abteilungsleiter, welche sich einigen, eine allzu technisch vorgenommene Aufgabenteilung rückgängig zu machen. Dabei werden die Aufgaben so ausgetauscht, dass der einzelne Mitarbeiter mehrere zusam-

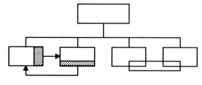

menhängende Operationen ausführen kann. Das Resultat von «Job Enlargement Massnahmen» besteht somit in einer sinnvolleren Arbeitsteilung.

Als **Job Enrichment** wird der Versuch bezeichnet, einzelne Arbeiten in vertikaler Hinsicht zu erweitern. Auch die Aufgabenbereicherung hat in der Regel ihren Ursprung in einer falsch verstandenen Arbeitsteilung oder Delegation. Wenn sich ein Chef das Denken bzw. Planen vorbehält und nur bereit ist, ausführende Tätigkeiten zu delegieren, so trägt er wenig zur Motivation der Mitarbeiter bei. Bei der Aufgabenbereicherung wird somit versucht, einzelne Planungs-, Organisations- und Kontrollaufgaben auf die nächste Führungsstufe zu delegieren. Beispielsweise können Aussendienstmitarbeiter ihre Kundenbesuche und Wochenpläne auch selbst festlegen und trotzdem, oder gerade deshalb, erfolgreich verkaufen.

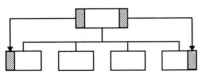

Ausschüsse und Teams werden in der Regel für innovative, interdisziplinäre sowie zeitlich befristete Aufgaben eingesetzt. Für Sonderaufgaben, welche sich mit der bestehenden Organisation nur umständlich lösen lassen, wird somit eine neue Institution geschaffen. Durch den Einbezug von Mitarbeitern aus unterschiedlichen Bereichen und Führungsstufen sollen die Querkontakte bzw. der Erfahrungsaustausch erleichtert werden. Funktionsfähig sind Teams allerdings nur dann, wenn die Aufgabe definiert und die Rollen innerhalb des Teams zum voraus verteilt werden (vgl. Kapitel Projektorganisation). Die Bildung von Teams ist heute nahezu eine Modeerscheinung. Nicht selten deuten sie auf mangelnde Entscheidungsfreudigkeit des Managements hin.

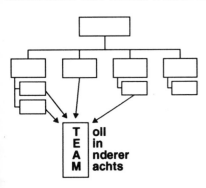

Job Sharing stellt eine moderne Form der Teilzeitarbeit dar. Zwei oder mehrere Personen teilen sich einen oder mehrere Arbeitsplätze. Besonders in Ländern mit hoher Arbeitslosenquote gewinnt Job Sharing an Bedeutung. Voraussetzung dafür ist allerdings die Teilbarkeit der Arbeit. Solche Bedingungen sind eher bei ausführenden und selten bei leitenden Positionen anzutreffen.

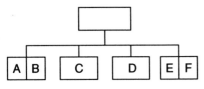

Literatur zu Kapitel 2

2.1	Staerkle, R.	Vorlesungsunterlagen Organisation HSG, 1989
2.2	Trebsch, K.	Ursprung und Ansätze der OE, Darstellung des Ansatzes von Friedländer/Braun, I.O. Nr. 1, 1980.
2.3	Ulrich, H.	Organisationsbrevier, Haupt, 1976
2.4	Hill, W./ Fehlbaum, R./ Ulrich, P.	Organisationslehre, Haupt, 1974

Kapitel 3

Analyse und Gestaltung der Organisation

1. Grundlagen des Reorganisierens 94
- 1.1 Einsatzbereiche organisatorischer Änderungen 94
- 1.2 Gründe und Zyklen von Organisationsstudien 96
- 1.3 Abstimmung von Struktur, Prozessen und Verhalten 98
- 1.4 Reaktion der betroffenen Mitarbeiter 101

2. Vorgehen bei der Analyse von Strukturen 104
- 2.1 Grundsatzfragen 104
- 2.2 Phasen eines Organisationsprojektes 107
- 2.3 Voranalyse 109
- 2.4 Analyse und Beurteilung des IST-Zustandes 112
  - 2.41 Planung der IST-Analyse 113
  - 2.42 Durchführung der IST-Analyse 114

3. Methoden und Instrumente der Strukturanalyse 119
- 3.1 Vorgehens- und Methodenwahl 119
- 3.2 Dokumentenanalyse 121
- 3.3 Fragebogen 122
  - 3.31 Voraussetzungen und Vorgehen 123
  - 3.32 Inhalt und Bedeutung des Fragebogens 125
- 3.4 Interview 128
  - 3.41 Einsatz und Interview-Arten 128
  - 3.42 Interview-Phasen 129
  - 3.43 Spielregeln und taktisches Verhalten 131
- 3.5 Übrige Analysetechniken 134

4. Vorgehen zur Gestaltung von Strukturen 136
- 4.1 Konkretisierung von Zielen und Anforderungen 136
- 4.2 Aufstellen von Alternativen 138
- 4.3 Bewertung von Lösungsvorschlägen 140

Literatur zu Kapitel 3 144

Analyse und Gestaltung der Organisation

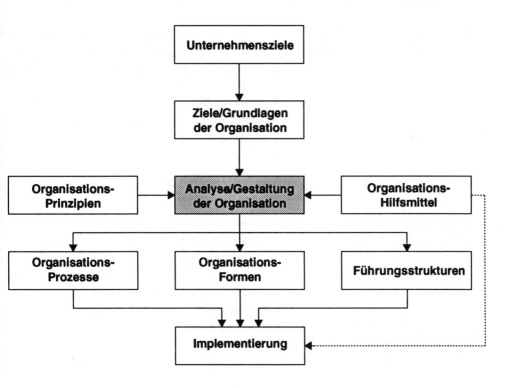

Problemkreise/Fragen

- Welche Prinzipien sind bei der Planung von Organisationsprojekten zu beachten?
- Welche konkreten Schritte sind bei der Durchführung einer Organisationsanalyse erforderlich?
- Muss bei jeder Organisationsanalyse der IST-Zustand vollständig erfasst werden?
- Wie muss bei der gleichzeitigen Analyse und Gestaltung von Strukturen und Prozessen vorgegangen werden?
- Welche Hilfsmittel und Instrumente eignen sich für die Erfassung des IST-Zustandes?
- Wie erarbeitet und bewertet man Strukturvorschläge?

1. Grundlagen des Reorganisierens

Die meisten Unternehmer sind mit den Organisationsprinzipien bestens vertraut, sie kennen aus Büchern und Zeitschriften die Merkmale und Eigenschaften der Organisationsformen, sie wissen jedoch nur selten, wie man bei Organisationsprojekten vorgeht. In diesem Kapitel soll die Planung, Strukturierung und Durchführung von Organisationsstudien ausführlich dargestellt werden. Wir konzentrieren uns dabei auf die Probleme, welche sich bei Strukturanalysen stellen und behandeln das Vorgehen bei der Analyse von Prozessen im Kapitel 5.

1.1 Einsatzbereiche organisatorischer Änderungen

Zur Erreichung der unternehmerischen Ziele werden idealtypische Organisationskonzepte gefordert. Im Gebiet der Organisation und des Managements werden Begriffe wie ideal oder optimal mit Vorsicht verwendet, weil dieser Zustand, wenn überhaupt, immer nur für einen kurzen Zeitabschnitt Gültigkeit hat. Schuld daran sind die betrieblichen und externen Einflussfaktoren, welche einer dauernden Wandlung unterworfen sind. Reorganisieren bedeutet demgemäss eine bestmögliche Anpassung der Struktur und der Abläufe an die derzeit bekannten und zu erwartenden Einflussfaktoren.

Reorganisationsmassnahmen befassen sich mit folgenden Objekten:

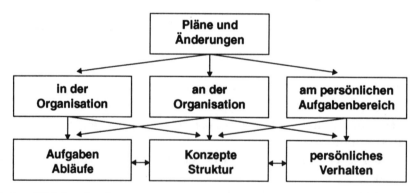

Abb. 3.1:   Objekte der Reorganisation

Organisatorische Änderungen **in der Organisation**, d.h. innerhalb einzelner Verantwortungsbereiche, werden von den zuständigen Chefs durchwegs als
- notwendig,
- selbstverständlich und
- wirkungsvoll bezeichnet.

In der Tat finden wir im operativen Bereich, speziell in der Produktion, zahlreiche Pläne und organisatorische Hilfsmittel, welche als selbstverständlich und zweckmässig betrachtet werden. Dazu gehören beispielsweise: Produktionsplanung, Fertigungsplanung, Ablaufstudien, Konstruktionszeichnungen, Stücklisten und Operationspläne. Ohne moderne Hilfsmittel, welche uns sagen, wer was in welcher Reihenfolge zu tun hat, sind effiziente Prozesse nicht denkbar.

Pläne und Änderungen **an der Organisation** bzw. die Überprüfung von Abteilungen und Stellen erscheinen dagegen

- fragwürdig,
- riskant,
- wenig wirkungsvoll und
- aufwendig.

Wer die Struktur eines Unternehmens in Frage stellt, sorgt auf den höheren Positionen für Verwirrung. Vorgesetzte der unteren und mittleren Stufe deuten bei Strukturfragen mit dem Zeigefinger diskret nach oben, was bedeutet, dass solche Probleme zuerst auf höchster Ebene gelöst werden müssten. Einmal geschaffenen Strukturen haften offenbar die Elemente der Starrheit und der Beharrlichkeit an (Paläste statt Zelte). Dabei sollte sich die Innovationsbereitschaft eines Unternehmens nicht nur auf neue Technologien, neue Produkte und Verfahren, sondern ebensosehr auf organisatorische Neuerungen erstrecken.

Änderungen in den Strukturen bleiben ohne gleichzeitige Beeinflussung des **persönlichen Verhaltens** wirkungslos. Erforderliche Korrekturen im persönlichen Verhalten sind immer dann realisierbar, wenn die Verhaltenserwartungen der Organisationsmitglieder erfüllt werden können. Sei es mit

- erweiterten Aufgaben,
- mehr Unterstellten,
- mehr Macht,
- einer höheren Hierarchiestufe oder
- einer grosszügigeren Kompetenzregelung.

Kann diese Erwartungshaltung nicht erfüllt werden oder müssen die Verantwortungsbereiche sogar noch eingeschränkt werden, dann sind bei den betroffenen Mitarbeitern Widerstände nicht zu vermeiden.

1.2 Gründe und Zyklen von Organisationsstudien

Im Abschnitt «Organisation als Führungsaufgabe» haben wir dargelegt, dass kleinere organisatorische Änderungen zu den nicht delegierbaren Führungsaufgaben eines Chefs gehören. Für grössere Anpassungen braucht es besondere Ereignisse oder bestimmte Sachzwänge. Diese liegen vor allem dann vor, wenn neue Betriebseinheiten eröffnet oder zugekauft werden. Zur Vermeidung von Doppelspurigkeiten muss eine sinnvolle Integration des Teilsystemes in das bestehende Organisationskonzept geplant werden.

Reorganisationsprojekte entstehen aber auch ohne übergeordnete Sachzwänge. Dörler[3.1] hat in 104 mittleren Unternehmen die Gründe und Ursachen (es durften mehrere Gründe angegeben werden) für Reorganisationen ermittelt.

Anlässe zu Organisationsprojekten können sein:

- Unwirtschaftlichkeit und Kostendruck   44 %
- Veränderungen des Absatzmarktes   43 %
- Überlastung der Führung und Verwaltung   27 %
- Unzulängliche Informationen   27 %
- Ungenügende Planung und Kontrolle   18 %

Aus dem eigenen Erfahrungsbereich müssen allerdings noch folgende Gründe aufgeführt werden:

- Noch nicht bewältigte Führungskrise.
- Die Durchführung einer unternehmerischen «Entfettungskur».
- Intensiver Druck des Verwaltungsrates oder der Holdinggesellschaft zur Bewältigung der Zukunftsprobleme.
- Die Bewältigung bevorstehender Nachfolgeprobleme.

Nach einer empirischen Untersuchung von Larry E. Greiner[3.2] durchlaufen wachsende Unternehmen fünf Entwicklungsphasen. Jede Phase, die je nach Wachstumsgeschwindigkeit, Alter und Grösse des Unternehmens kürzer oder länger ist, wird abgelöst durch eine Krise.

Vergleicht man die modellhaften Vorstellungen von Greiner mit unseren Beobachtungen in bezug auf die Neustrukturierungen, so ergeben sich gewisse Übereinstimmungen. Beispielsweise zeichnen sich Pionierunternehmen durch Dynamik und einen vom Pionier ausgestrahlten Expansionsdrang aus. Meistens dauert es allerdings mehr als die üblichen fünf Jahre, bis sich ein Pionier durchringt, Führungskompetenzen an seine Nachfolger zu delegieren (erste Führungskrise).

Analyse und Gestaltung der Organisation

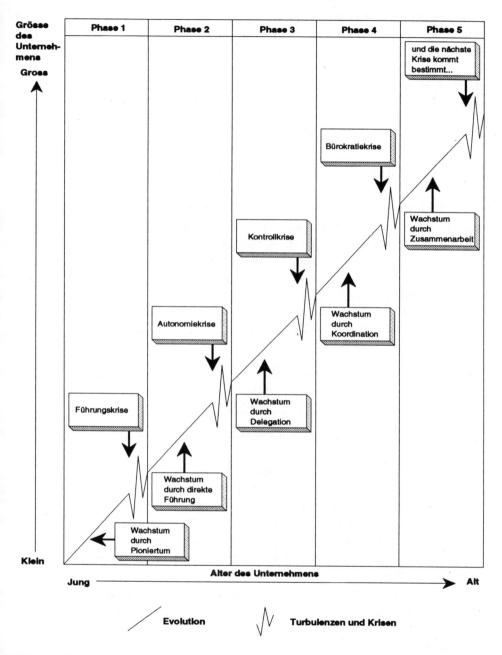

Abb. 3.2: Evolution und Wachstumskrisen in Unternehmen (nach Larry E. Greiner)

Tut er dies dennoch, so verlangt er von seinen Nachfolgern (einer allein kann ihn ohnehin nicht ersetzen) die gleichen Führungsqualitäten und die Beibehaltung des bewährten Führungsstils. Weil seine Nachfolger jedoch nicht über die gleiche Autorität verfügen können, ist die zweite Führungskrise vorprogrammiert. Damit zeichnen sich Änderungen im Führungssystem mit einer bestimmten Regelmässigkeit ab, womit sich die Theorie von L.E. Greiner teilweise zu bestätigen scheint.

1.3 Abstimmung von Struktur, Prozessen und Verhalten

Mit der Wechselwirkung zwischen Struktur, Prozessen, technischen Hilfsmitteln und Organisationsprinzipien haben wir uns im ersten Kapitel befasst. In diesem Abschnitt wollen wir uns mit dem Einsatzbereich des Reorganisierens, der Struktur, den Prozessen und als neues Element mit dem Verhalten der Mitarbeiter auseinandersetzen.
Die Problemstellung könnte demnach lauten:

Abb. 3.3: Wechselwirkung zwischen Struktur, Prozessen und Verhalten

Bei der Erteilung eines Organisationsauftrages ist selten ersichtlich, welche Probleme im Vordergrund stehen. Sicher ist nur, dass der IST-Zustand in bezug auf die Aufgabenteilung, die Arbeitsabläufe und den Einsatz der technischen Hilfsmittel die beteiligten Organisationsmitglieder nicht zu befriedigen vermag. Dass die Beteiligten selbst mit einem veränderten Verhalten einen wesentlichen Beitrag zum Gelingen des Organisationsprojektes leisten müssen, realisieren sie meist erst nach Vorliegen des Lösungsvorschlages.
Die Zusammenhänge zwischen Struktur, Abläufen und persönlichem Verhalten sollen am folgenden praktischen Fall erläutert werden (vgl. auch Abb 3.4).

Ist-Zustand:
In einem Produktions- und Handelsbetrieb befasst sich der Verkaufsinnendienst mit Kundenanfragen, der Abklärung der Bestände (Lagerkartei), den Nachbestellungen (Einkauf) und dem eigentlichen Verkauf (telefonische Offerte, schriftliche Auftrags-

bestätigung). Die gleichzeitige Ausübung von Verkaufs- und Einkaufsfunktionen sowie die zeitraubende Erstellung der Fakturierunterlagen führen zu einer Überlastung der Verkäufer mit administrativen Aufgaben.

Vorschlag:
Nach kurzer Analyse wurde vorgeschlagen,
- *die Materialbewirtschaftung bzw. den Einkauf zu zentralisieren und dafür einen Einkäufer einzustellen,*
- *eine EDV-unterstützte Verkaufsabwicklung einzuführen,*
- *die Fakturierung dem Verkauf zu übertragen (automatisiert).*

Der Vorschlag wurde von der Geschäftsleitung gutgeheissen und auch von den Verkäufern mehrheitlich unterstützt.

Realisierung:
Nach einer Einführungszeit von sechs Monaten liegen folgende Ergebnisse vor:
- *Durch die Zentralisierung des Einkaufs konnten die Beschaffungs- und Lagerhaltungskosten erheblich gesenkt werden.*
- *Die Verkaufsabwicklung funktioniert bestens und nahezu fehlerfrei.*
- *Drei Verkäufer sind von der computerunterstützten Verkaufsabwicklung begeistert.*
- *Zwei Verkäufer konnten sich mit der neuen Aufgabenteilung und der neuen Arbeitsmethodik nicht befreunden; sie mussten in andere Abteilungen versetzt werden. Als Gründe für die negative Einstellung nannten sie Kompetenzbeschneidung (Einkauf) sowie den Computereinsatz.*

Das Beispiel zeigt, dass Änderungen bei der Struktur und im Ablauf, besonders wenn gleichzeitig neue technische Hilfsmittel eingesetzt werden, zu Verhaltensänderungen bei den Mitarbeitern führen. Erfolgreiche Reorganisationen erfordern geradezu eine positive Einstellung der Mitarbeiter gegenüber Neuerungen; Änderungen, welche wenn immer möglich mit den Wünschen und Hoffnungen der Beteiligten verbunden werden sollten.

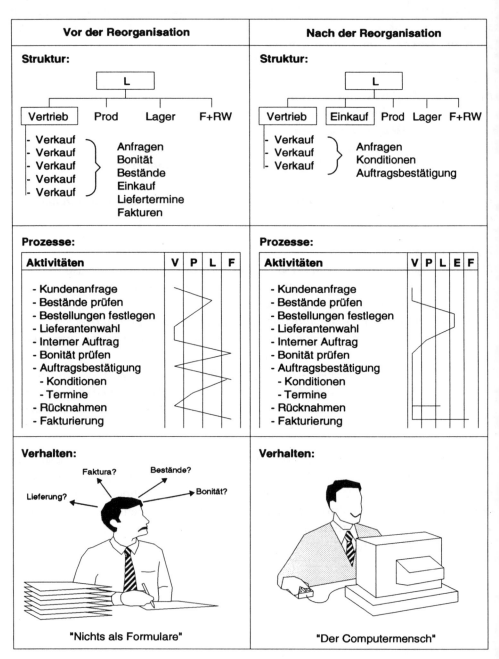

Abb. 3.4: Zusammenhang zwischen Struktur / Ablauf / Verhalten bei Reorganisationen

1.4 Reaktion der betroffenen Mitarbeiter

In der Literatur beginnen Ausführungen über das Vorgehen bei Struktur- und Ablaufanalysen in der Regel mit Warnungen vor den zu erwartenden Widerständen. Dabei kann man den Eindruck erhalten, dass nahezu alle Organisationsmitglieder gegenüber Neuerungen negativ eingestellt sind. Diese Meinung möchten wir aufgrund eigener Erhebungen berichtigen.

Vorerst interessiert uns die Frage, weshalb einzelne Mitarbeiter bei der Ankündigung von Organisationsprojekten positiv, andere neutral oder negativ reagieren. Folgende Faktoren dürften das Verhalten der Betroffenen bestimmen:

- Das Festhalten an der erreichten Position oder die mangelnde Rollenflexibilität der Mitarbeiter.
- Erfahrungen bei früheren Organisationsprojekten.
- Das Vorgehen des Organisators.

Das Festhalten an der erreichten Position oder die mangelnde Rollenflexibilität der Mitarbeiter ist der häufigste Grund für Widerstände. Jede **Position geniesst** innerhalb der Organisation, unabhängig vom jeweiligen Stelleninhaber, **eine gewisse Wertschätzung** und somit einen sozialen Status. Ein Positionsinhaber sichert sich diesen Status durch eine erfolgreiche Bewältigung der stellenbezogenen Aufgaben und indirekt durch Erfüllung der Erwartungshaltung seiner Vorgesetzten, Kollegen und unterstellten Mitarbeiter. Die Art und Weise der Aufgabenerfüllung bezeichnen wir dabei als Rollenverhalten. Bei einer Strukturanalyse muss die Aufgabenteilung und damit jede organisatorische Rolle zur Diskussion gestellt werden. Dabei besteht die Wahrscheinlichkeit, dass verschiedene Mitarbeiter neue Aufgaben und damit neue Erwartungen zu erfüllen haben. Selbstsichere und tüchtige Mitarbeiter betrachten solche Änderungen als eine Herausforderung, andere fürchten sich vor neuen Aufgaben und klammern sich an den derzeitigen Aufgabenbereich und damit an die bestehende Position. Die Einstellung gegenüber Neuerungen wird somit geprägt von der Rollenflexibilität jedes einzelnen Mitarbeiters.

Erfahrungen aus früheren Projekten prägen das (Vor-)Urteil neuer Organisationsstudien ganz besonders. Bei negativen Erfahrungen verweisen drei von vier Interviewpartnern mit ironischem Unterton auf vorangegangene und immer noch schubladisierte Projekte. Dabei darf man es den Mitarbeitern nicht übel nehmen, wenn sie auch dem neuen Anlauf nur geringe Erfolgschancen einräumen.

Das **Vorgehen des Organisators** beeinflusst vor allem die grosse Masse der noch Unentschlossenen. Ob aus den zuvor neutral eingestellten Mitarbeitern Befürworter oder Gegner der Organisationsstudie werden, hängt von der Offenheit, Ehrlichkeit und Kooperationsbereitschaft des Organisators ab.

Wir haben versucht, die Einstellung von Organisationsmitgliedern gegenüber Organisationsprojekten zu ermitteln. Je nach Verhalten der Mitarbeiter wurde die Einstellung gegenüber dem Organisationsprojekt als positiv, neutral oder negativ eingestuft. Innerhalb der zugewiesenen Kategorie haben wir eine, der Ursache entsprechende Typisierung vorgenommen. Die Untersuchung erstreckte sich auf zehn Projekte, wobei die Einstufung der Betroffenen anlässlich des ersten Gesprächs erfolgte.

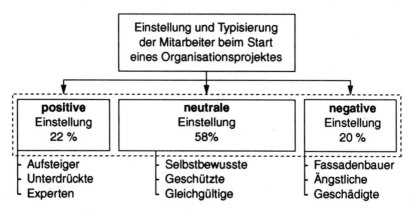

Abb. 3.5: *Einstellung der Mitarbeiter gegenüber Organisationsprojekten*

Bei diesem Experiment hielten sich die negativ und positiv eingestellten Mitarbeiter mit je etwa 20 Prozent die Waage, knapp zwei Drittel der Mitarbeiter gehörten zur Kategorie der «Neutralen, Vorsichtigen oder Unentschlossenen».

Unter den **positiv eingestellten Mitarbeitern** finden wir vor allem:

– **«Aufsteiger oder Karrieremacher»**
    Diese fühlen sich in der bestehenden Position unterfordert und sehen in der Organisationsstudie eine Chance, ihre Position zu verbessern. Leistungswillige Mitarbeiter sollte der Organisator unbedingt in das Projekt einschalten.

– **«Unterdrückte»**
    betrachten ihre organisatorische Einstufung als Fehler – ein Fehler, der mit Hilfe eines externen Fachspezialisten korrigiert werden könnte. Dem Berater

fällt hier die Aufgabe zu, bei offensichtlich falscher Einstufung den Beurteilungsprozess einzuleiten oder bei einer richtigen Einstufung den Mitarbeiter zu motivieren.

- **«Experten»**
  befassen sich ernsthaft mit organisatorischen Fragen und können mit erstaunlicher Klarheit die Schwachstellen des Unternehmens aufzeigen. Offenbar fehlt ihnen die Kompetenz oder der Mut für eine betriebsinterne Bereinigung. Solche Mitarbeiter eignen sich bestens für die Beurteilung und Konkretisierung von Verbesserungsvorschlägen.

Die Kategorie der **«Neutralen»** lässt sich wie folgt strukturieren:

- **«Selbstbewusste, erfahrene Mitarbeiter»**
  Diese geniessen aufgrund ihrer bisherigen Leistungen die Wertschätzung der Geschäftsleitung und haben keine Beeinträchtigung des sozialen Status zu befürchten. Aus taktischen Gründen entscheiden sie sich erst später für oder gegen das Organisationsprojekt.

- **«Geschützte»**
  geniessen aufgrund ihrer selbständigen Position organisatorische Privilegien, oder aber sie besitzen ein Aktienpaket, welches organisatorische Fragen erübrigt. Diese relative Unabhängigkeit kann der Berater als Vorteil und als gute Grundlage für eine neutrale Mitwirkung interpretieren.

- **«Gleichgültige»**
  haben ihre berufliche Weiterentwicklung bereits gesichert oder betrachten ihre derzeitige Position als Übergangslösung. Wer sich nicht mit dem Unternehmen identifiziert, wird kaum Verbesserungsvorschläge einbringen.

Die Gruppe der **Ablehnenden oder Negativ-Eingestellten** erkennt man an den bekannten Killerphrasen. Diese lauten etwa:

- Das ist in der Theorie sicher richtig, aber in der Praxis sehen die Dinge doch etwas anders aus
- Bei unserer Betriebsgrösse geht das leider nicht
- Wir haben das schon früher versucht, leider erfolglos
- Das widerspricht der Tradition unseres Hauses
- Dazu fehlen uns die Zeit und die Arbeitskräfte
- Warum jetzt etwas Neues, wo doch der Umsatz steigt.

Die tieferen Ursachen liegen in der Trägheit, Bequemlichkeit, dem Beharrungsvermögen und in der Angst, liebgewordene Tätigkeiten zu verlieren.

- **«Fassadenbauer»**
  haben schon längst eingesehen, dass ihre organisatorische Einstufung und ihr Tätigkeitsbereich einer kritischen Analyse nicht standhalten würden. Weil sie aber an überholten Gewohnheiten festhalten wollen, versuchen sie jede einzelne Tätigkeit, jeden Arbeitsgang als existenziell wichtig darzustellen. Präsentiert man ihnen Verbesserungsvorschläge, so sind sie nur in der Lage, Nachteile aufzuzeigen. In solchen Fällen lohnt es sich, die zur Diskussion stehende Position sorgfältig zu analysieren und die Zielsetzung des Aufgabenbereiches zu hinterfragen.

- **«Ängstliche und Geschädigte»**
  Bei dieser Mitarbeiterkategorie sollten die Ursachen der negativen Einstellung überprüft werden. Dabei wird man auch Gründe finden, welche aus organisatorischer Sicht als berechtigt erscheinen. Es gehört zum Verantwortungsbewusstsein des Organisators, solche schlummernden Konflikte, welche sich negativ auf die Leistungen auswirken, im Einverständnis des Mitarbeiters bei der richtigen Stelle zur Sprache zu bringen und zu lösen. Gelingt ihm dies, dann hat er mit Sicherheit einen neuen Befürworter für sein Projekt gewonnen.

2. Vorgehen bei der Analyse von Strukturen

2.1 Grundsatzfragen

Bei der Diskussion über das richtige Vorgehen bei Organisationsprojekten tauchen immer wieder folgende Fragen auf:

- Muss man den Ist-Zustand überhaupt erfassen?
- Welche Wechselwirkungen bestehen zwischen der Struktur- und Ablauforganisation?

Die Frage nach der **Notwendigkeit der Ist-Analyse** ist nicht leicht zu beantworten. Es gibt tatsächlich Fälle, bei denen man ohne gründliche Ist-Analyse zu guten Lösungen kommt. Diese Organisationsmethodik wird meistens als leitbildorientiertes Vorgehen oder als Benchmarking (wir messen uns mit den Besten) bezeichnet. Der Unterschied zwischen den beiden Verfahren lässt sich wie folgt darstellen:

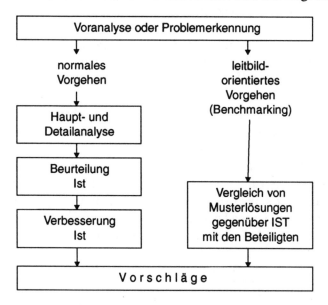

Abb. 3.6: *Vergleich von konventionellem gegenüber leitbildorientiertem Vorgehen*

Das **leitbildorientierte Vorgehen** kann wie folgt skizziert werden:

– Kurze Überprüfung der bestehenden Aufgabenzuteilung (dieser Schritt ist auch bei konventionellem Vorgehen erforderlich).
– Beschaffung externer Standardlösungen (Abläufe, Kennziffern, Durchlaufzeiten) im Sinne des Benchmarking.
– Zusammenstellung möglicher Teillösungen.
– Diskussion dieser Teillösungen mit den Hauptverantwortlichen, gemeinsame Erarbeitung betriebs-individueller Lösungsvorschläge.

Tatsächlich bietet dieses Vorgehen einige bestechende Vorteile. Erstens kann die zeitraubende Detailanalyse eingespart werden, zweitens schützt der Blick auf externe Lösungen vor Betriebsblindheit und drittens bringt die Ausarbeitung von Lösungsvorschlägen mit den Direktbeteiligten ein Höchstmass an Motivation (Ansatz der Organisationsentwicklung). Die Einschränkungen dieser Organisationsmethodik liegen in den Anwendungsvoraussetzungen und im Risiko. Als Voraussetzungen für dieses direkte Verfahren gelten:

- Es muss sich um ein standardisierbares Problem (Routinefall) handeln.
- Die Probleme müssen überblickbar sein.
- Die Hauptverantwortlichen müssen als kooperationswillig und aufgeschlossen gelten.
- Über die fach- und führungstechnische Autorität des mitwirkenden Geschäfts- oder Bereichsleiters dürfen keine Zweifel bestehen.
- Der Organisator muss über grosse Erfahrung verfügen.

Weil diese Voraussetzungen bei Organisationsprojekten eher selten erfüllt sind, werden wir uns bei der Darstellung des Vorgehens auf die konventionelle Methode, also die Durchführung der Ist-Analyse beschränken.

Die zweite Frage befasst sich mit den **Interdependenzen zwischen den Struktur- und Ablaufproblemen**. Eindeutig ist, dass eine Veränderung der Struktur gleichzeitig eine Anpassung der Abläufe erfordert und dass andrerseits grössere Anpassungen der Abläufe die Strukturierung beeinflussen. Doch was analysiert man zuerst? In den meisten Fällen ist folgende Reihenfolge zu empfehlen:

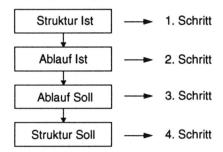

Abb. 3.7: Vorgehen bei Struktur- und Ablaufproblemen

Bei der Inangriffnahme eines Organisationsprojektes muss man zuerst die einzelnen Stellen, ihre Hauptaufgaben sowie die verantwortlichen Personen kennen. Dann aber müssen die Arbeitsabläufe erfasst und bereinigt werden, weil eine Neuregelung der Prozesse die Struktur durchaus beeinflussen kann. Würde man zuerst die Strukturfragen klären und sich erst nachträglich mit den Arbeitsabläufen befassen, dann könnten in einem Organigramm Stellen figurieren, die es nach der Einführung der neuen Prozesse nicht mehr braucht.

Allerdings gibt es auch Organisationsprojekte, bei denen ausschliesslich Prozesse zur Diskussion stehen und die keinen oder nur einen geringen Einfluss auf die Struktur haben (Beispiel: Einführung neuer EDV-Konzepte in Teilbereichen des Unternehmens).

An dieser Stelle wollen wir uns mit jenen Problemen befassen, bei denen nicht ausschliesslich, aber doch vorwiegend Strukturfragen im Vordergrund stehen und die mit der konventionellen Methode angegangen werden.

2.2 Phasen eines Organisationsprojektes

Bei der Bearbeitung anspruchsvoller Organisationsprojekte lassen sich folgende Phasen unterscheiden:

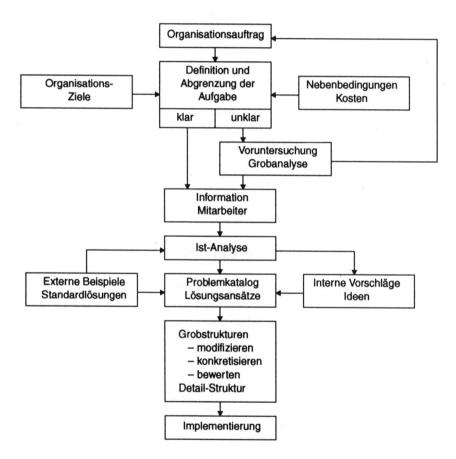

Abb. 3.8: Vorgehen bei Organisationsprojekten

Ausgelöst wird die Organisationstätigkeit durch den **Organisationsauftrag**. Weil diese Aufträge nur selten klar erteilt werden, muss der Organisator zusammen mit dem Auftraggeber die sich stellenden **Aufgaben** definieren und abgrenzen. Dazu gehören die Festlegung der zu verfolgenden Ziele, die Abgrenzung des Untersuchungsobjektes sowie eine Kosten-Nutzenüberlegung. Bei grösseren und wenig überschaubaren Problemen empfiehlt sich die Durchführung einer Grobanalyse (vgl. nächsten Abschnitt).

Eine umfassende und **rechtzeitige Orientierung der Mitarbeiter** ist entscheidend für den Erfolg eines Organisationsprojektes. Das Verhalten der Mitarbeiter in der Unternehmung wird geprägt durch das Bedürfnis nach

- gegenwärtiger und zukünftiger Sicherheit,
- Entwicklung der eigenen Persönlichkeit,
- Anerkennung und Achtung.

Inhaltlich gehören zu einer Orientierung

- die Gründe der geplanten Untersuchung,
- die zu verfolgenden Ziele,
- der Auftrag der Organisationsfachleute,
- die Bezeichnung der zu untersuchenden bzw. ausgeklammerten Objekte,
- das geplante Vorgehen,
- die Möglichkeit zur Mitwirkung,
- die Regelung der Diskretionsfrage.

Die **Ist-Analyse** dient der vorurteilsfreien Erfassung und Beurteilung der bestehenden organisatorischen Regelungen.

Als nächster Schritt müssen die sich stellenden Organisationsfragen in einem **Problemkatalog** zusammengefasst und strukturiert werden. Die wohl schwierigste Aufgabe besteht darin, für die aufgelisteten Problemfelder erfolgversprechende Lösungsansätze zu finden. Dieser kreative Akt kann erleichtert werden durch Vergleiche mit bewährten Erfahrungsbeispielen, insbesondere aber durch die Auswertung der betriebsinternen Vorschläge. Schliesslich sollen die festgelegten **Alternativen** zusammen mit den Betroffenen **beurteilt, konkretisiert** und den unternehmensspezifischen Eigenheiten angepasst werden. Unter **Implementierung** verstehen wir die Aufstellung eines Massnahmenplanes, die Ausbildung und Anleitung der Mitarbeiter sowie die schrittweise Realisierung.

Die wichtigsten Schritte der Systemanalyse – Abgrenzung der Aufgaben, Voruntersuchung und Ist-Analyse – werden in den nächsten Abschnitten ausführlicher behandelt.

2.3 Voranalyse

Die Zielsetzung einer Voranalyse besteht in der **klaren Definition und Abgrenzung des Organisationsauftrages.** Sie drängt sich auf

- bei sehr umfangreichen und komplexen Problemen,
- wenn die geschilderten Symptome und Missstände auf nicht organisatorische Probleme hindeuten,
- wenn mehrere Auftraggeber mit unterschiedlicher Erwartungshaltung auftreten,
- wenn die Prioritäten der Problembearbeitung unklar sind,
- wenn Kosten-Nutzenüberlegungen konkretisiert werden müssen.

Die bei der Voranalyse zu klärenden zehn wichtigsten Fragen haben wir wie folgt zusammengestellt:

Nr.	Hauptfragen der Voranalyse
1.	Liegt überhaupt ein Organisationsproblem vor?
2.	Was wird von der neuen Organisation erwartet?
3.	Welche Nebenbedingungen sind zu beachten?
4.	Welches sind die derzeit grössten Stärken und Schwächen des Unternehmens?
5.	Wer entscheidet über den Vorschlag?
6.	Wie lässt sich das Gesamtproblem sinnvoll strukturieren?
7.	In welcher Reihenfolge sollen die Probleme angepackt werden?
8.	Wie gross sind die Nutzenerwartungen der einzelnen Teilprojekte?
9.	Mit welchen Kosten muss bei den einzelnen Teilprojekten gerechnet werden?
10.	Wie soll vorgegangen werden und welche Mitarbeiter müssen informiert und beigezogen werden?

Weil bei der Voranalyse nur Vorgehens- und Durchführbarkeitsfragen abgeklärt werden, sollten nicht mehr als 15% eines möglichen Gesamtaufwandes eingesetzt werden.

Versetzen wir uns zur Erläuterung der wichtigsten Aspekte an den Ausgangspunkt eines Organisationsprojektes. Der Unternehmer schildert dem Experten sein Organisationsproblem. Definitionsgemäss besteht ein Problem immer dann, wenn zwischen einer Ist-Situation und dem gewünschten Zustand eine Diskrepanz besteht.

Ein Unternehmer beginnt ein Organisationsgespräch in der Regel mit einer eindrücklichen Schilderung der von ihm beobachteten Missstände. Im Vordergrund stehen dabei Stichworte wie: Überlastung der Führungskräfte, Informationsflut, fehlende Planungsinstrumente, Doppelspurigkeiten, Kostenexplosion, mangelnde Initiative und Entscheidungsschwäche der Mitarbeiter. Der Auftraggeber zeigt gegenüber der IST-Situation ein eindrückliches Unbehagen und ist entschlossen, etwas zu tun zur Erreichung des Soll-Zustandes. Klar bei diesen Schilderungen ist in der Regel nur:

«Es muss gehandelt werden!»

Vor dem Start eines Projektes sollte man sich vorerst die Frage stellen, ob **überhaupt ein Organisationsproblem vorliegt**.
Nicht selten verstricken sich Unternehmer mit nicht einlösbaren Versprechungen und Begünstigungen in heikle personelle Probleme. Anstatt den Fehler einzugestehen und zu korrigieren, soll das Problem im Rahmen einer Organisationsstudie gelöst werden. Der Organisator hätte demnach die «Scharfrichterfunktion» zu übernehmen, eine Aufgabe, die mit etwas Mut vom Unternehmer billiger bewältigt werden kann.
Stellt man die Frage nach den **Zielen einer Organisationsstudie**, dann fallen die Stellungnahmen regelmässig kürzer aus als bei der Aufzählung von Mängeln. Meistens hat der Unternehmer nur unklare Vorstellungen darüber, welche Eigenschaften eine neue Struktur aufweisen soll. Für den Organisator ist es ein grosser Vorteil, wenn er die zu verfolgenden Ziele zusammen mit dem Auftraggeber auflistet und damit auch Widersprüche aufdecken kann. Wir kennen keine Unternehmung, bei der ohne Rücksichtnahme auf Tradition oder persönliche Präferenzen reorganisiert werden konnte. Es ist deshalb wichtig, dass die **Nebenbedingungen** einer Studie zum voraus aufgelistet werden. Dazu können gehören

- Sozialfälle,
- ganze Stellen oder Abteilungen, welche aus nicht unternehmerischen Gründen gebildet wurden (z.B. Büro für Spezialaufgaben mit einem angesehenen Politiker als Stelleninhaber),
- keine oder das Höchstmass der Entlassungen,
- sinnvolle Beschäftigung für Miteigentümer,
- terminliche Vorgaben,
- die Einhaltung eines Kostenrahmens.

Analyse und Gestaltung der Organisation 111

Eine Diskussion über die **Stärken und Schwächen eines Unternehmens** ist bei der Restrukturierung eines Gesamtunternehmens unerlässlich. Es sind Überlegungen in die Organisationsplanung einzubeziehen, die wir im Abschnitt über Strategie und Struktur (Kapitel 6) darlegen werden.

Bei jedem Organisationsgespräch muss abgeklärt werden, **wer über ein Organisationsprojekt entscheidet** bzw. wer direkt oder indirekt bei der Diskussion des Lösungsvorschlages seine Macht geltend machen kann. Diese Meinungsbildner müssen rechtzeitig begrüsst werden; sie dürfen nach dem Gespräch mit dem Organisator durchaus den Eindruck haben, dass sie durch ihre Lagebeurteilung, durch ihre Vorstellung über den Ideal-Zustand den Lösungsvorschlag massgeblich beeinflusst hätten. Erstens gibt es durchaus weitsichtige und unternehmerisch denkende Machtinhaber, und zweitens hat auch die sachlich und qualitativ beste Lösung psychologische Schranken zu überwinden. Fachautoren fordern immer wieder eine rechtzeitige Einschaltung der Mitarbeiter bei Projekten, vom Präsidenten des Verwaltungsrates spricht niemand!

Bei umfangreichen, wenig überschaubaren Projekten muss das **Gesamtproblem** in **operationelle Teilprobleme strukturiert** werden. Der Grund besteht in der Festlegung der Prioritäten, der Abgrenzung von Kosten und Nutzen für die Teilprojekte sowie der Vorgehensplanung.

Denken wir zur Erläuterung an ein Unternehmen, dessen Führungs- und Organisationsstruktur und die administrativen Prozesse dem schnellen Wachstum nicht mehr entsprechen. Nach Vorgesprächen mit der Geschäftsleitung und dem Verwaltungsrat könnten sich folgende Teilprobleme herauskristallisieren:
- *Abgrenzung der Kompetenzen zwischen Verwaltungsrat und Geschäftsleitung (Geschäftsreglement).*
- *Verstärkter Einbezug der Spitzenkräfte in die Geschäftsleitung.*
- *Zentralisation verschiedener Einkaufsstellen und Lagerüberwachungssysteme bei der neu zu schaffenden Stelle Materialwirtschaft.*
- *Einführung der EDV-unterstützten Materialbewirtschaftung.*
- *Modernisierung des betrieblichen Rechnungswesens.*

Würden all diese Teilprojekte gleichzeitig in Angriff genommen, dann wären die beteiligten Mitarbeiter mit Analyse- und Gestaltungsarbeiten überfordert. Der Organisator hat zusammen mit dem Unternehmer zu überprüfen,
- *welche Aufgaben aus sachlichen Aspekten zuerst in Angriff genommen werden müssen,*
- *welche Abteilungen/Bereiche derzeit keine zusätzlichen Aufgaben vertragen,*

– *welche Teilschritte möglich sind, ohne dass die Erreichung des geplanten Ideal-Zustandes beeinträchtigt wird.*

Bei diesem Beispiel wären folgende Phasen sinnvoll:

1) Zentralisierung der Einkaufsstellen im Geschäftsbereich Materialwirtschaft (vorerst manuelle Weiterführung der Materialbewirtschaftung).
2) Modernisierung des betrieblichen Rechnungswesens.
3) Einführung einer EDV-unterstützten Material-Bewirtschaftung.
4) Bildung einer Geschäftsleitungssitzung.
5) Regelung der Kompetenzen gegenüber dem Verwaltungsrat.

Die terminliche Einplanung, die Regelung der Zusammenarbeit mit internen Kräften sowie die Kostenbudgetierung erfolgen nach den Prinzipien der Projektorganisation.

2.4 Analyse und Beurteilung des Ist-Zustandes

Die Analyse und Beurteilung des Ist-Zustandes werden an dieser Stelle bewusst als zusammenhängende Schritte behandelt. Damit verstossen wir zwar gegen den Grundsatz verschiedener Autoren, welche die Analysetätigkeit konsequent von der Beurteilung trennen. Angeblich soll eine zu frühe Beurteilung zu Vorurteilen und damit zu Fehlurteilen führen. Aufgrund unserer eigenen Erfahrung können wir diese Einstellung nur teilweise unterstützen. Wer im Büro eines Mitarbeiters Aufgaben erfasst, stellt Fragen über die Ziele dieser Arbeit, den erforderlichen Arbeitsaufwand, die gewählte Methode und Arbeitstechnik und die Weiterverarbeitung der Resultate. Die Stellungnahme des Mitarbeiters führt zwangsläufig zu einer, wenn auch nur provisorischen, Einschätzung der Zweckmässigkeit einer Aufgabenerfüllung. Allerdings sollte man über sämtliche zu analysierenden Tätigkeiten eine Übersicht haben, bevor

– eine Aufgabenerledigung abschliessend beurteilt wird, und
– diese Beurteilung gegenüber den internen Organisationsmitgliedern bekannt gegeben wird.

Voreilige Stellungnahmen und Vorschläge sind gefährlich und gehören, abgesehen von wenigen Sonderfällen, nicht in die Analysephase. Die Analyse eines Aufgabenbereiches muss gemäss Abb. 3.9 systematisch geplant und durchgeführt werden.

Analyse und Gestaltung der Organisation

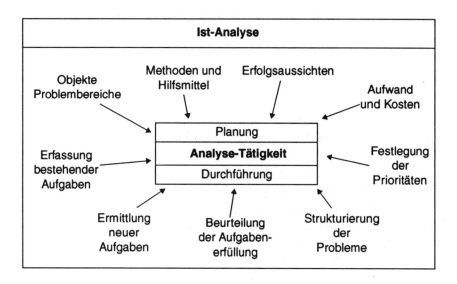

Abb. 3.9: Vorfragen und Tätigkeiten bei der Ist-Analyse

2.41 Planung der Ist-Analyse

Dazu gehören:
- Festlegung der zu untersuchenden Objekte
- Bestimmung der einzusetzenden Hilfsmittel und Methoden
- Die Beurteilung der Erfolgsaussichten
- Die Festlegung des Untersuchungsaufwandes.

Die **Objekte der Ist-Analyse** werden bei grösseren Projekten bereits in der Vorstudie definiert. Bei kleineren Untersuchungen oder bei der Analyse von Teilsystemen müssen die Stellen zusammen mit dem Auftraggeber festgelegt werden. Mit einer Analyse werden die Aufgaben, Mitarbeiter und Hilfsmittel erfasst sowie regelmässig auch das übergelagerte Führungssystem. Der Einbezug der nächst höheren Stelle ist erforderlich, weil die Art und Weise der Aufgabenerfüllung wesentlich von den Informationen und Instruktionen des zuständigen Chefs abhängt.

Mit dem Einsatz der richtigen **Methoden und Hilfsmittel** werden wir uns im nächsten Abschnitt befassen.

Die vorgängige **Beurteilung der Erfolgsaussichten** ist ein sehr schwieriger, aber notwendiger Schritt. Folgende zwei Gründe zwingen uns zu diesen Überlegungen:

- Der für eine Analyse eingesetzte Aufwand hat sich am Einsparungspotential zu orientieren.
- Wer sich schon vor der Analysetätigkeit mit den Erfolgsaussichten und Lösungsansätzen befasst, führt seine Analyse gezielter und damit besser durch.

Auch hier könnte der Verdacht auf voreilige Schlussfolgerungen aufkommen. Der Unternehmer hat indessen das Recht auf Anhaltspunkte über minimale und maximale Erfolgsaussichten. Solche Überlegungen macht sich der Organisator aufgrund einer ersten Dokumentenanalyse. Er kennt beispielsweise den Aufwand bzw. die Anzahl Mitarbeiter für die Bewältigung einer bestimmten Einkaufssumme und der vorhandenen Bestellungshäufigkeit. Bei Überschreitung seiner Soll-Werte erkennt er mögliche Schwächen und Einsparungspotentiale und wird daher eine intensivere Analysetätigkeit vorschlagen. Im Gegensatz dazu wird er die Personalaufgaben weniger gründlich erfassen, wenn diese von einer einzigen Person erledigt werden.

Der vom Organisator **vorgeschlagene Aufwand** muss vernünftig und vertretbar sein. Dies bedeutet, dass nach Einleitung möglicher Veränderungen entweder
- die Gesamtkosten unter Einschluss der Organisationskosten sinken müssen, oder
- das Kosten-Nutzenverhältnis verbessert werden muss.

Besonders junge und unerfahrene Organisatoren betreiben eine zu aufwendige Analysetätigkeit. Bewusst oder unbewusst verbrauchen sie den grössten Teil ihres Budgets für die Aufdeckung von Schwachstellen, womit ihnen die Zeit und das Geld fehlt für die Erarbeitung und Einführung von Verbesserungsvorschlägen. Wer mehr als 50 % des Projektaufwandes für die Analyse einsetzt, wird bestenfalls unbedeutende Ist-Korrekturen vorschlagen können.

2.42 Durchführung der Ist-Analyse

Die Analyse-Tätigkeiten erstrecken sich von der Erfassung bestehender Aufgaben bis zur Festlegung der Prioritäten der zu bearbeitenden Teilsysteme. Wir haben bereits darauf hingewiesen, dass die einzelnen Schritte nur gedanklich auseinander gehalten werden können. Lässt beim ersten Gespräch ein Mitarbeiter durchblicken, dass er nächste Woche kündigen werde, dann sollte mit seinem Einverständnis und im Interesse des Unternehmens sofort gehandelt werden. Daraus geht hervor, dass Sofortmassnahmen sich in jeder Phase des Organisierens aufdrängen können.

Analyse und Gestaltung der Organisation 115

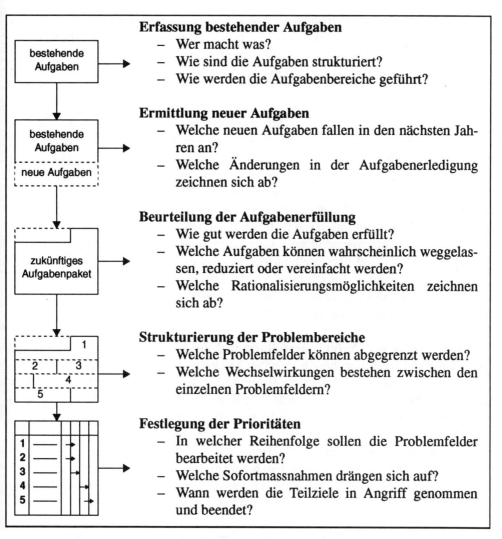

Abb. 3.10: *Die einzelnen Schritte bei der Detailanalyse*

Die **Erfassung bestehender Aufgaben** erfolgt in der Regel durch
- Studium der Unterlagen (Organigramm, Stellenbeschreibungen) im Sinne der Dokumentenanalyse,
- Schilderung und Begründung der unternehmerischen Arbeitsteilung durch einen erfahrenen Mitarbeiter,
- persönliche Gespräche mit den einzelnen Stelleninhabern,
- persönliche Gespräche mit den Vorgesetzten des zu untersuchenden Bereiches.

Durch das Studium der vorhandenen Dokumente kann sich der Organisator einen Überblick verschaffen, ohne dass er die Zeit der ohnehin überlasteten Mitarbeiter beansprucht. Weil jedes Organisationshilfsmittel ein paar Monate nach Erstellung überholt ist, müssen zur Aktualisierung des Ist-Zustandes weitere Mittel eingesetzt werden.

Von einem langjährigen Chef oder Mitarbeiter möchte man vor allem die Gründe erfahren, welche zur vorhandenen Arbeitsteilung geführt haben. Dazu gehört auch die Erläuterung der technologischen Zusammenhänge. Ferner sollten bei diesen Gesprächen allfällige personelle Probleme geklärt werden. Die wichtigste Informationsquelle ist der Stelleninhaber selbst. Vorerst hat er im Fragebogen die von ihm ausgeführten Haupt- und Nebenaufgaben aufzulisten. Gleichzeitig hat er Fragen über die Führungsorganisation sowie die bestehenden organisatorischen Regelungen zu beantworten. Anschliessend wird über Bedeutung und Schwierigkeiten bei der Aufgabenerfüllung und über methodische Fragen diskutiert. Selbst wenn bei dem entsprechenden Auftrag Strukturprobleme im Vordergrund stehen, sollten zur transparenteren Gestaltung der Zusammenarbeit die wichtigsten Arbeitsabläufe in Form eines Übersichtsplanes aufgezeichnet werden.

Die Beurteilung der Aufgabenerfüllung und der bestehenden organisatorischen Regelungen erfolgen wie bereits erwähnt teilweise bei der Analysetätigkeit, teilweise nach Abschluss der Informationssammlung. Eine Beurteilung bedeutet somit nur eine Problemerkennung und nicht eine Problemlösung. In diesem Sinne könnte sich der Organisator beispielsweise folgende Notizen machen:

- Völlig überlastetes Führungskonzept
- Lagerbestand liegt weit über dem branchenüblichen Durchschnitt
- Fehler bei der Produktkalkulation führen zu einer unrealistischen Preispolitik
- Die Länderstatistiken werden doppelt geführt usw.

Aus diesen Notizen geht hervor, dass jeder Organisator schon vor der Analyse Vorstellungen über eine zweckmässige Aufgabenerfüllung hat und somit im Sinne der Problemerkennung Diskrepanzen zwischen dem Ist-Zustand und dem erwarteten Soll erkennt. Wegweisend für den Soll-Zustand sind dabei die Organisationsprinzipien, welche wir im zweiten Kapitel behandelt haben und die in Abb. 3.11 nur ausschnittsweise wiederholt werden.

Check-list: Organisationsprinzipien

1) Führungsorganisation
- Kann die oberste Führungsinstanz als entscheidungsfähige dynamische Einheit bezeichnet werden?
- Fördern und ergänzen sich die Verantwortlichen auf der obersten Führungsstufe oder neutralisieren sie sich gegenseitig?
- Entsprechen die Machtverhältnisse den Fähigkeiten und Kompetenzen der Führungskräfte?
- Besteht zwischen der Geschäftsleitung und dem Verwaltungsrat eine logische und zweckmässige Arbeitsteilung?
- Ist die Kommunikation und Zusammenarbeit zwischen der obersten Führungsstufe und den operativen Bereichen vorteilhaft?
- Verfügt die Geschäftsleitung über einen «Direktzugriff» zu den strategisch wichtigen Bereichen (Produktion, Marketing, Finanzen, Personal)?
- Ist die Führbarkeit des Unternehmens gewährleistet?
- Ist das Unternehmen lebensfähig?

2) Operativer Bereich
- Unterstützt die grundsätzliche Aufgabenteilung die Strategie des Unternehmens?
- Entsprechen Grösse und personelle Ausgestaltung der Geschäftsbereiche ihrer Bedeutung?
- Bestehen ungerechtfertigte Ungleichgewichte zwischen einzelnen Führungsbereichen?
- Gibt es unnötige Doppelbesetzungen von Führungspositionen?
- Ist die Kontroll- und Leitungsspanne vertretbar?
- Gibt es zu viele Stabs- und Planungsstellen, welche die operativen Bereichsleiter entmachten?
- Entspricht die organisatorische Eingliederungen der Prüfstellen (Qualitätskontrolle, Revision) den Vorschriften?

Abb. 3.11: Check-list/Ausschnitt für die Analyse des Ist-Zustandes

In jedem Unternehmen begegnet man bei der Analyse einigen Aufgaben, die reduziert oder weggelassen werden können. Jede Tätigkeit hat zum Zeitpunkt der Einführung einen plausiblen Grund. Ändern sich die Verhältnisse, so wird die Zweckmässigkeit einer Verrichtung nicht mehr überprüft. Der Organisator hat mögliche Einsparungen aufzulisten und in einer späteren Phase systematisch zu analysieren.

Durch die **Strukturierung der Problembereiche** und die **Festlegung der Prioritäten** soll sichergestellt werden, dass

- Teilsysteme als eigene Projekte bearbeitet werden können,
- der Aufwand zur Bearbeitung der Teilprojekte dem zu erwartenden Nutzen entspricht,
- die Reihenfolge der Projektbearbeitung so festgelegt werden kann, dass nach Abschluss des Gesamtprojektes nur noch wenige Änderungen vorgenommen werden müssen.

Allgemein gültige Regelungen für die Festlegung der Prioritäten gibt es kaum. Meistens stehen die sachlogischen Aspekte, welche wir bereits im Abschnitt über die Voranalyse dargelegt haben, im Vordergrund. Bei einer kritischen Einstellung der Mitarbeiter gegenüber dem Organisator wird oft versucht, mit einzelnen Insellösungen kurzfristige Erfolgserlebnisse zu schaffen. Dieses Vorgehen ist dann gerechtfertigt, wenn über die anzustrebende Gesamtlösung absolute Klarheit besteht.

Zusammenfassende Merksätze über die Ist-Analyse

- Wer Aufgaben und organisatorische Regelungen analysiert, macht sich gleichzeitig ein Urteil über deren Zweckmässigkeit.
- Eine offizielle Beurteilung darf erst erfolgen, wenn die Systemzusammenhänge erfasst sind.
- Ein Unternehmen lebt auch während einer Organisationsanalyse weiter; Sofortmassnahmen sind deshalb keine Ausnahmen.
- Wer zu lange den Ist-Zustand analysiert, versinkt im Detail. Ein Organisator wird für die realisierten Verbesserungsvorschläge bezahlt, nicht für die Auflistung der Schwachstellen.
- Die Informationen über die Ziele, das Vorgehen und die Einschaltung von Mitarbeitern werden von oben nach unten weitergegeben; dagegen beginnt die Analyse an der untersten Stelle und endet bei der Geschäftsleitung.
- Jeder Analyseaufwand hat sich am Erfolgspotential zu orientieren.
- Eine Information gilt nur dann als gesichert, wenn sie von mehreren Stellen bestätigt wird.
- Widerstände und kritische Einstellungen von seiten der Mitarbeiter sind meistens nützlich und führen zu besseren Lösungen.

3. Methoden und Instrumente der Strukturanalyse

3.1 Vorgehens- und Methodenwahl

Für die Strukturanalyse gibt es zahlreiche Methoden, Hilfsmittel und Verfahren. Sie alle dienen der systematischen, objektiven, schnellen und wirtschaftlichen Datenerfassung. Doch welche Methoden und Hilfsmittel sind für den konkreten Fall richtig? Es ist das Recht jedes Organisators, jene Diagnoseinstrumente einzusetzen, von denen er die besten Resultate erwartet. Grundsätzlich hängt der Mitteleinsatz ab von

- der Grösse und Komplexität des zu analysierenden Systems,
- der zur Verfügung stehenden Zeit,
- der Erfahrung und Arbeitstechnik des Organisators.

Bei grösseren und anspruchsvolleren Projekten arbeitet man am häufigsten mit Dokumentationsanalysen, Fragebogen und anschliessendem Interview. Eher als Ergänzung werden Selbstaufschreibungen und Beobachtungen eingesetzt. Die wichtigsten Vor- und Nachteile dieser Methoden und Hilfsmittel haben wir in der Abb. 3.12 zusammengestellt.

Bei Voranalysen oder bei der Analyse von Teilsystemen begnügt man sich mit dem Studium der vorhandenen Unterlagen und persönlichen Gesprächen. Der Einsatz von verschiedenen Instrumenten würde in diesem Fall als störend und bürokratisch interpretiert.

Bei der Beurteilung der Anwendbarkeit wurde auch das Kriterium der Lösungsfindung eingefügt. Wir stellen immer wieder fest, dass bereits bei der Aufnahme des IST-Zustandes von den beteiligten Mitarbeitern zahlreiche, recht konstruktive Vorschläge gemacht werden. Eine bewusste Trennung der Erhebungstechniken von der Problemlösung widerspräche somit den tatsächlichen Verhältnissen.

Der Vollständigkeit halber seien noch jene Methoden und Hilfsmittel erwähnt, welche nur fallweise eingesetzt werden. Dazu gehören: strukturierte Aufgabendarstellung, Stärken-Schwächenprofile, Soziogramme und Kommunikationstabellen. Wir werden diese Darstellungsmöglichkeiten bei den allgemeinen Hilfsmitteln behandeln. In den folgenden Abschnitten sollen die am meisten eingesetzten Analyseinstrumente näher erläutert werden.

Methoden Prinzipien	Vorteile	Nachteile	Voranalyse	Hauptanalyse	Lösung
Dokumentenanalyse - Studium Organisationsunterlagen Stellenbeschreibungen, Rapporte, Protokolle, Statistiken	- Schnelle Einarbeitung, Problemerkennung ohne Belastung der Mitarbeiter - Story kann wichtig sein - keine Unruhe	- Vorhandene Unterlagen sind immer veraltet - Mitarbeiterkonzept fehlt - Informelle Aspekte sind nicht sichtbar	‡	+	–
Fragebogen - Massgeschneiderte Fragebogen werden verteilt und von den Mitarbeitern ausgefüllt.	- Systematische Erfassung der relevanten Informationen - Mitarbeiter und Organisator sind auf das Interview vorbereitet	- Nur ein kleiner Teil der ausgefüllten Fragebogen ist aussagekräftig - Es können nie alle Probleme erfasst werden	–	‡	+
Interview - Persönliches Gespräch des Organisators mit dem Mitarbeiter	- Schaffung einer Vertrauensbasis - Aufdeckung heikler, latenter Probleme möglich - Individuelles Eingehen auf Probleme des Mitarbeiters	- Grosser Zeitaufwand erforderlich - Sympathien können eine Rolle spielen - Gefahr der Be- bzw. Verurteilung ist gross	‡	‡	+
Beobachtungen - Beobachtung der Arbeitstechnik des Mitarbeiters am Arbeitsplatz - Teilnahme an Besprechungen	- Bestehende Probleme, insbesondere das Verhalten der Mitarbeiter, werden eindrücklich erfasst - Gute Beurteilung von Hilfsmitteln und externen Einflussfaktoren	- Bei kurzen Beobachtungen ist das Verhalten untypisch - Beobachter wirkt meist als Störfaktor	–	+	–
Selbstaufschreibungen - Erstellen von Tätigkeitslisten, Statistiken durch Mitarbeiter	- Selbstaufschreibungen führen zur Selbsterkenntnis - Fundierte Unterlagen für Teilaspekte	- Unbeliebte Mehrbelastung für Mitarbeiter - Richtigkeit kann schwer überprüft werden	–	+	–

Symbole: ++ = sehr gut geeignet, + = geeignet, – = nicht geeignet

Abb. 3.12: Ausgewählte Methoden und Hilfsmittel für die Strukturanalyse

3.2 Dokumentenanalyse

Jede Organisationsanalyse beginnt, je nach Grösse und Bedeutung des Projektes, mit einer kurzen oder systematischen Dokumentenanalyse. Anlässlich des ersten Gesprächs mit dem Unternehmer verlangt der Organisator einige Unterlagen, damit er sich, ohne Einschaltung der Betroffenen, in das zu überprüfende System einarbeiten kann. Dabei kann es sich um Unterlagen handeln, welche im Hinblick auf die Organisationsanalyse extra erstellt wurden oder um bereits vorhandene Dokumente. Welche Unterlagen aufschlussreich sind, kann zum voraus kaum beantwortet werden.

Folgende Dokumente könnten Aufschluss geben über:

– Firmengeschichte	– Entwicklung der Inhaber- und Machtverhältnisse
– Unternehmenspolitik	– Bedeutung bestehender und zukünftiger Aufgaben
– Geschäftsreglement	– Kompetenzordnung, VR-GL-Bereiche
– Jahresbericht/Bilanzen	– Eigentumsverhältnisse, Kapitalstruktur, Unternehmensentwicklung
– Erfolgs-DB-Rechnungen	– Ertragskraft von Subsystemen/Produktgruppen
– Verkaufsstatistiken	– Bedeutung und Wachstum der Marktleistungen
– Organigramme	– Bestehende Aufgabenteilung, Organisationskonzept
– Stellenbeschreibungen	– Organisationsgrad, konkrete Zuteilung der Aufgaben
– Telephonverzeichnis	– Welche Stellen sind im Organigramm nicht aufgeführt?
– Arbeitsabläufe	– Zweckmässigkeit der Auftragsabwicklung
– Sitzungsprotokolle	– Art der Entscheidungsfindung in den Gremien
– Vertreterrapporte	– Kundenbedürfnisse

Es besteht keinesfalls die Meinung, dass bei Projektbeginn alle Unterlagen zur Verfügung stehen müssen. Vorerst muss man sich mit den Unterlagen begnügen, welche unaufgefordert übergeben wurden oder kurzfristig greifbar sind. Ist der Unternehmer selbst stark beschäftigt, lässt sich der Organisator diese Basisunterlagen von einem betriebskundigen Assistenten zusammenstellen.

Vorteile der Dokumentenanalyse:
- Schaffung einer Informationsbasis für den Einstieg in ein Projekt.
- Schnelles Erfassen der Rahmenbedingungen, womit man später auf zeitraubendes Anhören der Firmenstory verzichten kann.
- Frühzeitiges Erkennen kritischer Ansätze, welche gezielt abgeklärt werden müssen.
- Der spätere, betriebsinterne Interviewpartner erhält einen Diskussionspartner, welcher bereits die Hauptprobleme kennt.
- Die Betroffenen werden nicht unnötig gestört, die Vorstudie kann in einem diskreten Rahmen erfolgen.

Nachteile der Dokumentenanalyse:
- Vorhandene Unterlagen sind meistens veraltet und haben oft nur historischen Wert.
- Extra zubereitete Informationen werden nicht selten zur Manipulation des Organisators erstellt.
- Zwischen den organisatorischen Regelungen auf dem Papier und den tatsächlichen Verhältnissen gibt es meist gewichtige Unterschiede.

Die Bedeutung der Dokumentationsanalyse besteht somit in der unkomplizierten, zeitsparenden Einarbeitung des Organisators in das zu analysierende System. Isoliert betrachtet besitzt sie einen geringen Stellenwert, zusammen mit den übrigen Hilfsmitteln dient sie der effizienten Auftragsabwicklung.

3.3 Fragebogen

Der Fragebogen zählt zu den beliebtesten Hilfsmitteln bei Strukturanalysen. Richtig eingesetzt erleichtert er nicht nur die Ist-Analyse, sondern dient auch der Ideenfindung für Soll-Konzepte. Damit ein Fragebogen seine Aufgabe erfüllt, muss er

- klar und verständlich,
- firmenspezifisch angepasst und
- mit vertretbarem Aufwand ausgefüllt werden können.

Klare und verständliche Fragen haben die besseren Chancen, ebenso klar beantwortet zu werden. Standard-Fragebogen eignen sich als Leitfaden für die Ausarbeitung firmenspezifischer Lösungen, nicht aber für den konkreten Einsatz (diese Bemerkung gilt auch für unseren Musterfragebogen in der Beilage). Mit zu umfangreichen «Katalogen» provoziert man den Unwillen der Mitarbeiter schon zu Beginn eines Projektes.

3.31 Voraussetzungen und Vorgehen

Fragebogen können eingesetzt werden, wenn
- über 20 Mitarbeiter befragt werden sollen,
- bei der Erhebung auch quantitative Daten eine Rolle spielen,
- die zu befragenden Mitarbeiter relativ homogen sind und nicht mehr als zwei Führungsstufen auseinander liegen,
- die zu Befragenden geographisch verstreut sind,
- sich die Mitarbeiter auf das nachfolgende Organisationsgespräch vorbereiten sollen.

Grundsätzlich sollten Fragebogen nur dann eingesetzt werden, wenn sowohl die Mitarbeiter als auch der Organisator davon profitieren können. Dieses allgemeine Interesse liegt dann vor, wenn sich die am Organisationsprojekt Beteiligten über längere Zeit mit Organisationsfragen befassen müssen. Die systematische Datenerfassung und Ideensammlung dient damit einer gründlichen Vorbereitung auf die Organisationsgespräche.

Der interne und externe Arbeitsaufwand für die Erstellung bzw. Auswertung der Fragebogen ist beachtlich. Deshalb lohnt es sich, **das Vorgehen** sorgfältig festzulegen. Dabei lassen sich folgende Schritte unterscheiden:

1) **Inhaltliche Schwerpunkte der Befragung festlegen**
   Jedes Unternehmen hat ein eigenes Stärken-Schwächen-Profil. Zur Auslotung vorhandener Schwächen braucht es spezielle, manchmal sogar provozierende Fragen. Unternehmer und Organisator haben sich darauf zu einigen, welche Problemkreise speziell untersucht und welche Auswertungen geplant werden.

2) **Festlegung des Befragtenkreises**
   Neben dem Anspruch auf Homogenität der zu Befragenden rekrutiert sich der Befragtenkreis regelmässig aus
   - Mitarbeitern, welche etwas zum Projekt beitragen können,
   - Mitarbeitern, die auch noch begrüsst werden müssen.

Daneben gibt es die leitenden Instanzen, welche den Fragebogen nur zur Kenntnisnahme erhalten. Dabei handelt es sich keineswegs um eine Rücksichtnahme oder Schonung, als vielmehr um die Einsicht, dass sich auf den oberen Führungsstufen intensive persönliche Gespräche besser eignen.

3) Betriebsindividuelle Anpassung
Ein Fragebogen gilt dann als zweckmässig, wenn jeder Stelleninhaber das Gefühl erhält, die Fragen seien speziell für ihn ausgearbeitet worden. Die Voraussetzung dafür ist die Berücksichtigung individueller Probleme und Anpassung der Fragen an die entsprechende Führungsstufe.

4) Eignungstest
Eine Austestung des Fragebogens ist bei neuartigen und anspruchsvollen Projekten erforderlich oder bei Organisatoren, welche über wenig Erfahrung verfügen.

5) Orientierung und Instruktion der Beteiligten
Die Verteilung der Fragebogen dient als willkommene Gelegenheit für die Orientierung über Ziele, Phasen und Mitwirkungsmöglichkeiten. Bei dieser Gelegenheit können Instruktionen über das Ausfüllen der Fragebogen, Informationen über die geplanten Auswertungen sowie die Regelung der Diskretionsfrage gegeben werden (vgl. Anleitung im Fragebogen der Beilage).

6) Erfahrene Organisatoren verwenden bei der Auswertung spezielle **Markierungszeichen** und übertragen die daraus resultierenden Fragen und Ergebnisse auf vorbereitete Hilfsdateien.

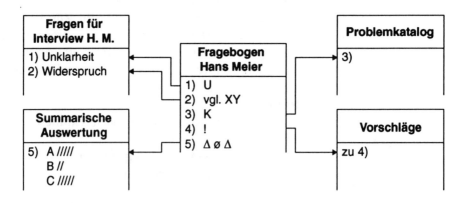

Abb. 3.13: Auswertung des Fragebogens

Kritische Stellungnahmen werden in einem Problemkatalog erfasst, Anregungen und Vorschläge in einer Ideen- oder Vorschlagsliste gesammelt. Weil Unklarheiten oder Widersprüche bei späteren Interviews geklärt werden sollen, müssen sie markiert oder auf die individuelle Frageliste übertragen werden. Von besonderem Interesse sind die Widersprüche zu den Aussagen anderer Stelleninhaber. Ein wesentlicher Vorteil des Fragebogens liegt im Quervergleich (was sagt sein Chef, was meinen die Mitarbeiter zu diesem Aspekt?).

7) Bereinigung anlässlich des persönlichen Gesprächs
Erfahrungsgemäss werden von zehn Fragebogen nur zwei bis drei vollständig und richtig ausgefüllt. Beim persönlichen Gespräch können jedoch mit einem relativ geringen Aufwand Unklarheiten beseitigt und fehlende Informationen ergänzt werden.

3.32 Inhalt und Bedeutung des Fragebogens

Da Fragebogen massgeschneidert werden müssen, lässt sich der Inhalt nur für eine Standardversion umschreiben. Meistens enthält ein Fragebogen folgende Teile (vgl. Beilage):

– **Organisatorische Eingliederung**
Wer die Fragen über die Bezeichnung der Stelle, die Frage nach dem Chef, dem Stellvertreter und den unterstellten Mitarbeitern das erste Mal liest, kann sie als überflüssig empfinden. Es ist jedoch nicht eine Ausnahme, sondern die Regel, dass die individuell empfundenen organisatorischen Regelungen oft von der offiziellen Version abweichen.

– **Persönlicher Aufgabenbereich**
Hier wird überprüft, ob der Mitarbeiter in der Lage ist, die 5–10 wichtigsten Aufgaben seiner Position aufzulisten. Ferner interessiert uns, ob der für die Erledigung der einzelnen Aufgaben geschätzte Zeitaufwand der Bedeutung der Aufgabe entspricht. Weicht das Rollenverhalten wesentlich von den Erwartungen ab, dann sind die dafür verantwortlichen Gründe zu ermitteln. Besonders aufschlussreich sind jeweils auch die folgenden Fragen:

– *Welche Ihrer derzeitigen Aufgaben würden Sie aus organisatorischen oder anderen Gründen einer anderen Stelle zuweisen?*
– *Werden bei irgend einer Stelle der Unternehmung Aufgaben erledigt, die eigentlich in Ihren Verantwortungsbereich fallen?*

- **Führungsaufgaben und Kompetenzen**
  Eigentlich geht es hier um die Frage, ob der zuständige Chef seine Aufgabe erfüllt hat. Uns interessiert, ob die zu verfolgenden Ziele vorgegeben und der Erreichungsgrad regelmässig überprüft wird, ob der Mitarbeiter die ihm zustehenden Kompetenzen kennt und auch ausnützt. Die Antworten erlauben Rückschlüsse auf das derzeitige Führungssystem.

- **Information und Koordination**
  Jeder Mitarbeiter wünscht sich zur Ausübung seiner Tätigkeit umfangreiche Informationen. Aus der «Wunschliste» erkennt man, ob der Mitarbeiter nur neugierig ist oder ob tatsächlich ein Informationsvakuum besteht. Die Stellungnahmen über die Zweckmässigkeit der bestehenden oder neu zu bildenden Sitzungen geben Aufschluss über die Form der innerbetrieblichen Zusammenarbeit.

- **Fachtechnischer Teil**
  Regelmässig sollen auch betriebsindividuelle Probleme (z.B. Zusammenarbeit mit Tochtergesellschaften etc.) abgeklärt werden.

- **Summarische Zusatzauswertung**
  Neben der Auflistung und Lösung organisatorischer Probleme interessiert den Unternehmer meist auch die Einstellung der Mitarbeiter, insgesamt oder nach Führungsbereichen differenziert, über qualitative Aspekte. Gegenstand dieser Meinungsumfragen kann die Einstellung der Mitarbeiter sein gegenüber

    - der Qualität und Quantität unternehmerischer Informationen,
    - dem praktizierten Führungsstil,
    - der Belastung der Mitarbeiter,
    - dem Betriebsklima,
    - der Weiterbildungspolitik,
    - der Handhabung individueller Vorschläge etc.

  Aus Diskretionsgründen dürfen solche Auswertungen meist nur in Form von Polaritätsprofilen in der Berichterstattung erscheinen.

- **Anregungen**
  Am Schlusse der teilweise geschlossenen und offenen Fragen soll der Mitarbeiter Gelegenheit erhalten, nicht voraussehbare Kritik oder Anregungen anzubringen. Dazu dient die Frage:

«Mit einem Fragebogen lässt sich immer nur ein Teil der betrieblichen Probleme erfassen. Wir möchten Ihnen hier Gelegenheit geben, Ihre sonstigen Bemerkungen und Anregungen aufzuführen. Versetzen Sie sich in die Rolle des Unternehmers oder Organisators und überlegen Sie, welche organisatorischen Änderungen Sie einführen würden!»

Die **Bedeutung** des Fragebogens möchten wir durch die Auflistung der wichtigsten Vor- und Nachteile unterstreichen.

Vorteile des Fragebogens:
- Man erhält relativ rasch wertvolle Hinweise für die weitere Analyse sowie Anregungen und Lösungsansätze.
- Der Aufwand für die Ist-Analyse ist pro Beteiligten vertretbar.
- Jeder Mitarbeiter erhält Gelegenheit, sich mit den Organisationsfragen auseinanderzusetzen.
- Alle Beteiligten können sich auf die Organisationsgespräche vorbereiten.
- Bei Fragen über betriebliche Störungen oder Doppelspurigkeiten hat der Mitarbeiter Zeit für eine objektive Beurteilung (bei der mündlichen Befragung werden nur die Vorfälle der letzten Tage aufgezählt).
- Die Beschäftigung mit dem Fragebogen bewegt einzelne Mitarbeiter, Statistiken, Formulare und anderes «Beweismaterial» für das Organisationsgespräch mitzubringen.
- Das anschliessende Interview kann sachlicher und strukturierter durchgeführt werden.

Nachteile des Fragebogens:
- Die den Mitarbeitern zugemutete Zusatzarbeit schafft anfänglich Unruhe.
- Die Vollständigkeit und Richtigkeit der zurückgeschickten Fragebogen ist erfahrungsgemäss enttäuschend.
- Nicht selten werden Teamarbeiten abgeliefert (vorgängige, gegenseitige Abstimmung).
- Trotz betriebsindividueller Anpassung des Fragebogens können nie alle Probleme erfasst werden.

Zusammenfassende Merksätze
- Massgeschneiderte Fragebogen sind ein häufiges und zweckmässiges Hilfsmittel für die Organisationsanalyse.
- Den grössten Wert der schriftlichen Befragung stellt die Möglichkeit dar, dass sich sowohl die Mitarbeiter als auch der Organisator auf die nachfolgenden Organisationsgespäche vorbereiten können.

- Fragebogen werden zu einem hohen Prozentsatz ungenügend und lückenhaft ausgefüllt.
- Fragebogen allein haben eine geringe Aussagekraft. Zusammen mit dem persönlichen Gespräch sind sie für die Organisationsanalyse wertvoll.
- Ohne eine strenge Handhabung der Diskretion auf seiten des Organisators wird eine Fragebogenaktion zur Alibiübung.

3.4 Interview

Das Interview stellt das beste Hilfsmittel für die Analyse des Ist-Zustandes dar. Das persönliche Gespräch gibt dem Organisator einen guten Einblick in die tatsächlichen Verhältnisse des zu analysierenden Systems, und der Vorgesetzte oder Mitarbeiter erhält Gelegenheit, seine persönliche Stellungnahme, seine Kritik, Ideen und Vorschläge bei der richtigen Stelle anzubringen.

3.41 Einsatz und Interview-Arten

Im Rahmen der Organisationstätigkeit gibt es je nach Zweck und Form eine Vielzahl von Interview-Arten. Zudem werden persönliche Gespräche in der Regel in Kombination zu anderen Hilfsmitteln eingesetzt. Die zu Befragenden kennen den Inhalt des Gesprächs demgemäss aus der Vororientierung, einer Frageliste oder dem Aufgabenkatalog. Bei der Organisationsanalyse unterscheiden wir die folgenden drei Interview-Arten:

Merkmale Interview	Adressaten	Inhalt	Vorbereitung	Dauer
Orientierungs-gespräch	Unternehmer Opinionleader	Problem klären, Vorgehen erläutern	gering	max. 1 Std.
Analyse-gespräch	Vorgesetzte Opinionleader Sachbearbeiter	Strukturierte und freie Fragen über Organisation	gross	1–3 Std.
Konkretisie-rungsgespräch	Vorgesetzte Sachbearbeiter	Absicherung wichtiger Einzelfragen	mittel	max. 1 Std.

Abb. 3.14: Arten und Merkmale der Interviews

Orientierungsgespräche sind im Vorfeld einer Organisationsanalyse unerlässlich. Der Zweck besteht in der Orientierung der «Schlüsselfiguren» über Ziel und Zweck der Analyse sowie in der Einholung wichtiger Vorinformationen. Da der Wissensstand des Organisators zu diesem Zeitpunkt noch klein ist, sollte er die Gesprächszeit kurz halten und sich nicht allzusehr in Fachdiskussionen einlassen.

Die Analysegespräche dürfen erst nach gründlicher Vorbereitung beider Diskussionspartner stattfinden. Der Organisator stützt sich dabei auf die Erkenntnisse der Dokumentationsanalyse oder auf den ausgewerteten Fragebogen. Neben den vorbereiteten oder strukturierten Fragen muss man sich auch frei über jene Aspekte unterhalten können, welche aus der Sicht des Befragten als wichtig erscheinen. Das Gespräch darf nie unter Zeitdruck stehen und der Befragte sollte davon überzeugt werden können, dass sich der Organisator ernsthaft für seine Probleme interessiert.

Konkretisierungsgespräche. Obwohl ein erfahrener Organisator seine Gesprächsrunde von unten beginnt, wird er feststellen, dass beim Vergleich der Gesprächsnotizen zwischen den einzelnen Stelleninhabern Widersprüche auftreten. Zur Abklärung von Differenzen und zur Konkretisierung erst später als wichtig erkannter Probleme sind Rückfragen unerlässlich. Zudem sind mehrere Kurzgespräche aufschlussreicher als zu lange dauernde Interviews.

3.42 Interview-Phasen

Wer positive Erkenntnisse von einem Gespräch erwartet, muss seinen Interviewpartner vorgängig über die Ziele und die wichtigsten Problemfragen orientieren. Diese Information dient nicht nur der Vorbereitung, sondern ebenso dem Abbau der Verunsicherung, welche bei Organisationsgesprächen nie ganz vermieden werden kann. Massgebend für den Erfolg eines persönlichen Gesprächs sind gemäss der folgenden Darstellung eine sorgfältige Vorbereitung, eine korrekte Durchführung und eine zweckmässige Auswertung der Gespräche.

Zur **Vorbereitung des Gesprächs** gehören vorerst Informationen über die Person des Diskussionspartners. Diese Angaben lässt man sich vom Auftraggeber oder einem geeigneten Assistenten zusammenstellen. Für den Organisator ist es beispielsweise wichtig zu wissen, welche Erfahrung der Gesprächspartner besitzt, wie lange er diese Position schon ausübt, ob eine Beförderung oder Versetzung geplant ist oder zur Diskussion steht oder ob aus irgendwelchen Gründen Rücksicht genommen werden muss. Die besten Diskussionspartner sind übrigens jene, welche ihre Stellung bereits gekündigt haben und damit offener zu Organisatons- und Führungsproblemen Stellung nehmen können. Zur Vorbereitung gehören auch vorbereitete, individuelle Fragen sowie die bereits erwähnte Vororientierung.

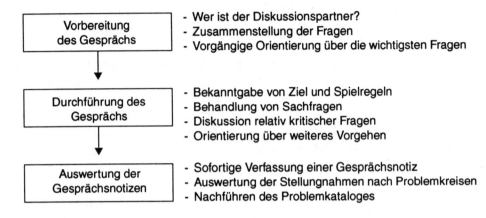

Abb. 3.15: Interview-Phasen

Die **Durchführung des Gesprächs** beginnt mit der Bekanntgabe von Zielsetzung und Spielregeln (vgl. nächsten Abschnitt). Zur Einleitung gehören auch persönliche oder aktuelle Bemerkungen, welche der Auflockerung und der Schaffung einer positiven Gesprächsatmosphäre dienen. Kurze Hinweise aus den Aufgabenbereichen des Befragten können davon überzeugen, dass sich der Organisator bereits mit ihm und seiner Aufgabe befasst hat – längere Einleitungen werden als «Vorgeplänkel» interpretiert.

Zur Einleitung der sachlichen Diskussion stellen wir meist folgende Frage:

«Wie würden Sie einem Bekannten in wenigen Sätzen ihre Hauptaufgaben und die damit zusammenhängenden Ziele erläutern?»

Nach der Umschreibung des Aufgabenbereiches folgen die relativ neutralen Fragen über Querbeziehungen, Arbeitsabläufe und Entscheidungsprozesse. Die heiklen Fragen werden meistens später gestellt. Ein Organisator merkt sehr schnell, ob ein Befragter bereit ist, persönliche Fragen zu beantworten.

Eine allgemein gültige Befragungstaktik gibt es nicht. Manchmal führen vorsichtige und einfühlsame Fragen zum Ziel, manchmal braucht es Schockfragen, um hartgesottene Mitarbeiter aus der Reserve locken. Zum Abschluss der Analysephase soll der Interviewpartner Gelegenheit erhalten, allfällige Vorschläge für Verbesserungen anzubringen. Aufgefordert wird er dazu mit der Frage:

> *«Wenn Sie der Unternehmer oder verantwortliche Organisator wären, welche Massnahmen würden Sie treffen oder welche Teilbereiche würden Sie besonders sorgfältig analysieren?»*

Den Abschluss des Gesprächs bildet die Orientierung über das weitere Vorgehen, bei der auch die Möglichkeiten für eine weitere Mitwirkung und Beeinflussung des Organisationsprojektes aufgezeigt werden müssen.

Die **Auswertung des Interviews** erfolgt in zwei Schritten. Unmittelbar nach dem Gespräch sind die stichwortartigen Gesprächsnotizen zu vervollständigen. Weil während der Diskussion heikle Aussagen aus taktischen Gründen nicht notiert werden dürfen, muss die Stellungnahme des Befragten unmittelbar nach dem Gespräch protokolliert werden. Zu einem späteren Zeitpunkt können die Aussagen nochmals überprüft und die Stellungnahmen auf die Hilfslisten übertragen werden.

3.43 Spielregeln und taktisches Verhalten

Die Literatur unterscheidet streng nach Interview-Arten (standardisierte und freie Interviews) und Fragetypen (offene, geschlossene). Wir verzichten an dieser Stelle auf die Erläuterung dieser Möglichkeiten und beschränken uns auf einige Grundsätze. Die folgenden Ausführungen lassen sich in sachlich/technische und persönliche oder taktische Empfehlungen unterteilen.

Zu den sachlich/technischen Hinweisen gehören:

- **Vorbereitung/Vororientierung**
  Diese hat gemäss unseren früheren Ausführungen korrekt und rechtzeitig zu erfolgen.

- **Interviewort**
  Empfohlen wird in der Literatur der Arbeitsplatz des Befragten. Wir wählen diesen Ort nur bei Kurzgesprächen und bevorzugen ein geeignetes Besprechungszimmer mit viel Platz, einer ausreichenden Distanz zum Gesprächspartner sowie einer Flip-chart zur Aufzeichnung wichtiger Zusammenhänge. Im Büro des Befragten herrschen meist zu enge Verhältnisse, und die Störungen sind nie ganz auszuschalten. Nicht selten erhält der Organisator eine Sitzmöglichkeit am Pult des zu Befragenden, womit eine ungünstige und nicht akzeptable Gesprächsatmosphäre entsteht.

- **Anzahl Interviewpartner**
  Bei grösseren Organisationsprojekten wird meistens ein Organisationsteam eingesetzt. Damit stellt sich die Frage, ob zwei oder mehrere Organisationsmitarbeiter sich an den Gesprächen beteiligen dürfen. Unsere Empfehlungen dazu:
    - Immer wenn möglich ein Gespräch «unter vier Augen» anstreben, weil sich leichter ein Sympathienfeld aufbauen lässt.
    - Wenn bei wichtigen Gesprächen zwei Organisationsfachleute teilnehmen, führt nur einer das Gespräch. Sein Partner (Assistent) notiert die wichtigsten Aussagen und kann gegen Ende des Gesprächs durchaus auf offene Punkte oder Unklarheiten hinweisen. Bei einer intensiven Mitwirkung beider Organisatoren am Gespräch entsteht eine «Verhöratmosphäre».

- **Technische Hilfsmittel**
  Hilfreich bei Organisationsgesprächen sind Wandtafeln oder Flip-chart. Auf ihnen lassen sich auf verständliche Weise komplexere Systeme, Beziehungen oder Abläufe darstellen. Aufzeichnungen auf der Flip-chart kann der Organisator anschliessend mitnehmen, Aufzeichnungen auf der Wandtafel müssen zuerst noch abgeschrieben werden.
  Zur Festhaltung wichtiger Aussagen sind stichwortartige Aufzeichnungen, welche sofort nach dem Gespräch ergänzt werden, die beste Lösung. Tonbänder beeinflussen die Offenheit des Gesprächspartners negativ und beanspruchen für die Auswertung zu viel Zeit.

- **Reihenfolge der Befragung**
  Abgesehen von den vorgängig durchzuführenden Orientierungsgesprächen, bei denen der Dienstweg zu befolgen ist, müssen die Analysegespräche unbedingt von **unten nach oben** (bottom-up-Prinzip) geführt werden.

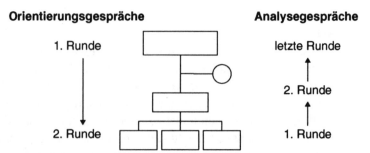

Abb. 3.16: Richtige Reihenfolge der Orientierungs- und Analysegespräche

Bei der praktischen Tätigkeit lässt sich aus Gründen der Verfügbarkeit der Interviewpartner die vorgeschlagene Reihenfolge nie vollständig durchsetzen. Beim Start der Analysegespräche von unten ergeben sich folgende Vorteile:

- Sachbearbeiter haben in der Regel mehr Zeit für die Erläuterung der ihnen bekannten Arbeitsvorgänge.
- Wer die Probleme der Sachbearbeiter kennt, ist ein besserer Diskussionspartner beim nächst höheren Vorgesetzten.
- Auf der höheren Stufe können bereits Problemfragen gestellt werden, welche sich auf der tieferen Stufe herauskristallisiert haben (man muss nicht mehr alles glauben, man weiss schon recht viel).

Zu den **persönlichen oder taktischen** Hinweisen zählen:

- **Bekanntgabe der Spielregeln**
  Jeder Befragte möchte wissen, was mit seinen Aussagen passiert. Es ist deshalb wichtig, zu Beginn des Interviews Spielregeln zu vereinbaren, welche strikte zu beachten sind. Dazu können beispielsweise gehören:
    - Das Recht des Organisators
        - alle Fragen zu stellen, die im wichtig erscheinen,
        - wichtige Aussagen notieren zu dürfen,
        - wichtige Erkenntnisse auswerten zu dürfen.
    - Die Pflicht des Organisators
        - vertrauliche Aussagen ebenso vertraulich zu behandeln,
        - Vorschläge weiterzuleiten, welche dazu ausdrücklich freigegeben werden.
    - Das Recht des Befragten
        - bestimmte Fragen (ohne negative Folgen) nicht beantworten zu müssen,
        - gute Vorschläge unter seinem Namen weiterleiten zu können,
        - kritische Stellungnahmen ohne Protokollierung machen zu dürfen.

- **Verhalten beim Interview**
  Nach unserer Erfahrung sind folgende Grundsätze zu beachten:
    - Man lernt einen Aufgabenbereich, die Probleme einer Stelle und den Stelleninhaber nur dann kennen, **wenn der Befragte spricht.**
    - Zu Beginn des Gesprächs ist die Schaffung eines persönlichen Kontaktes und wenn möglich eines Vertrauensverhältnisses anzustreben.
    - Die Reihenfolge der Fragen ist nicht gleichgültig, leichtere Sachfragen gehören an den Anfang, heiklere Probleme sollten erst später und wenn

möglich durch indirekte Fragestellung angeschnitten werden.
- Ein Interview ist kein Verhör, es dürfen nur solche Fragen gestellt werden, welche auch beantwortet werden können.
- Suggestivfragen sind zu vermeiden (sind Sie nicht auch der Ansicht, dass...)
- Man hüte sich, Personen gegeneinander auszuspielen; zudem darf der Organisator zu einer persönlichen Kritik keine Stellung nehmen.
- Der Interviewer darf bei wichtigen Fragen durchaus den Unwissenden spielen, d.h. er lässt sich mit Vorteil von verschiedenen Mitarbeitern die gleiche Geschichte erneut schildern. Nur so erhält er ein objektives Bild.
- Ein guter Organisator denkt beim Interview nicht nur an den IST-Zustand, sondern bereits an die mögliche Soll-Konzeption. Seine Fragen können deshalb auch Lösungsmöglichkeiten beinhalten.
- Schliesslich muss der Befragte selbst Fragen stellen dürfen.

3.5 Übrige Analysetechniken

Die ausführlich dargestellten Dokumentationsanalyse, Fragebogen und Interview gehören zu den Standardtechniken bei der Strukturanalyse. Daneben verwendet man

- Beobachtungen
- Multimomentstudien
- Selbstaufschreibungen
- Erstellung von Kommunikationsdiagrammen

seltener oder vorwiegend bei der Analyse von Prozessen.

Beobachtungen sollen Aufschluss geben über das tatsächliche Verhalten eines Stelleninhabers oder die Zusammenarbeit in einer Gruppe. Zum Zwecke der Strukturanalyse sind **organisierte Beobachtungen** zu zeitraubend und für die zu Beobachtenden unbequem.
Sporadische Beobachtungen, die bei Besuchen der Stelleninhaber an ihrem Arbeitsplatz erfolgen, sind dagegen aufschlussreich und nützlich. Wenn wir für das eigentliche Analysegespräch ein Sitzungszimmer bevorzugen, so benützen wir bei Rückfragen gerne die Gelegenheit, um den Chef oder Mitarbeiter in seinem Büro aufzusuchen.

Zur Kategorie der Beobachtungen gehören auch die **Multimomentstudien**. Wir kennen ein einziges Institut (Limes System), welches früher Multimomentstudien bei Strukturanalysen eingesetzt hat. Heute werden Multimomentstudien zur Erstellung von Tätigkeitslisten kaum mehr verwendet.

Die Analysetechnik der **Selbstaufschreibung** wird immer nur als ergänzendes Hilfsmittel eingesetzt. Damit beschäftigt werden in der Regel die Chefs oder Sachbearbeiter auf den unteren Führungsstufen. Angestrebt wird dabei eine Erfassung des Ist-Zustandes und eine verbesserte Arbeitsteilung (vgl. Abschnitt Aufgabenanalyse/ Arbeitsvereinfachungs-Programme). Auf den oberen Führungsetagen sind Selbstaufschreibungen weniger beliebt und werden deshalb selten eingesetzt.

Kommunikationsdiagramme können in speziellen Fällen sehr nützlich sein. Bei der Zusammenlegung oder Aufteilung von Betrieben oder Führungsbereichen spielt die Intensität der Zusammenwirkung eine bedeutende Rolle. Hier lässt man von jedem Verantwortlichen die Anzahl Kontakte oder die Bedeutung der Beziehungen ermitteln und erstellt daraus ein Kommunikationsdiagramm (vgl. Kapitel Organisationshilfsmittel).

4. Vorgehen zur Gestaltung von Strukturen

4.1 Konkretisierung von Zielen und Anforderungen

Wiederholt wurde darauf hingewiesen, dass die Organisation nicht als Selbstzweck gelten darf, sondern der Erreichung der unternehmerischen Ziele zu dienen habe. Woher können jedoch die konkreten Ziele und Anforderungen an eine neu zu schaffende Organisationsstruktur abgeleitet werden? Nach der Herkunft unterscheiden wir folgende Ziele und Ansprüche:

- Erkenntnisse aus der Führungs- und Organisationslehre
- System- und situationsbedingte Eigenschaften des Unternehmens.

Die grundsätzlichen und daher bei jedem Organisationskonzept gültigen Anforderungen einer Organisation haben wir im Kapitel 1 behandelt. Dazu gehören die aus der Definition eines Unternehmens abgeleiteten generellen Organisationsziele:[3.4]

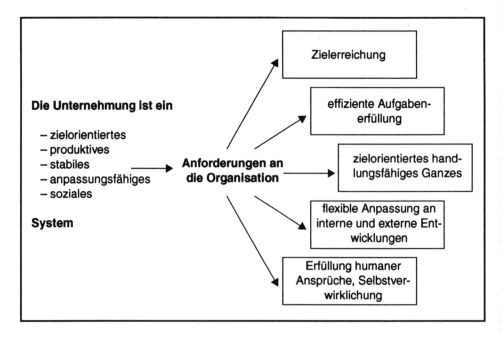

Abb. 3.17: Generelle Anforderungen an die Organisationsstruktur

Eine ausführliche Zielumschreibung hat K.Bleicher[3.4] zusammengestellt. Er unterscheidet folgende vier Zielbereiche:

1. Erhöhung der Produktivität
- Ausnutzung der vorhandenen Ressourcen
- Vermeidung von Doppelspurigkeiten
- Einheitliche Erfüllung von Routineaufgaben
- klare Aufgaben- und Kompetenzregelung
- Beschleunigung der Kommunikation
- Reduktion von Kompetenzkonflikten

2. Verbesserung der Flexibilität
- höhere Anpassungsfähigkeit (Markt/Technologie)
- einfachere Entscheidungsprozesse
- markt- und kundenorientierte Organisation
- Abbau von Kommunikationsbarrieren

3. Integration
- Entwicklung von übergeordneten Werten und Zielen
- Förderung einer entsprechenden Organisationskultur
- günstige Voraussetzungen für Zusammenarbeit
- Kommunikation in allen Richtungen
- Integrierte Arbeitsabläufe

4. Mitarbeiterziele
- grössere Freiheits- und Handlungsspielräume
- Stimulierung der Handlungsmotivation
- höhere Arbeitszufriedenheit
- grössere Möglichkeit zur Selbstkontrolle
- Erfassung von Aus- und Weiterbildungsmöglichkeiten

Trotz vielen Anhaltspunkten fällt es oft schwer, für neu zu planende Organisationskonzepte sinnvolle Ziele festzulegen. Bevor man neue Konzepte plant, müssen die Anforderungen der zu gestaltenden Organisation definiert und die Ist-Organisation aufgrund dieser Kriterien bewertet werden.

Die Definition der Anforderungen beginnt üblicherweise mit der Erstellung einer «Wunschliste». Die Ansprüche an das zu gestaltende System müssen geordnet, zusammengefasst und die einzelnen Kriterien aufeinander abgestimmt werden.

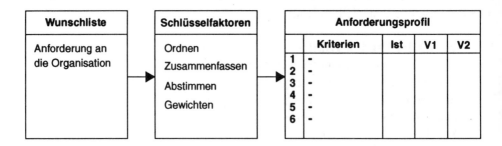

Abb. 3.18: Vorgehen beim Erstellen eines Anforderungsprofils für die Organisation

Bei der Gewichtung der Kriterien muss vor zu einseitigen Anforderungen gewarnt werden. Abzulehnen sind insbesondere zu konkret definierte Ansprüche, welche die Freiheit des Organisators einschränken. Als nächster Schritt muss die Ist-Organisation mit Hilfe des aufgestellten Anforderungsprofiles bewertet werden. Dieser Schritt ist für die spätere Entscheidungsphase sehr wichtig, denn:

> Ein neues Organisationskonzept darf nur dann zur Diskussion gestellt werden, wenn es besser abschneidet als die Ist-Struktur.

Werden Ist- und Soll-Konzepte gleichzeitig bewertet, dann bewirkt der Änderungswille meistens eine Unterbewertung der Ist-Situation. Dabei sollte man nicht vergessen, dass «Nichtstun» auch eine Variante darstellen kann.

4.2 Aufstellen von Alternativen

Die Durchführung einer Organisationsanalyse ist bis zum Erfassen des Ist-Zustandes eine Routinetätigkeit. Doch wie findet man das für ein Unternehmen günstigste Organisationskonzept? Bei dieser Planungsarbeit spielt das systematische Vorgehen, die Kreativität und die Erfahrung des Organisationsteams eine wichtige Rolle.

Nach diesem in Abb. 3.19 dargestellten, leicht modifizierten Projektvorgang, erfolgt nach der Analyse des Ist-Zustandes die Ist-Kritik. Die nach Sachgebieten geordneten kritischen Stellungnahmen werden im Problemkatalog zusammengefasst. Für jedes Teilproblem sind ein oder mehrere Lösungsansätze aufzustellen. Schliesslich sollen die Teillösungen in einem Gesamtkonzept vereinigt werden.

Analyse und Gestaltung der Organisation

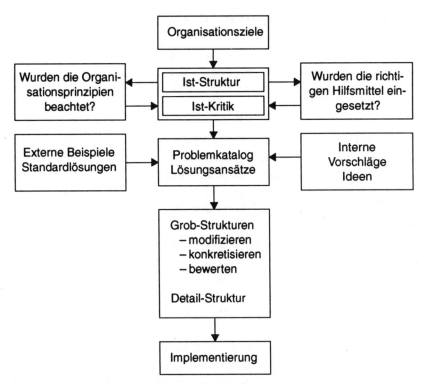

Abb. 3.19: Vorgehen bei der Erarbeitung des Soll-Konzeptes

Bei diesem Planungsprozess sind somit folgende Fragen zu beantworten:

- Welche Haupt- und Nebenprobleme stellen sich?
- Wie können diese Teilprobleme am besten gelöst werden?
- Wie lassen sich diese Lösungsansätze in ein Gesamtkonzept einbauen?
- Gibt es externe Musterlösungen, welche uns weiterhelfen?
- Welche Alternativen resultieren daraus?

Nur selten ist die erste Idee auch die beste. Meistens stellt man fest, dass ein ideales Konzept nicht existiert oder sich nicht realisieren lässt. Aus der Aufstellung und Beurteilung verschiedener Varianten resultieren oft wichtige Erkenntnisse und Kombinationsmöglichkeiten.

4.3 Bewertung von Lösungsvorschlägen

Nachdem die Ziele und Anforderungen des neuen Organisationskonzeptes feststehen, erfolgt eine systematische Bewertung der Lösungsvarianten. Systematisch bedeutet die Überprüfung der Organisation aufgrund der in Abb. 3.21 aufgeführten Kriterien.

Bei der **Grobbeurteilung** überprüft das Projektteam, ob die zuvor festgelegten «Muss-Kriterien» erfüllt sind. Hauptdiskussionspunkt bildet jeweils die Frage, ob mit diesem Strukturvorschlag die unternehmerischen Ziele tatsächlich besser realisiert werden können. Nach dem Prinzip der negativen Selektion «schlechter als» werden 2–4 Varianten zur näheren Überprüfung ausgewählt.

Gute und mögliche Konzeptvarianten müssen weiter **konkretisiert** und ergänzt werden. Bei neuen Bereichen sind die ihnen zugedachten Hauptaufgaben aufzuführen. Ferner muss überprüft werden, welche Stellen neu geschaffen und welche aufgehoben werden können. Schliesslich ist zu überprüfen, ob der Vorschlag in nützlicher Frist und unter Einschluss der personellen Aspekte realisiert werden kann.

Die **eigentliche Bewertung** der Varianten kann auf verschiedene Arten erfolgen. Mindestens sollten für jeden Vorschlag die Hauptmerkmale, Vorteile und Nachteile aufgelistet und diskutiert werden. Besser ist eine systematische Bewertung nach dem System der Nutzwertanalyse. Dazu dienen uns die Schlüsselfaktoren bzw. das zum voraus ausgearbeitete Anforderungsprofil. Wichtig ist, dass jedes Team-Mitglied in einer ersten Phase die Varianten individuell einstuft. Erst darauf soll das Gruppenergebnis festgelegt werden.

Jeder Organisator hat seine bevorzugte Lösung, bevor das Resultat der Nutzwertanalyse vorliegt. Die Überraschung ist gross, wenn das halbwegs mathematisch errechnete Ergebnis vom subjektiven (Vor-) Urteil abweicht. Was macht man in diesem Fall? Ändert man das System oder sein Urteil? Regelmässig werden in der Gruppe nochmals die gewählten Kriterien, die ihnen zugewiesenen Gewichte sowie der Erfüllungsgrad bei den einzelnen Varianten diskutiert.

Bei der Organisationsplanung soll immer in einem ersten Schritt die längerfristig anzustrebende «Ideallösung» ausgearbeitet werden. Die idealtypische Lösung geht von folgender Fragestellung aus:

> *«Was würden wir tun, wenn wir auf bestehende Positionen, Personen oder Investitionen keinerlei Rücksicht nehmen müssten?»*

1) Grobbearbeitung aller Varianten

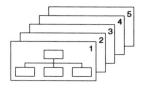

- Sind Muss-Kriterien erfüllt?
- Unterstützen die Hauptmerkmale die Strategie des Unternehmens?
- Welches sind die drei besten Vorschläge?

2) Konkretisierung der drei Hauptvorschläge

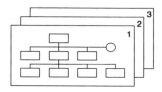

- Mit welcher konkreten Arbeitsteilung werden die Probleme der Ist-Organisation gelöst?
- Ist das neue System lebensfähig?
- Welche neuen Stellen müssen geschaffen, welche können abgebaut werden?

3) Vergleich Hauptvorschläge gegenüber IST-Zustand

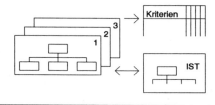

- Wie gut erfüllen die einzelnen Varianten die zum voraus festgelegten Kriterien?
- Schneiden die aufgestellten Varianten besser/schlechter ab als das IST-Konzept?
- Welches ist die beste Variante?

4) Ausarbeitung einer eventuell notwendigen Übergangslösung

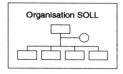

- Was können wir schon dieses Jahr realisieren?
- Welche Phasen zum Ideal sind erforderlich?
- Orientierung über Sofort-Massnahmen

5) Entscheid und Vermarktung des Idealkonzeptes

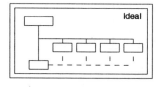

- Erläuterung aller Merkmale des anzustrebenden Ideal-Konzeptes
- Hervorhebung aller Vorteile
- Nennung einzelner Nachteile
- Eindeutige Empfehlung zur Realisierung

Abb. 3.20: Vorgehen bei der Bewertung der Strukturvarianten

Nr	Kriterien/Schlüsselfaktoren	G	V1		V2		IST	
			E	GE	E	GE	E	GE
1.	**Marktorientierung** Reaktionsfähigkeit der Organisation auf Marktveränderungen (erkennen, auswerten)	20					5	100
2.	**Absatzorganisation** Koordination und Steuerung der ausländischen Vertretungen	10					8	80
3.	**Führbarkeit** Lenkbarkeit des Gesamtsystems, selbständige, handlungsfähige Bereiche als Voraussetzung für klare Zielvorgabe	20					5	100
4.	**Kosten- und Ergebnistransparenz** Übernahme der Verantwortung für Kosten- und Ertragsbutgets	10					4	40
5.	**Zusammenarbeit Verkauf/Technik** Günstige Voraussetzungen für gute Zusammenarbeit im täglichen Geschehen	8					5	40
6.	**Innovationstätigkeit** Voraussetzungen für eine günstige Entwicklungsarbeit	12					5	60
7.	**Ausbaufähigkeit** Günstige Voraussetzungen für die Aufnahme von neuen Produkten	10					3	30
8.	**Realisierbarkeit der Umstellung** Organisatorisch, personell	10					10	100
	Anzahl Punkte:							550
	Rangfolge:							

Abb. 3.21: Bewertung von Organisationsvarianten (Beispiel)

Mit der gedanklichen «Befreiung» von personellen oder finanziellen Aspekten soll die Einbringung idealtypischer Lösungsansätze sichergestellt werden.

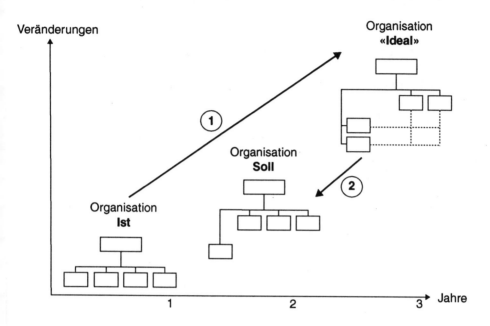

Abb. 3.22: *Phasen der Organisation*

Erst in einem zweiten Schritt darf die «Soll»- oder Übergangslösung ausgearbeitet werden.

Ein Soll-Konzept ist immer dann erforderlich, wenn aus personellen oder technischen Gründen die Ideal-Struktur nicht sofort realisiert werden kann.

Mit der Phase **Entscheid und Vermarktung** des Ideal-Konzeptes sind wir erstens der Meinung, dass der Unternehmer nicht eine Auswahl von Varianten, sondern in erster Linie die bevorzugte Variante erhalten soll. Natürlich hat der Unternehmer das Recht, auch jene Lösungsmöglichkeiten einzusehen, welche ernsthaft diskutiert, dann aber doch als zweitrangig eingestuft wurden. Zweitens haben wir von Marketingexperten gelernt, dass auch das beste Produkt verkauft werden muss. Wenn wir tatsächlich an eine bessere Lösung glauben, sollten wir einiges tun, damit auch der Unternehmer, seine Bereichsleiter und Mitarbeiter begeistert sind und die Realisierung unterstützen.

Literatur zu Kapitel 3

3.1　Dörler Karl　　　　　　Reorganisationen in mittleren Unternehmungen, Bern 1987

3.2　Greiner Larry E.　　　　Harvard Manager III/82

3.3　Ulrich, H./Krieg W.　　　St.Galler-Managementmodell, Bern 1976

3.4　Bleicher Kurt　　　　　Organisation, Strategien-Strukturen-Kulturen, Wiesbaden 1991

Kapitel 4

Organisations-Hilfsmittel

1. **Einsatzbereiche der Organisationshilfsmittel** 148

2. **Hilfsmittel zur Darstellung von Strukturmerkmalen** 149
   2.1 Organigramm 149
   2.2 Kommunikationsdiagramme 153

3. **Hilfsmittel zur Implementierung der Struktur** 156
   3.1 Wahl der Hilfsmittel 156
   3.2 Job Contract 158
   3.3 Stellenbeschreibungen 161
      3.31 Zweck und Einsatz der Stellenbeschreibung 161
      3.32 Inhalt und Gestaltung von Stellenbeschreibungen 162
      3.33 Vorgehen 166
   3.4 Funktionendiagramm (FD) 166
      3.41 Hauptmerkmale und Ziele des FD 167
      3.42 Abstimmung des FD auf die Organisationsstruktur 169
      3.43 Erstellung eines Aufgabenkataloges 170
      3.44 Festlegung der Funktionen 173
      3.45 Vorgehen bei der Erstellung eines FD 174
      3.46 Beurteilung des FD 175

Literatur zu Kapitel 4 177

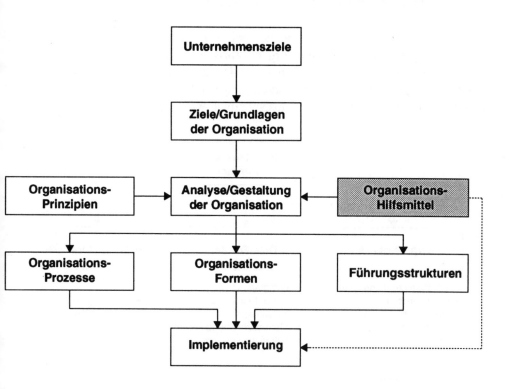

Problemkreise/Fragen

- Welche Organisationshilfsmittel werden in der Praxis am häufigsten eingesetzt?
- Welche Anforderungen haben Organigramme zu erfüllen?
- Welche Probleme und Schwächen verraten uns Organigramme?
- Wie erstellt man Kommunikationsdiagramme und wo setzt man sie ein?
- Wie und bei welchen Positionen sollen Job Contracts, Pflichtenhefte oder Stellenbeschreibungen eingesetzt werden?
- Welche Elemente sollte eine Stellenbeschreibung enthalten?
- Welche Prinzipien sind bei der Erarbeitung eines Funktionendiagrammes zu beachten?

1. Einsatzbereiche der Organisationshilfsmittel

Als Organisationshilfsmittel bezeichnen wir sämtliche Instrumente zur Analyse, Gestaltung und Implementierung organisatorischer Regelungen. Mit Hilfe dieser Analyse- und Darstellungstechniken sollen Ist-Zustände effizient und systematisch erfasst und Soll-Konzepte einfach und einprägsam dargestellt werden. Die Organisationshilfsmittel können nach dem Einsatzbereich wie folgt strukturiert werden:

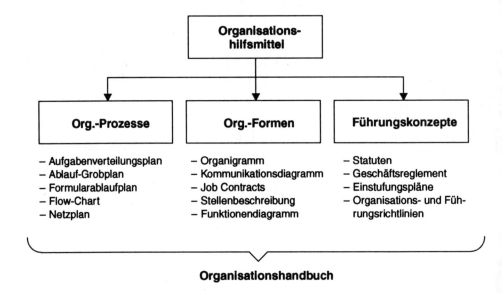

Abb. 4.1:   Einsatzbereiche der Organisationshilfsmittel

Welche Hilfsmittel im Einzelfall eingesetzt werden, muss dem Projektleiter überlassen werden. Wichtig ist, dass die eingesetzten Instrumente
- aussagefähig,
- klar und verständlich sind und
- mit vertretbarem Aufwand erstellt werden.

Zu den Hilfsmitteln, welche diese Voraussetzungen eindeutig nicht erfüllen, gehören beispielsweise die graphisch gestalteten Ablaufpläne mit wenig aussagefähigen Symbolen.

Die meisten Organisationshilfsmittel werden sowohl für die Analyse (Ist-Zustand) als auch für die Gestaltung (Soll-Zustand) eingesetzt. Da wir die Analyse-Instrumente im entsprechenden Fachteil bereits erläutert haben, beschränken wir uns auf einzelne Darstellungstechniken für die Gestaltungs- und Implementierungsphase.

2. Hilfsmittel zur Darstellung von Strukturmerkmalen

2.1 Organigramm

Ein Organigramm zeigt die grundsätzliche Aufgabenteilung in einem Unternehmen sowie die hierarchische Einstufung und die Verbindungen zwischen den einzelnen Stellen.
Vom Recht des Unternehmers, die Organisation auf individuelle Art darzustellen, wird in der Praxis reichlich Gebrauch gemacht. Welche Art für die Visualisierung der Arbeitsteilung gewählt wird, spielt weniger eine Rolle. Mindestens sollten aber die folgenden Kriterien erfüllt werden:

«Muss-Kriterien»	– Klare Visualisierung der grundsätzlichen Aufgabenteilung
	– Eindeutige Darstellung der Unterstellungsverhältnisse
	– Verständliche Bezeichnung der Aufgabenpakete
«Wunsch-Kriterien»	– Kennzeichnung von Linien- und Stabsstellen
	– Visualisierung der hierarchischen Einstufung
	– Visualisierung wichtiger Querbeziehungen.

Die Bedeutung oder Aussagekraft von Organigrammen kann man bei flüchtiger Betrachtung als gering bezeichnen. Für «Normalverwender» trifft diese Aussage durchaus zu. Für Fachleute dagegen können Organigramme eine ähnliche Bedeutung haben wie die Handschrift für den Graphologen. Diese etwas gewagte These möchten wir mit einigen Beispielen erläutern.

Einzelne Merkmale des Organigrammes lassen sich wie folgt interpretieren:

- **Personalunionen** (gleicher Name bei verschiedenen Stellen) veranschaulichen bestehende Machtzentren oder ungelöste Nachwuchsprobleme.
- **Ungleichgewichtige Bereichsbildungen** deuten auf personenorientierte Organisationen hin.
- **Viele Planungsstellen** sind Hinweise auf entmündigte oder unfähige Linieninstanzen.
- **Vollamtliche Stellvertreter** zeigen, dass die übergelagerte Position schwach besetzt ist oder verraten die Heranbildung von «Kronprinzen».
- **Zahlreiche Stabspositionen** erscheinen entweder bei Unternehmen mit hoher Ertragskraft oder solchen mit geringen Organisationskenntnissen.

- **Zahlreiche Projektteames** können sowohl Anhaltspunkte sein für die Innovationsfreudigkeit eines Unternehmens als auch für die Entscheidungsschwäche des Managements.
- **Kleine Leitungs- und Kontrollspannen** ermöglichen die Kalkulation der Einsparungspotentiale.

Diese wenigen Hinweise zeigen, dass Organigramme für den Fachmann durchaus interessante Informationen enthalten können.

Auch bei der **Darstellung der einzelnen Stellen** gibt es zahlreiche Möglichkeiten. Am häufigsten sind folgende Anwendungen anzutreffen:

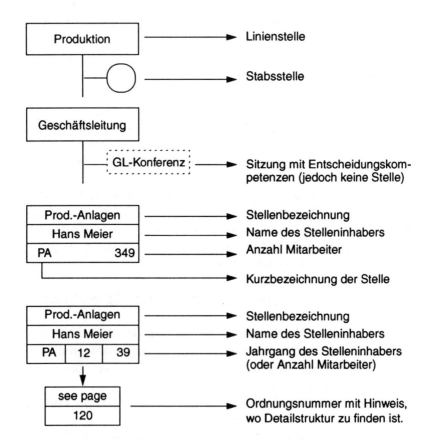

Abb. 4.2: *Darstellungsmöglichkeiten für einzelne Stellen*

Die **Darstellung der Organigramme** richtet sich nach den vorhandenen EDV-Möglichkeiten.
Als verständlichste Form gilt die folgende vertikale Darstellung:

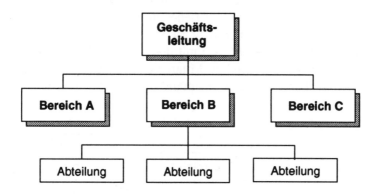

Abb. 4.3: Vertikale Darstellung der Struktur

Bei dieser Darstellungsart stimmen vergleichbare Positionen mit der hierarchischen Einstufung überein. Meistens wird mit der Grösse der aufgeführten Stellen auch deren Bedeutung zum Ausdruck gebracht. Der wichtigste Nachteil besteht im grossen Platzbedarf. Diesen Nachteil versucht man durch Aufteilung der Organigramme auf verschiedene Blätter auszugleichen. Nützlich ist dabei die Ordnungsnummer mit dem Hinweis auf die folgende Detailstruktur.
Etwas platzsparender und praktischer ist die sogenannte «Säulendarstellung»

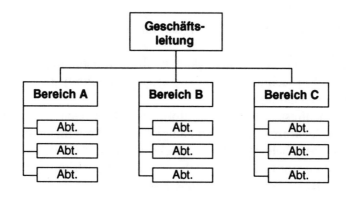

Abb. 4.4: Säulenartig aufgebautes Organigramm

Wenn dabei die Positionen der unteren Führungsstufen säulenartig dargestellt werden, ergibt sich die Möglichkeit, zusammenhängende Detailstrukturen auf kleinerem Raum aufzuführen. Der einzige Nachteil besteht darin, dass man sich entscheiden muss, welche Stelle (hier Abteilung) zuerst aufgeführt wird. Es kommt immer wieder vor, dass einzelne Mitarbeiter die Bedeutung ihrer Stelle mit dem Massstab nachmessen bzw. im Organigramm möglichst weit oben erscheinen möchten. Diesen psychologischen Nachteil versucht man mit der **horizontalen Darstellung** wettzumachen, wobei auch hier spitzfindige Mitarbeiter je nach Plazierung ihrer Stelle Werturteile ableiten. Diese Form ist ebenfalls platzsparend und relativ einfach zu erstellen.

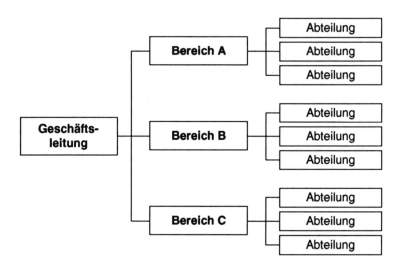

Abb. 4.5: Horizontal dargestelltes Organigramm

Trotz Einfachheit und Zweckmässigkeit ist diese Darstellungsform in der Praxis weniger beliebt. Ein sachlicher Grund, der gegen diese Form spricht, ist die Schwierigkeit, Stabsstellen aufzuführen.

Neben diesen häufigsten Anwendungsformen gibt es auch **Blockorganigramme** und **Kreisorganigramme**. Im Kreisorganigramm wird die hierarchische Einstufung in einem «Zwiebelschalensystem» versteckt, wobei der Chef das Zentrum bildet. Solche Darstellungsformen eignen sich für Publikationen mit sozialen Zielen und gehören in das Gebiet der «Organisations-Kosmetik».

2.2 Kommunikationsdiagramme

Mit Kommunikationsdiagrammen versucht man die Kontakte, Informationsströme oder Querbeziehungen, die sich zwischen den Organisationseinheiten abspielen, zu visualisieren. Mit diesen Grafiken lässt sich die Abhängigkeit zwischen den einzelnen Stellen anschaulich darstellen. Damit kann bei der Stellengruppierung darauf geachtet werden, dass möglichst wenig Schnittstellen entstehen.

Bei Industriebetrieben braucht man Kommunikationsdiagramme eher seltener. Hier gibt es funktionale Systeme (Einkauf, Produktion, Verkauf), welche eine Einheit bilden und die Zuordnung einzelner Stellen erleichtern. Weil es bei Dienstleistungs- und Verwaltungsbetrieben solche Ordnungssysteme nicht gibt, leisten Kommunikationsdiagramme bei Organisationsprojekten gute Dienste.

Bei der Erstellung von Kommunikationsdiagrammen geht man wie folgt vor:
- Jede Stelle legt unabhängig von den anderen Stellen die Kontakte (Häufigkeit, Prozente oder Stunden) zu anderen Abteilungen fest.
- In einer zweiten Phase werden die individuellen Einstufungen verglichen und die Abweichungen bereinigt.
- Mit den abgestimmten Resultaten lassen sich die Kommunikationsdiagramme erstellen.

Die Kommunikastionsdiagramme können als Matrix, in Dreieck- oder in Netzwerkform erstellt werden.

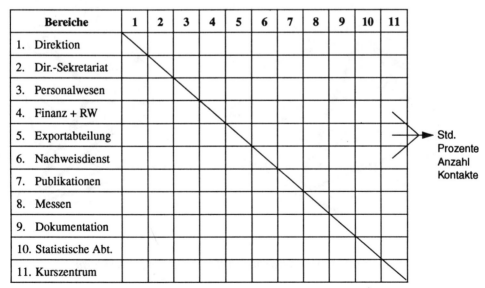

Abb. 4.6:   Kommunikationsdiagramm im Matrixform

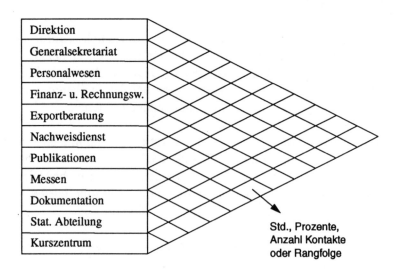

Abb. 4.7: Kommunikationsdiagramm in Dreiecksform

Kommunikationsdiagramme können auch in Kreisform oder als Netzwerke dargestellt werden.

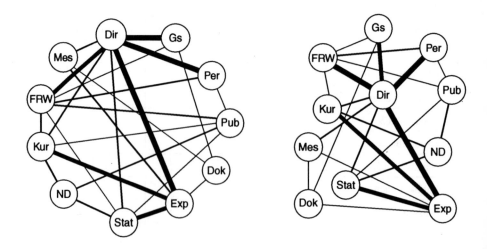

Abb. 4.8: Kommunikationsdiagramme in Kreis- oder Netzwerkform

Die Erarbeitung von Kommunikationsdiagrammen ist relativ zeitaufwendig und nur als Ergänzung zu andern Hilfsmitteln aussagefähig. Wir haben sie eingesetzt für die Visualisierung der Zusammenarbeit zwischen einzelnen Dienststellen in Verwaltungsbetrieben als Grundlage für Stellenzusammenlegungen sowie für die räumliche Anordnung der Arbeitsplätze.

Merksatz:

> Kommunikationsdiagramme veranschaulichen die Kontakte und Informationsströme und dienen hauptsächlich der zweckrationalen Stellengruppierung in der Verwaltung.

3. Hilfsmittel zur Implementierung der Struktur

3.1 Wahl der Hilfsmittel

Die Wahl der Implementierungshilfsmittel richtet sich nach
- dem verfolgten Zweck,
- der Führungsstufe des Stelleninhabers,
- dem gewünschten Detaillierungsgrad.

Die Stellenbeschreibung galt lange Zeit als das beliebteste Implementierungshilfsmittel. Mit der Einführung neuer dynamischer Organisationsformen (Matrix-Organisation, Produkt-Management) mussten neue, leistungsfähigere Hilfsmittel (z.B. Funktionendiagramme) geschaffen werden. Neben diesen technisch verfeinerten Instrumenten werden zunehmend einfachere Formen (z.B. Job Contracts) eingeführt. Darstellung 4.9 zeigt die häufigsten, in der Praxis eingesetzten Implementierungshilfsmittel.

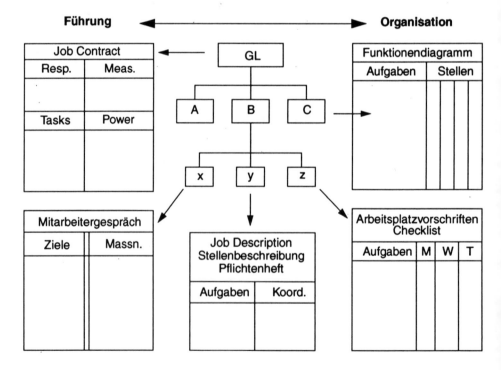

Abb. 4.9:   Organisations- und Führungshilfsmittel nach Zweck, Führungsstufe und Detaillierungsgrad

Organisationshilfsmittel 157

Wer Implementierungshilfsmittel erstellt, bezweckt entweder die zielkonforme Führung eines Mitarbeiters oder die Integration einer Stelle in ein System. Nach **Hilfsmittel** und dem **Hauptzweck** unterscheiden wir demnach:

- **Job Contract**
  - Führung eindeutig abgrenzbarer Einheiten (Sparten- oder Profit-Center-Leiter)
  - Kompakte Auflistung des Leistungsauftrages.

- **Pflichtenheft**
  Stellenbeschreibung
  Job Description
  - Integration einer Stelle in die Organisation
  - Auflistung der Hauptaufgaben
  - Regelung der wichtigsten Kompetenzen.

- **Funktionendiagramm**
  - Vollständige Auflistung von Aufgaben und Kompetenzen
  - Regelung komplexer Querverbindungen bei flexiblen Organisationsformen (Matrix).

- **Arbeitsplatzvorschriften, Checklist**
  - Vollständige Auflistung operativer Tätigkeiten bei ausführenden Stellen.
  - Festlegung der Reihefolge der auszuführenden Aufgaben.

- **Mitarbeitergespräch**
  - Auflistung der zu erfüllenden Ziele
  - Ermittlung von Abweichungen und Festlegung von Korrekturmassnahmen
  - Führung und Beurteilung eines Mitarbeiters.

Die Zusammenhänge zwischen der Vollständigkeit der Hilfsmittel und deren Einsatz auf den Führungsstufen sind aus der Darstellung 4.10 ersichtlich

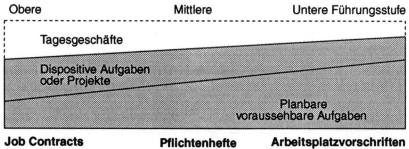

Abb. 4.10: Anteile der erfassten Aufgaben nach Führungsstufen und Hilfsmitteln

Aus der Zuordnung der Hilfsmittel nach Führungsstufen gemäss Abb. 4.10 resultieren folgende Erkenntnisse:

- Bei allen Implementierungshilfsmitteln werden vorwiegend die planbaren und zum voraus erfassbaren Aufgaben erfasst, Projekte werden selten und Tagesgeschäfte nie erfasst.
- Je höher die Position angesiedelt ist, desto kleiner wird der zum voraus definierbare Anteil an Aufgaben.
- Bei tiefer angesiedelten, operativen Stellen kann ein wesentlich höherer Prozentsatz der Aufgaben eindeutig festgelegt werden.
- Die Wahl der Implementierungshilfsmittel hat sich somit nach dem verfolgten Zweck und der Hierarchiestufe zu richten.

3.2 Job Contract

Der Hauptzweck der Job Contracts besteht in der möglichst kurzen, jedoch eindeutigen Formulierung des Leistungsauftrages einer Stelle. Bei Geschäfts-, Profit-Center- und Bereichsleitern spielen weder die Vollständigkeit der Aufgaben noch detaillierte Kompetenzregelungen eine wichtige Rolle, sondern vielmehr die Ziele und Erwartungshaltung der übergeordneten Instanzen. Viele Grossunternehmen haben für die wichtigsten Kaderpositionen Job Contracts nach dem McKinsey-System eingeführt. Bei diesem Hilfsmittel werden die Ziele, Leistungsstandards, Haupt- oder Projektaufgaben und Kompetenzvorbehalte auf einem Blatt übersichtlich dargestellt.

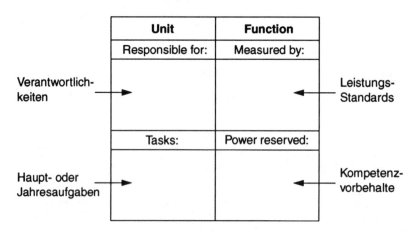

Abb. 4.11: Job Contract nach System McKinsey

Hauptelement bilden die Verantwortlichkeiten, denen geeignete Leistungsstandards zugeordnet werden. Unter der Rubrik «tasks» erscheinen alle jene Aufgaben, welche für das entsprechende Geschäftsjahr besonders wichtig erscheinen. Im Feld «power reserved» werden die dem entsprechenden Stelleninhaber eingeräumten Limiten für Investitionen, Sonderausgaben oder Budgetüberschreitungen aufgeführt.

Bei den von uns eingesehenen Beispielen bekundeten die Stelleninhaber Mühe bei der Unterscheidung von Verantwortlichkeiten und Aufgaben. Meistens werden die unter der Rubrik «Verantwortlichkeiten» aufgeführten Zielsetzungen in einer anderen Formulierung bei den Aufgaben nochmals aufgeführt. (Beispielsweise kann die Sicherstellung der Qualität als «responsibility» oder der Erlass von Weisungen zur Sicherung der Qualität als Aufgabe definiert werden.)

Diese Schwierigkeiten haben uns veranlasst, die in den oberen Führungsetagen nicht mehr wegzudenkenden Job Contracts in einer uns zweckmässig erscheinenden Form darzustellen.

Die in Abb. 4.12 dargestellte Form eines Job Contracts enthält folgende Merkmale:

- **Organisatorische Eingliederung**
  Analog zur Stellenbeschreibung haben wir auch die organisatorische Eingliederung aufgeführt. Auch die Unterstellungsverhältnisse oder die Regelung der Stellvertretung gehören zu den variablen Elementen und sollten jährlich bereinigt werden.

- **Ziele/Verantwortlichkeiten**
  Führungskräfte müssen in der Lage sein, ihre 5-8 wichtigsten Ziele, Hauptaufgaben oder Verantwortlichkeiten mit dem dazu erforderlichen Zeitaufwand im Sinne der Ressourcenzuteilung anzugeben. Wie man dabei vorgeht, werden wir unter dem Thema: Schlüsselfaktoren (vgl. Kapitel 5, Abs. 2.5) erläutern.

- **Leistungsstandards**
  Zur Sicherstellung eines zielorientierten Handelns können Leistungsstandards nützlich sein. Sie geben uns an, wie und nach welchen Kriterien die Zielerreichung gemessen wird. Allerdings besteht die Schwierigkeit in der Festlegung gerechter, eindeutiger und für jedermann nachprüfbarer Messgrössen. Am einfachsten sind zahlenmässig eindeutig definierbare Zielgrössen wie: Cash flow, Umsatz, Produktionsausstoss in Stück oder Ausschuss in % der produzierten Menge. Schwieriger sind qualitative Standards, bei denen subjektive Werturteile nicht zu umgehen sind. Man kann versuchen, die Standards so zu formulieren, dass ja/nein/teilweise-Antworten möglich sind (Konnte Lieferbereitschaft von 6 Wochen aufrecht erhalten werden?). Wo keine aussagefähigen Standards möglich sind, sollte besser darauf verzichtet werden.

JOB CONTRACT	Name:	**Hans Meier**

Organisatorische Eingliederung	
- Bezeichnung der Stelle:	- *Geschäftsleiter Papyrus AG*
- Direkter Vorgesetzter:	- *Del. VR. Holding*
- Direkt Unterstellte:	- *Bereichsleiter Marketing und Verkauf*
	- " *Auftragszentrale*
	- " *Produktion*
	- " *F + RW*
- Der Stelleninhaber:	
- vertritt:	-----
- wird vertreten durch:	*BL Marketing*

Ziele / Verantwortlichkeiten	Aufw. %	Leistungsstandards

- *Planung der Gesamtaktivitäten*
  - *Umsätze*
  - *Kosten*
  - *Investitionen*
	10	*Budgets eingereicht bis
		30. Oktober für Folgejahr*

- *Sicherstellung einer qualitativ einwandfreien Produktion*	10	*Ausschussquote unter 5 %*
- *Förderung der Innovation*	15	*Eine neue Kollektion pro Jahr*
- *Laufende Steuerung und Überwachung der Wirtschaftlichkeit*	15	*Cash flow über 15 %*
- *Schaffung eines leistungs- und mitarbeiterorientierten Betriebsklimas*	20	*Fluktuationsrate unter 12 %*
- *Mitwirkung bei Projekten der Holding*	15	

- Kompetenzvorbehalte:	- *Investitionen ausserhalb Budget von über Fr. 50.000.-*
- Sitzungen / Kommissionen:	*monatlich, VR-Ausschuss*
- Ausgearbeitet durch:	Datum:
- Genehmigt durch:	Datum:

EN

Abb. 4.12: Angepasste Form eines Job Contracts

- **Kompetenzvorbehalte**
  Hier geht es nicht um eine Auflistung aller jener Einschränkungen, die auch im Geschäftsreglement nachgelesen werden können, sondern um die Aufführung finanzieller Kompetenzeinschränkungen des Stelleninhabers.

Bei der Ausarbeitung von Job Contracts sollte gleich vorgegangen werden wie bei den im nächsten Abschnitt erläuterten Stellenbeschreibungen.

Merksätze:
- Job Contracts sind geeignete Führungs- und Implementierungshilfsmittel für leitende, weitgehend unabhängige Positionen.
- Inhaltlich wird der Leistungsauftrag in 5–8 Verantwortlichkeiten oder Schlüsselaufgaben aufgeteilt, welchen entsprechende Leistungsstandards zugeordnet werden.
- Job Contracts in der dargestellten, konzentrierten Form werden häufig auch als Umfeld-Stellenbeschreibung bezeichnet.

3.3 Stellenbeschreibungen

Vorerst muss festgehalten werden, dass der Begriff Stellenbeschreibung gleichzusetzen ist mit den Bezeichnungen: «Pflichtenheft», «Funktionsbeschreibung», «Tätigkeits- oder Aufgabenbeschreibung» oder dem englischen Begriff «Job Description». In der Literatur werden teilweise subtile Unterschiede gemacht, Differenzierungen, welche in der Praxis nicht existieren.

3.31 Zweck und Einsatz der Stellenbeschreibung

Bei der Stellenbeschreibung handelt es sich um eine ausführliche, systematische, schriftlich abgefasste Festlegung der

- organisatorischen Eingliederung,
- der Aufgaben, Verantwortlichkeiten und Kompetenzen sowie
- der wichtigsten Beziehungen zu anderen Stellen.

In der Stellenbeschreibung sollte der zu erbringende Leistungsauftrag möglichst genau umschrieben werden. In beschränktem Masse können auch Koordinationsfragen gelöst bzw. die Form der Zusammenarbeit mit anderen Stellen festgelegt werden.

Stellenbeschreibungen waren früher das einzige und sind heute noch das bekannteste Implementierungshilfsmittel, wenn auch die Bedeutung insbesondere bei grösseren Unternehmen zugunsten des Funktionendiagrammes stark nachgelassen hat. Der Grund dafür liegt im niedrigeren Detaillierungsgrad und dem hohen Arbeitsaufwand.

In folgenden Fällen ist der Einsatz von Stellenbeschreibungen auch heute noch zu empfehlen:

- Für relativ selbständige oder vom übrigen Betriebsgeschehen isolierte Positionen der mittleren Führungsstufen.
- Bei vorgesehener Neubesetzung einer Stelle.

Innerhalb von Organisationen mit einer klassischen Arbeitsteilung (Einkauf, Produktion, Verkauf usw.), bei denen die einzelnen Bereiche nur wenige Schnittstellen aufweisen, können Stellenbeschreibungen durchaus den Zweck erfüllen. Vor allem bei relativ autonomen Stellen (Rechtswesen, Bauabteilung, Dokumentation) ist dieses Hilfsmittel zweckmässig.
Die wichtigste Funktion erfüllt die Stellenbeschreibung bei neu zu schaffenden oder neu zu besetzenden Stellen. Einerseits interessiert sich ein Stellensuchender primär für seinen Aufgabenbereich, andererseits möchte der Unternehmer bei Selektionsgesprächen möglichen Kandidaten nicht die gesamten organisatorischen Regelungen präsentieren.

3.32 Inhalt und Gestaltung von Stellenbeschreibungen

Es gibt zahlreiche Möglichkeiten für eine sinnvolle Gestaltung der Stellenbeschreibung. Die folgenden Erläuterungen beziehen sich auf das Beispiel der Abbildungen 4.13/4.14.
Jede Stellenbeschreibung beginnt mit der korrekten Bezeichnung der Stelle. Dabei interessieren uns nicht die Titel, welche aus Prestigegründen auf der Visitenkarte erscheinen, sondern die offizielle interne Version (Direktor Marketing, Marketingleiter oder Verkaufsleiter).

Die Angaben über die **organisatorische Eingliederung** sollten wenig Mühe bereiten. Wir stellen jedoch öfters fest, dass Unterstellungsverhältnisse und Stellvertretungen aus personellen Gründen nicht eindeutig geregelt werden. Bei der Überarbeitung von Stellenbeschreibungen können solche Versäumnisse nachgeholt werden.

Organisationshilfsmittel 163

Stellenbeschreibung

Bezeichnung der Stelle:	Produktionsleiter Pharma
Name des Stelleninhabers:	Hans Meier

Organisatorische Eingliederung:
- direkter Vorgesetzter: Franz Oberst, Leiter Technik
- direkt Unterstellte:
  - Heinz Müller — Abt. Produktionsplanung
  - Fred Müri — Betriebsleiter 1
  - Kurt Huber — Betriebsleiter 2
  - Jost Frei — Betriebsleiter 3
  - Josef Büchi — Sicherheitsbeauftragter

Der Stelleninhaber
- vertritt: Franz Oberst
- wird vertreten durch: Heinz Müller

Ziele und Hauptaufgaben der Stelle:

- Systematische Beschaffung und Auswertung von Informationen zur rechtzeitigen Planung und Einsetzung neuer Technologien im Produktionsbereich.

- Überwachung und Instandhaltung der technischen Anlagen zum Zwecke der längerfristigen Kapazitätssicherung.

- Führung und Instruktion der unterstellten Mitarbeiter zur Sicherstellung einer qualitativ einwandfreien, termingerechten und sicheren Produktion.

- Überwachung und Steuerung des Mitarbeitereinsatzes sowie Einhaltung der Kostenbudgets.

- Durchsetzung der Vorschriften in bezug auf Sicherheit und Umweltschutz.

Sitzungen/Kommissionen:
- Spartensitzung Pharma
- Strategiekonferenz
- Normenkommission (Vorsitz)

Ausgestellt/überarbeitet am: **Visum:**

EN

Abb. 4.13: Beispiel für eine Stellenbeschreibung

Sachaufgaben für:	Hans Meier	
Nr.	**Aufgaben**	**Bemerkungen**
1	**Führungsaufgaben**	
1.1	Leitung der Produktion Pharma nach den Richtlinien der Sparte und der Qualitätskontrolle	vgl. Spartengrundsätze
1.2	Planung des Kadernachwuchses für frei werdende Stellen zur Sicherstellung der personellen Funktionstüchtigkeit	Stellenplan und Anforderungsprofile z.H. Pers.-Abt.
1.3	Schaffung günstiger struktureller und ablauforganisatorischer Voraussetzungen zur Sicherstellung einer effizienten Produktion.	Entscheid von Strukturveränderungen durch Vorgesetzten
2	**Sachaufgaben (teilweise delegierbar)**	
2.1	Kapazitätsplanung / Kapazitätssicherung - Ermittlung der Kapazitätsbedürfnisse aufgrund des Absatzplanes - Erstellung einer mittelfristigen Kapazitätsplanung und des jährlichen Investitionsbudgets	bis 30.11. für Folgejahr
2.2	Produktions-Überwachung - -	
2.3	Technischer Unterhalt - -	
2.4	Sicherheit und Umweltschutz - -	
3	**Persönliche Aufgaben**	
3.1	Vertretung der Produktgruppe Pharma bei der Sparte und in der Strategiekommission	
3.2	Abnahme neuer Maschinen und Einrichtungen	zus. mit Ing. Abt.
3.3	Überwachung der Kosten- und Termineinhaltung bei laufenden Projekten	quartalsweise Berichterstattung an TL

Abb. 4.14: Beispiel für eine Stellenbeschreibung (Folgeblatt)

Bei den **Zielen und Hauptaufgaben** der Stelle soll in gestraffter Form die Erwartungshaltung der übergeordneten Instanz an den Positionsinhaber festgelegt werden. Analog zu den Job Contracts sind die 5–8 wichtigsten Ziele oder Hauptaufgaben zu definieren. Dabei soll es sich ausschliesslich um stellenbezogene Ziele und nicht um spezielle persönliche Aufgaben des Stelleninhabers handeln.

Unter der Rubrik **Sitzungen/Kommissionen** erscheinen die Rechte bzw. Pflichten der Teilnahme an Sitzungen.

Das erste Blatt dient somit der generellen Umschreibung der Position und enthält ähnliche Merkmale wie der Job Contract.
Die Folgeblätter dienen zur Auflistung der Sachaufgaben, wobei sich folgende Unterteilung bewährt hat:

- **Führungsaufgaben**
  Hier geht es um die Verpflichtung zur Ausübung der eigentlichen Chef-Aufgaben (Leitung, Organisation des Führungsbereiches, Einsatz, Instruktion und Förderung der Mitarbeiter). Der Auftrag, Mitarbeiter weiterzubilden, ist erfahrungsgemäss keine Selbstverständlichkeit; die Aufgabe darf deshalb durchaus im Pflichtenheft erscheinen.

- **Sachaufgaben** (teilweise delegierbar)
  Bei Chefpositionen, welche heterogene und relativ selbständige Bereiche führen müssen, empfiehlt sich, auch die Hauptaufgaben der unterstellten Führungsbereiche aufzulisten. Selbst wenn die Tätigkeiten vom Stelleninhaber nur teilweise selbst ausgeführt werden, übernimmt er doch die Führungsverantwortung.

- **Persönliche Aufgaben**
  Die unter dieser Rubrik erscheinenden Aufgaben sind nicht delegierbar und müssen persönlich geleistet werden. Dazu gehören beispielsweise die Genehmigung von Investitionsanträgen (Visum) oder die Vertretung des Unternehmens nach aussen.

In der Bemerkungsspalte können die wichtigsten Querkontakte (Entscheid zusammen mit ...) oder Kompetenzvorbehalte (Entscheid bis Fr. ...) angefügt werden.

3.33 Vorgehen

Für die Erstellung sämtlicher Implementierungsinstrumente gilt der Grundsatz, dass die grundsätzliche Aufgabenteilung vorliegen muss. Bei der Erarbeitung eines Pflichtenheftes soll nicht mehr über den Leistungsauftrag, sondern nur noch über Einzelaufgaben und Kompetenzabgrenzungen diskutiert werden. Für die Ausarbeitung der Stellenbeschreibung gilt das Prinzip

«von unten nach oben».

Der Mitarbeiter kennt die Einzelaufgaben seiner Stelle meist besser als sein Chef und ist, falls er über eine Musterstellenbeschreibung verfügt, eher in der Lage, einen ersten Entwurf zu erstellen.
Der zuständige Chef hat diesen Entwurf zu studieren und zusammen mit dem Mitarbeiter zu vervollständigen und Unklarheiten zu beseitigen. In der Regel werden Stellenbeschreibungen vom übernächst höheren Chef geprüft und in Kraft gesetzt.

Merksätze Stellenbeschreibungen

- Stellenbeschreibungen enthalten eine relativ vollständige Liste der zu erfüllenden Aufgaben und Kompetenzen.
- Sie eignen sich vor allem für die Regelung der vertikalen Arbeitsteilung zwischen dem Chef und dem Mitarbeiter und für relativ unabhängige Positionen.
- Als Hauptnachteile sind der grosse Arbeitsaufwand für die Erstellung und die meist wenig präzisen Formulierungen zu betrachten.

3.4 Funktionendiagramm (FD)

Auf dem Gebiet der Organisationslehre gibt es kaum ein Thema, welches in der Literatur mehr umstritten ist als die Ansichten über Eignung und Einsatz des Funktionendiagrammes. Namhafte Autoren wie Acker, Grochla, Hub, Bühner[4.1/4.4] vertreten etwa folgende Ansicht:

«Ein Funktionendiagramm (FD) eignet sich zwar zur Darstellung grober Beziehungsstrukturen, nicht aber zur Festlegung einer detaillierten Aufgabenteilung».

Nur eine Minderheit der Autoren, darunter G. Schmidt[4.5] haben die Vorzüge dieses Implementierungshilfsmittels erkannt. Wir haben bei zahlreichen mittleren und grösseren Unternehmen dieses Hilfsmittel eingeführt und vertreten deshalb eine gegenteilige Ansicht.

> Bei anspruchsvollen Organisationsstrukturen lassen sich die zahlreichen Querbeziehungen nur mit einem Funktionendiagramm mit einem ausreichenden Detaillierungsgrad regeln.

3.41 Hauptmerkmale und Ziele des FD

Das FD zeigt in gedrängter und übersichtlicher Form, welche Stellen bei der Erledigung einzelner Aufgaben mitwirken. Dabei ist es von Bedeutung, welche spezifische Tätigkeit (Funktion) die einzelne Stelle zur Aufgabenerledingung beiträgt.
Die wichtigsten **Funktionen** sind:

- I = Initiative ergreifen
- P = Planen
- E = Entscheiden
- M = Mitspracherecht

- O = Anordnen
- A = Ausführen
- K = Kontrollieren

Die wohl wichtigste Basis für ein FD stellen die **Aufgabenkataloge** dar. Das FD enthält somit in tabellarischer Form die Elemente Aufgaben, Stellen und Funktionen.

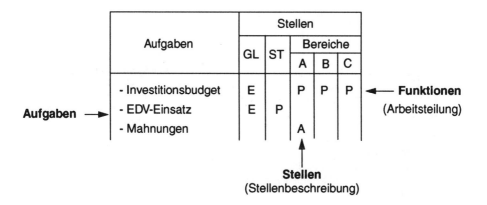

Abb. 4.15: System des Funktionendiagramms

Die **Aufgaben** geben Antwort auf die Frage

«Was ist zu tun?»

Die **Stellen** entsprechen dem vorhandenen Organisationskonzept und zeigen:

«Wer bei der Lösung der entsprechenden Aufgabe mitwirkt».

Die **Funktionen** schliesslich bringen zum Ausdruck:

«Welchen Beitrag eine einzelne Stelle zur Lösung einer Aufgabe leistet».

Die bei der Einführung eines FD angestrebten Ziele sind:
- Klare Zuteilung und Abgrenzung von Aufgaben und Kompetenzen für die wichtigsten Stellen.
- Schaffung einer Gesamtübersicht über das Zusammenwirken verschiedener Stellen bei der Erfüllung einer Aufgabe.
- Sicherstellung einer hohen Flexibilität durch ein Hilfsmittel, welches leicht und problemlos geändert werden kann.

Mit der Darstellung des Zusammenwirkens unterscheidet sich das FD vom herkömmlichen Organisationshilfsmittel (Job Description). Die unterschiedliche Zielsetzung kann wie folgt veranschaulicht werden:

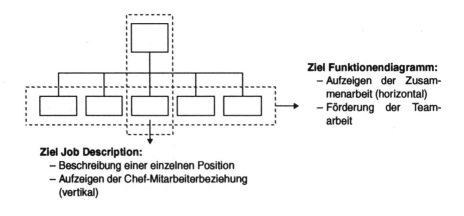

Abb. 4.16: Unterschiedliche Zielsetzung von FD und Stellenbeschreibung

3.42 Abstimmung des FD auf die Organisationsstruktur

Die vorgängige Klarstellung der Organisationsstruktur ist für die Einführung des FD unerlässlich. Dazu gehören klare Stellungnahmen über die Matrix-Stellen und Zentralen Dienste. Haben diese gegenüber den Linieninstanzen Weisungsrechte oder handelt es sich ausschliesslich um Beratungsaufgaben?
In den häufigsten Fällen erfasst man mit dem FD zwei bis drei Führungsstufen. Für die weiteren Führungsebenen werden separate, bereichsspezifische FD erstellt. Dies hat sowohl praktische als auch technische Gründe. Einerseits werden vor allem die obersten Führungsstufen von gesamtunternehmerischen Problemen betroffen und andrerseits können bereichsspezifische FD detaillierter ausgearbeitet werden.

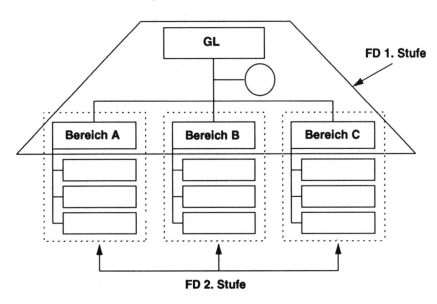

Abb. 4.17: Einsatz des FD nach Führungsstufen

Im aufgeführten Beispiel der Abb. 4.17 wird das FD in vier Arbeitsgruppen ausgearbeitet. Der Geschäftsleiter diskutiert mit seinen Bereichsleitern die Erledigung der wichtigsten Aufgaben (FD 1. Stufe). Die Bereichsleiter erarbeiten mit ihren direkt unterstellten Abteilungsleitern eine detailliertere Arbeitsverteilung aus, wobei sich die Bereichsleiter an die bestehenden Grundsätze halten müssen. (FD 2. Stufe).
Bei relativ einfachen Strukturen ist es durchaus möglich und sinnvoll, FD's mit mehreren Führungsstrukturen gleichzeitig zu erstellen. In Abb. 4.18 haben wir den Raster für ein typisches dreistufiges FD aufgezeichnet.

Aufgaben \ Stellen	GL	PM	Produktion				Verkauf			Administration				Bemerkungen
			Leiter	AVOR	Fertig.	Eink.	Leiter	Werb.	Vertr.	Leiter	BBH	Finanz	Pers.	
6.1 Eink. Maschinen				A										
6.2 Inventur						A								

Abb. 4.18: Raster für ein typisches dreistufiges FD

Eine anfängliche Schwierigkeit kann sich aus der Aufführung von Bereichs- und Abteilungsleiter ergeben, vor allem dann, wenn dem Abteilungsleiter die Aufgabe direkt zugeteilt wird. In unserem Beispiel hat der Produktionsleiter den Einkauf der Betriebsstoffe an den AVOR-Chef delegiert. Der Produktionsleiter behält jedoch auch ohne ausdrücklichen Vermerk die Führungsaufsicht (Instruktion, Kontrolle). Diese Führungs- und Kontrollfunktion geht aus dem Unterstellungsverhältnis hervor und muss im FD nicht ausdrücklich vermerkt werden.

3.43 Erstellung eines Aufgabenkataloges

Die Ausarbeitung eines branchen- oder bereichsspezifischen Aufgabenkataloges stellt die grösste Hürde bei der Erarbeitung eines Funktionendiagrammes dar. Ohne geeignete Standardkataloge ist diese Arbeit sehr zeitraubend. Nach dem Verwendungszweck, Inhalt und Detaillierungsgrad unterscheiden wir Kataloge mit den:

- **Leitungsaufgaben**
  Hier werden die übergeordneten unternehmerischen Aufgaben (Unternehmenspolitik, Planung, Organisation, Recht, Bereichsplanung) detailliert aufgeführt. Ein solcher Aufgabenkatalog umfasst 5–8 Seiten und dient der Abgrenzung der Hauptaufgaben zwischen dem Verwaltungsrat, der Geschäftsleitung und den Bereichsleitern. Abb. 4.19 zeigt einen Ausschnitt eines solchen FD, welches als Ersatz für ein Geschäftsreglement dient.

- **Gesamtaufgaben**
  Der Standardkatalog umfasst ca. 40 Seiten und enthält die wichtigsten Aufgaben der Gesamtleitung und der funktionalen Bereiche. Er wird eingesetzt für mittlere Unternehmen, bei denen die wichtigen Positionen gleichzeitig erfasst werden können.

Bei den bereichsspezifischen Katalogen (z.B. Marketing, Personalwesen) werden die Standardkataloge als Vorlage verwendet und mit unternehmenseigenen Aufgaben ergänzt.

Aufgaben \ Stellen	VR	GL	F+E	Prod.	Mark.	Adm.	Bemerkungen
1. Gesamtführung							
1.1 Festlegung der Unternehmenspolitik	E	P	M	M	M	M	
1.2 Erstellen der 5-Jahrespläne							
– Umsatzentwicklung	E				P		
– Kosten-Ertragsentwicklung	E	P	P	P	P	P	
– Investitionen	E						
1.3 Jahresbudget erstellen							bis 10.11.
– Umsätze		E			P		
– betriebliche Kosten		E	P	P	P	P	
– Investitionen		E		P			
1.4 Aufstellen und Überwachen der Jahresaktionspläne		A					
1.5 Erarbeiten Führungskennziffern						A	

Abb. 4.19: Regelung der Leitungsaufgaben mit einem FD

Werden in einem Unternehmen mehrere FD erstellt, so ist darauf zu achten, dass mit Hilfe von Ordnungsnummern die Transparenz erhalten bleibt (vgl. Systematik Abb. 4.20).

Standardkataloge sollen von den betroffenen Mitarbeitern überprüft und einzelne Begriffe nach der «Sitte des Hauses» angepasst werden. Kürzungen dagegen lassen wir nur in eindeutigen Fällen zu, denn es passiert bei den Gruppendiskussionen oft, dass jene Aufgaben vermisst werden, welche der Assistent der Geschäftsleitung leichtfertig gestrichen hat.

1. **Geschäftspolitik, Unternehmensplanung**
11. Gesamtleitung
12. Gesamtplanung
13. Organisation
14. Datenverarbeitung
15. Vertretung der Unternehmung nach aussen
16. Public Relations
17. Verwaltung/Dokumentation
18. Recht

2. **Finanz- und Rechnungswesen**
21. Investitions- und Finanzplanung
22. Budgetwesen
23. Finanzierung
24. Fakturierung
25. Finanzbuchhaltung/Vermögensverwaltung
26. Betriebsbuchhaltung
27. Revisionen/Versicherungen/Steuern
28. Beteiligungen

3. **Personal**
31. Personalpolitik, Personalplanung
32. Personalbeschaffung
33. Personaladministration
34. Lohn- und Gehaltswesen
35. Personalschulung, Information
36. Qualifikation
37. Arbeitszeit und Absenzen
38. Sozialeinrichtungen

4. **Anlagen, Energie und Einrichtungen**
41. Erwerben und Veräussern von betrieblichen Liegenschaften
42. Miet- und Pachtverträge über betriebliche Liegenschaften
43. Bauwesen, betriebliche Objekte, Unterhalt
44. Maschinen und Einrichtungen
45. Fahrzeugpark
46. Energieversorgung

5. **Materialbewirtschaftung**
51. Allgemeine Materialbewirtschaftung
52. Einkauf
53. Verkauf von Betriebsstoffen, Abfallprodukten, Fahrzeugen etc.

6. **Produktentwicklung, Qualitätskontrolle**
61. Produktentwicklungskonzept
62. Produktentwicklungsprozess
63. Qualitätskontrolle
64. Patente, Lizenzen

7. **Produktion**
71. Produktionsplanung
72. Produktionsablauf
73. Verfahrensplanung
74. Datenerfassung in der Produktion
75. Montage
76. Kundendienst

8. **Marketing**
81. Marketingstrategie/Absatzplanung
82. Marktforschung, Marktbeobachtung, Statistiken über Markt und Verkauf
83. Produkt- und Sortimentsgestaltung
84. Preispolitik, Aktionspolitik
85. Marktbearbeitung
86. Verkaufsinnendienst, Auftragsdisposition
87. Verkaufsaussendienst
88. Export

9. **Logistik**
91. Transportpolitik
92. Lagerkapazität
93. Organisation der Lager
94. Lieferdienst und Transport

Abb. 4.20: Inhaltsübersicht eines Gesamtaufgabenkataloges

3.44 Festlegung der Funktionen

Unter Funktion verstehen wir eine Tätigkeit, welche zur Erfüllung einer Aufgabe erforderlich ist. Im einfachsten Falle ist ein Mitarbeiter für die Gesamtaufgabe allein zuständig (z.B. Beschaffung von Büromaterial). Hier würde ein Symbol oder bei unserem System ein A (Ausführung) in der entsprechenden Linie genügen.
Sind mehrere Stellen bei einer Aufgabe beteiligt (z.B. Jahresbudget für Investitionen), muss festgelegt werden, wer welche Funktionen zu erfüllen hat. Im erwähnten Fall würden die Produktions- oder Profit-Centren ihre Vorschläge (P) dem Geschäftsleiter zum Entscheid (E) vorlegen.
Um die Wichtigkeit einer Geschäftstätigkeit transparent darzustellen, braucht es mehrere Funktionsarten. In der Abb. 4.21 haben wir die wichtigsten erläutert. Diese können je nach verfolgtem Zweck ergänzt oder gekürzt werden.

Abk.	Funktion	ausgedrückt z.B. durch ...
I	Initiativfunktion	- er muss die Initiative ergreifen - er schlägt vor - er gibt den Impuls für
P	Planungsfunktion	- er plant - er bereitet zur Entscheidung vor - er analysiert
(P)	Planungsfunktion federführend	- er koordiniert die Planung - er fasst die Teilpläne zusammen - er legt das Planungssystem fest
E	Entscheidungsfunktion	- er entscheidet über - er wählt zwischen Alternativen
Ew	Entscheidung in wichtigen Einzelfällen	- er entscheidet in wichtigen Fällen, die quantitativ oder qualitativ umschrieben sind
M	Mitspracherecht	- er hat ein Mitspracherecht - er muss vorgängig angehört werden
A	Ausführungsfunktion	- er verfasst - er erledigt
Aw	Ausführungsfunktion in wichtigen Einzelfällen	- er übernimmt die Ausführungsfunktion in besonders wichtigen Fällen
K	Kontrollfunktion	- er kontrolliert intensiv

Abb. 4.21: Die möglichen Funktionen bei der Erledigung einer Aufgabe

Für die Festlegung der Funktionen gilt der Grundsatz:

«So wenig wie möglich.»

Ein FD verliert an Klarheit, wenn man zu viele Einzelheiten regeln möchte. Vor allem soll darauf verzichtet werden, sämtliche Informationsströme miteinbeziehen zu wollen. Ein FD soll festlegen, wer was tun muss und nicht, wer eventuell auch noch zu berücksichtigen ist. Genügt ein Symbol im Einzelfall nicht, so kann die Abweichung von der Norm in der Bemerkungsspalte festgehalten werden (z.B. Einkauf Rohstoffe: Einkäufer E; Bemerkungsspalte: bis Fr. 100'000.- im Einzelfall).

3.45 Vorgehen bei der Erstellung eines FD

Bei der Einführung eines FD lassen sich folgende Schritte unterscheiden:

1) Festlegung der einzubeziehenden Stellen und Mitarbeiter.
2) Erläuterung des Systems bei allen Beteiligten / Ausgabe des vorbereiteten Aufgabenkataloges.
3) Anpassung des Aufgabenkataloges durch die Beteiligten.
4) Erarbeitung eines FD mit allen im FD aufgeführten Stelleninhabern.
   - Erläuterung der Funktionen
   - Erste Vorschläge für Kompetenzregelung (Organisator)
   - Diskussion/Modifikation der Vorschläge
   - Entscheid über Kompetenzzuordnung (GL)
5) Zustellung des Entwurfes an alle Beteiligten, Einleitung der «Vernehmlassung» bzw. Zusammenstellung nachträglicher Änderungswünsche.
6) Entgegennahme und Abklärung der Differenzen (Organisator).
7) Inkraftsetzung des FD durch GL.
8) Jährliche Überarbeitung des FD.

Für eine erfolgreiche Einführung eines FD ist auf folgende Punkte zu achten:

- Alle mitwirkenden Mitarbeiter sind sorgfältig in das System einzuführen.
- Es genügt, wenn die Hauptfunktionen geregelt werden; für Sonderfälle steht die Bemerkungsspalte zur Verfügung.
- Bei der Festlegung des FD müssen alle Beteiligten anwesend sein und aktiv an der Diskussion über die Kompetenzregelung mitwirken können.
- Weil nie ganz zu vermeiden ist, dass die Mitarbeiter in der ersten Sitzungsstunde vom Organisator «überrollt» werden, ist die Einschaltung der «Vernehmlassungsphase» absolut erforderlich.

Sollten bei den Gruppendiskussionen unvorhergesehene Grundsatzfragen auftauchen, deren Abklärung als zu zeitraubend erscheint, dann müssen diese Fragen vom Organisator im Problemkatalog aufgenommen und im Rahmen der Vernehmlassung geklärt werden.

3.46 Beurteilung des FD

Mit der ausführlichen Erläuterung dieses Organisationshilfsmittels haben wir versucht, die nach unserer Meinung zu Unrecht bestehende Ansicht, Funktionendiagramme eignen sich nur zur Regelung der Hauptaufgaben, zu widerlegen.

Als **Hauptvorteile**, welche auf das **Vorgehen** zurückzuführen sind, gelten:

- Weil die Kompetenzzuteilung mit allen Beteiligten in einer Sitzung diskutiert wird, entsteht nicht nur eine hohe Identifikation mit der getroffenen Lösung, sondern zugleich ein organisatorischer Lerneffekt.
- Das Vorgehen zwingt zur gemeinsamen Lösung der unternehmerischen Probleme und fördert damit die Teamarbeit.
- Jeder Beteiligte muss sich mit dem Aufgabenbereich seiner Kollegen befassen, womit günstige Voraussetzungen für die Selbstkoordination geschaffen werden.

Eher auf das **System** als auf das Vorgehen sind folgende Vorzüge zurückzuführen:

- Das FD ermöglicht eine klare und anschauliche Zuteilung von Aufgaben und Abgrenzung von Kompetenzen. Überschneidungen und Doppelspurigkeiten sind sofort ersichtlich. (Bei Stellenbeschreibungen merkt man Doppelspurigkeiten erst bei Kompetenzkonflikten.)
- Das Zusammenwirken der verschiedenen Stellen bei der Erfüllung einer Aufgabe wird übersichtlich dargestellt. (Es müssen nicht alle Stellenbeschreibungen eingesehen werden.)
- Bei der systematischen Aufarbeitung des Aufgabenkataloges tauchen immer wieder Aufgaben auf, welche nicht oder nicht eindeutig zugewiesen sind.
- Das FD kann ohne grossen Aufwand erstellt und auf den neusten Stand gebracht werden. Für die Anpassung genügt die Streichung bzw. Versetzung eines Buchstabens.
- Die Ausarbeitung eines FD braucht wesentlich weniger Zeit als die Erstellung der entsprechenden Pflichtenhefte.

Zur objektiven Beurteilung des FD gehören auch die folgenden Hinweise auf **Nachteile und Grenzen** dieses Systems:

- Neu eintretende Mitarbeiter oder Unbeteiligte haben etwas Mühe mit der richtigen Interpretation dieses Systems. Das FD stellt bei der erstmaligen Bearbeitung einige Ansprüche. Die unvermeidliche Unsicherheit in der ersten Stunde der Gruppendiskussion kann der Organisator mit seinen Instruktionen überbrücken. Danach ist jeder Teilnehmer durchaus in der Lage, in seinem Führungsbereich das FD ohne fremde Hilfe einzuführen.
- Das Funktionendiagramm enthält keine Gewichtung der Aufgaben.

Merksätze:

- Das FD ist das zweckmässigste Implementierungshilfsmittel, wenn es darum geht, relativ komplexe Beziehungsstrukturen eindeutig, übersichtlich und detailliert aufzuzeigen.

- Der Hauptvorteil liegt im Vorgehen und nicht im System, nämlich der gemeinsamen Festlegung der von allen Mitarbeitern als richtig erkannten Aufgabenteilung.

- Nur für neu zu schaffende oder neu zu besetzende Positionen sind verbale Stellenbeschreibungen verständlicher.

Literatur zu Kapitel 4

4.1	Acker, H.B	Organisationsanalyse. Verfahren und Techniken praktischer Organisationsarbeit, Bad Homburg 1977
4.2	Grochla, E.	Grundlagen der organisatorischen Gestaltung, Stuttgart 1982
4.3	Hub, H./Fischer, W.	Techniken der Aufbauorganisation, Stuttgart 1977
4.4	Bühner, R.	Betriebswirtschaftliche Organisationslehre, Oldenburg 1987
4.5	Schmidt, G.	Methoden und Techniken der Organisation, Giessen 1988

Kapitel 5

Analyse und Gestaltung von Prozessen

1. **Ziele und Einsatzgebiete von Prozessen** 182

2. **Analyse und Gestaltung der Aufgabenstruktur** 183
   2.1 Problemstellung und Zielsetzung der Aufgabenanalyse 183
   2.2 Technik der Aufgabenanalyse 186
   2.3 Arbeitsvereinfachungskonzepte 191
   2.4 Gemeinkosten-Wertanalyse (GWA) 197
   2.5 Festlegen von Schlüsselbereichen 202

3. **Analyse und Gestaltung der Arbeitsabläufe** 206
   3.1 Problemstellung und Ziele bei Ablaufanalysen 206
   3.2 Vorgehen und Methodenwahl 207
   3.3 Einzelne Analysetechniken 210
   3.4 Gestaltung und Einführung bereinigter Abläufe 214

Literatur zu Kapitel 5 217

Analyse und Gestaltung von Prozessen

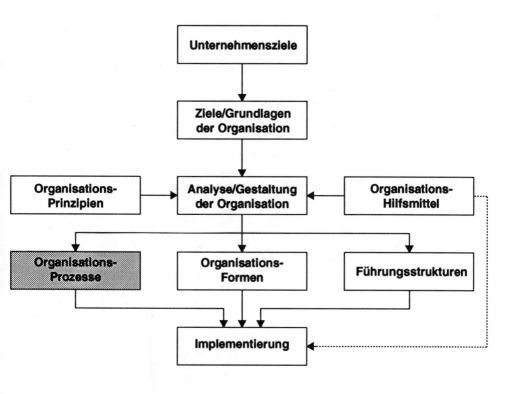

Problemkreise/Fragen

- Welche Ziele verfolgt man bei der Analyse und Strukturierung der Aufgaben und Arbeitsabläufe?
- Was sind Arbeitsvereinfachungskonzepte und wie geht man vor bei der Durchführung solcher Projekte?
- Die Durchführung einer Gemeinkosten-Wert-Analyse birgt viele Chancen und Risiken. Welches sind die wichtigsten?
- Welche Vorteile bietet die Auflistung der Schlüsselbereiche für den Vorgesetzten und die Mitarbeiter?
- Welche Methoden gibt es, um Arbeitsabläufe zu analysieren und zu verbessern?

1. Ziele und Einsatzgebiete von Prozessen

Die Analyse und Gestaltung von Prozessen ist ein vielseitiger und anspruchsvoller Problembereich, eine Aufgabe, die wir nur teilweise behandeln können. Wer sich mit Strukturproblemen befasst, muss sich zwangsläufig auch mit Ablauffragen auseinandersetzen. Auf die entsprechende Wechselwirkung haben wir bereits früher hingewiesen. An dieser Stelle befassen wir uns mit jenen Problemen der Ablauforganisation, welche bei der Gestaltung der Organisationsstruktur eine Rolle spielen, insbesondere mit der systematischen Erfassung und Strukturierung der Aufgaben, aber auch mit dem Vorgehen zur Festlegung und Verbesserung der Arbeitsabläufe.

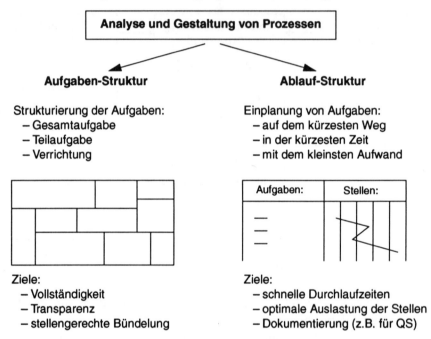

Abb. 5.1: Einsatzgebiete von Aufgaben- und Ablaufstruktur

Eine Trennung dieser beiden Einsatzgebiete wäre willkürlich, da bei der Erfassung der Aufgaben meist auch die Reihenfolge der Bearbeitung festgelegt wird. Bei der **Erfassung und Strukturierung von Aufgaben** geht man von der Zielsetzung des Unternehmens aus und zerlegt die Oberaufgabe (Aufgabenpaket) in operationelle Teilaufgaben und Verrichtungen. Die dadurch gewonnene Transparenz ermöglicht eine klare Zuteilung der Aufgaben an die entsprechenden Stellen.

2. Analyse und Gestaltung der Aufgabenstruktur

2.1 Problemstellung und Zielsetzung der Aufgabenanalyse

Im ersten Kapitel haben wir das kleinstmögliche organisatorische Element bezeichnet als eine Kombination von:

Aufgaben – Personen – Hilfsmitteln.

Die Organisation befasst sich somit mit der Zuordnung von Aufgaben an die bestgeeigneten Personen unter Zurverfügungstellung der entsprechenden Hilfsmittel. Bei einer expansiven Geschäftstätigkeit entstehen laufend zusätzliche Aufgaben. Weil in Überlastungsphasen erfahrungsgemäss wenig Zeit bleibt für einen systematischen Ausbau der Infrastruktur, werden neue Aufgaben vielfach provisorisch zugewiesen. Opfer für neue Aufgabenpakete sind entweder gutmütige oder besonders leistungswillige Stelleninhaber. Damit wächst mit der Zeit ein Unternehmungsgebilde heran, von dem man später behauptet:

«Es sei historisch gewachsen».

Auch ein rückläufiger Auftragseingang, verbunden mit dem steigenden Druck der Gemeinkosten, kann das Unternehmen zwingen, sich intensiv mit der Aufgabenanalyse zu befassen. Hier stehen als Ziele nicht die zweckrationale Strukturierung, sondern die Reduktion der Aufgaben im Vordergrund.

Wer zufällig entstandene Prozesse effizienter gestalten will, muss das Vorgehen und die Technik der Aufgabenanalyse kennen. Bildlich kann man sich eine Aufgabenanalyse als Vorgang vorstellen, bei dem sämtliche Aufgaben zusammengefasst, analysiert und neu geordnet werden (vgl. Abb. 5.2).

Wer Aufgaben analysiert und strukturiert, führt diese Tätigkeit in der Regel als Vorstufe für Arbeitsvereinfachungskonzepte, Gemeinkosten-Wertanalysen oder andere Rationalisierungstechniken durch. Dabei wird bei allen Projekten grundsätzlich eine bessere Effizienz der Auftragsabwicklung angestrebt. In Abb. 5.3 haben wir die wichtigsten Einsatzgebiete aufgeführt.

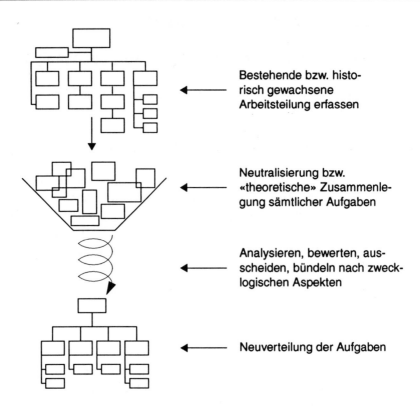

Abb. 5.2: Problemstellung und Vorgehen bei der Aufgabenanalyse

Bei der **Aufgabenanalyse** werden die Aufgaben vollständig erfasst, systematisch gegliedert und die Zusammenhänge übersichtlich dargestellt. Damit werden die Grundlagen geschaffen für Stellenbeschreibungen oder Funktionendiagramme und sekundär für Rationalisierungsinstrumente.

Ferner sind solche Unterlagen auch für die Erlangung der Qualitätssicherungs-Zertifikate erforderlich. Wir dürfen dabei nicht vergessen, dass es sich ausschliesslich um eine Darstellung des IST-Zustandes handelt. Zur Verbesserung der Effektivität und der Effizienz braucht es weitere Massnahmen.

Mit **Arbeitsvereinfachungskonzepten** soll die einst willkürlich gewählte Arbeitsteilung innerhalb einer Stellengruppe analysiert und verbessert werden. Aus der historisch gewachsenen Arbeitsteilung sollen funktionstüchtige, wirtschaftliche und lebensfähige Systeme werden.

Analyse und Gestaltung der Aufgabenstruktur	
Anwendungsbereich	Vorgehen/Zweck

Eigentliche Aufgaben-Analyse
 	
Als Grundlage für:
	– Systematische Erfassung der Aufgaben
	– Vollständigkeit, Systematik, Transparenz
	– Erstellen von:
	  – Pflichtenheften
	  – Funktionendiagramm
	  – Arbeitsanweisungen

Arbeitsvereinfachungskonzepte	– Darstellung der bestehenden Aufgabenteilung – Richtige Bündelung von Aufgaben – Logische Arbeitsteilung – Neuzuordnung der Aufgaben – Effiziente Abwicklung der Aufgaben
Gemeinkosten-Wert-Analyse (GWA)	– Bewerten der Aufgaben – Reduzierung von Leistungen – Rationalisierung von Leistungen – Einstellung von Leistungen
Schlüsselbereiche	– Gewichtung der Aufgaben – Definition der Schlüsselbereiche – Zielkonformer Einsatz der Mitarbeiter

Abb. 5.3: Anwendungsgebiete und Ziele der Aufgabenanalyse

Bei der **Gemeinkosten-Wertanalyse** steht die Bewertung der Aufgaben im Vordergrund. Zu reduzieren sind alle jene Aktivitäten, welche einen bescheidenen Beitrag zur Gesamtleistung erbringen. Die wichtigsten Aufgaben sollen dagegen einfacher und schneller abgewickelt werden.

Ein ähnliches Ziel wird mit der **Bildung von Schlüsselbereichen** verfolgt. Für jede Position werden die aus der Unternehmenspolitik ableitbaren Hauptaufgaben festgelegt. Mit der Gewichtung und Hervorhebung der Schlüsselaufgaben soll die Zuteilung der menschlichen Arbeitskraft auf die unternehmerisch bedeutungsvollen Aufgaben gelenkt werden.

2.2 Technik der Aufgabenanalyse

Eine systematische Aufgabenanalyse setzt voraus, dass die einzelnen Aufgaben innerhalb ihrer Beziehungsstruktur erfasst werden. Ausgangspunkt der Aufgabenanalyse sind deshalb die Ziele oder Teilziele des Unternehmens. Die ermittelten Aufgaben geben Aufschluss darüber, ob die erforderlichen Tätigkeiten zur Zielerreichung lückenlos ausgeführt werden. Die Technik der Aufgabenanalyse soll mit der von Jordt/Gscheidle entwickelten Vorgehenssystematik erläutert werden.

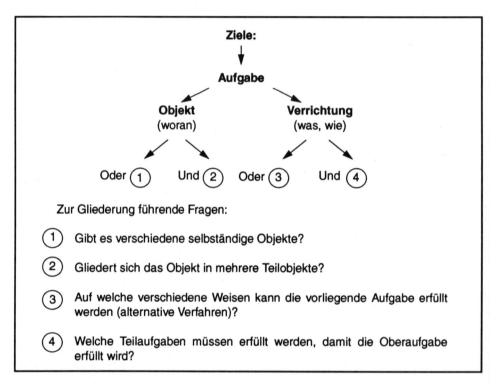

Abb. 5.4: *Aufgabenanalyse nach Jordt/Gscheidle*[(5.1)]

Die Analysetechnik von Jordt/Gscheidle scheint auf den ersten Blick komplex zu sein. Versuchen wir deshalb die einzelnen Schritte der Objekt- und Verrichtungsgliederung mit Hilfe eines Beispiels zu erläutern.

Eine aus den Unternehmenszielen abgeleitete Aufgabenumschreibung könnte lauten:

«Herstellung von Maschinen»

Gemäss unserer Darstellung muss nun die Frage gestellt werden:

1) Gibt es verschiedene selbständige Objekte, welche unterschiedlich bearbeitet werden müssen?
   Wenn ja, muss mit der «Oder-Objektgliederung» begonnen werden.

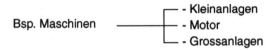

Erst wenn die Frage nach weiteren selbständigen Objekten (eine Kleinanlage ist nur als Gesamtsystem ein selbständiges Objekt) mit nein beantwortet werden kann, folgt die Frage:

2) Gliedert sich das Objekt in mehrere Teilobjekte, die unterschiedlich bearbeitet werden?
   Wenn ja, dann ist die «Und-Objektgliederung» aufzuzeigen.

Kann auch die Frage nach weiteren Teilobjekten verneint werden, folgt die Frage:

3) Auf welche verschiedene Weisen kann die vorliegende Aufgabe erfüllt werden?
   Gibt es alternative Verfahren «Oder-Verrichtungen», dann sind die unterschiedlichen Verrichtungsarten darzustellen.

Ist die Frage nach den möglichen Verfahren erschöpft, kann die Frage gestellt werden:

4) Welche Teilaufgaben fallen an, damit die Oberaufgabe erfüllt wird? Solche «Und-Verrichtungen» könnten sein:

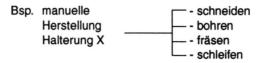

Bei der Aufgabengliederung sind folgende Grundsätze zu beachten:

- Eine Aufgabe darf nur nach einem einzigen Gliederungskriterium aufgeteilt werden (Bsp.: Herstellung von Maschinen, Unterteilung entweder nach Grösse, oder Verwendungszweck, oder ...).

- Die Summe der Inhalte der Teilaufgaben muss gleich dem Inhalt der Aufgabe sein (Fehler: Lückenhafte Aufgaben oder Auflistung einer Teilaufgabe aus einem anderen Aufgabengebiet).

- Die einzelne Aufgliederung sollte in der Regel nicht mehr als 4 bis 6 Teilaufgaben enthalten (Gefahr: Bei einer zu detaillierten Strukturierung leidet die Übersichtlichkeit).

Bei der mehrstufigen Aufgabenanalyse kann die Untergliederung mit Hilfe von Ordnungsnummern, oder auf das vorangehende Beispiel bezogen, in einem Übersichtsplan dargestellt werden.

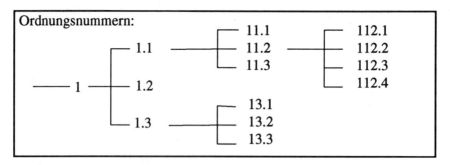

Abb. 5.5: Aufgabenstruktur mit Ordnungsnummern und Übersichtsplan

Neben der Objekt- und Verrichtungsgliederung gibt es zur Darstellung der Aufgabenstruktur und später der Ablauforganisation weitere Darstellungstechniken, welche der Vollständigkeit halber in Abb. 5.6 aufgeführt werden:

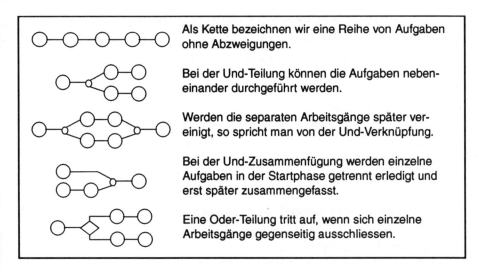

Abb. 5.6: Möglichkeiten zur Darstellung der Aufgabenstruktur

Die Phasenanalyse stellt einen Spezialfall innerhalb der «Und-Verrichtung» dar. Dabei geht man von der Überlegung aus, dass jede Tätigkeit oder Verrichtung die wichtigsten Elemente des Entscheidungsprozesses enthält.

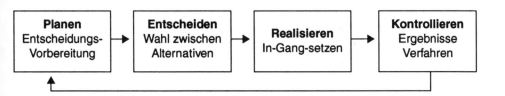

Diese «Und-Verrichtungen» spielen sich bei unwichtigen Aufgaben oder Routinetätigkeiten im Unterbewusstsein des Verantwortlichen ab. Beispielsweise könnten beim Einkauf von Büromaterial folgende «Und-Verrichtungen» anfallen:

- *Überlegungen über die richtige Bedarfsmenge*
- *Überprüfung einzelner Alternativen im Bürofachgeschäft*
- *Wahl der zweckdienlichen Artikel*
- *Entgegennahme und Überprüfung.*

Da sämtliche Aufgaben von einer Person in sehr kurzer Zeit ausgeführt werden, wäre es wenig sinnvoll, wenn bei einer Aufgabenanalyse diese Phasen einzeln erfasst würden.

Anders liegt der Fall bei Aufgaben, die Spezialwissen erfordern, voneinander abgegrenzt werden können und damit auch von verschiedenen Personen ausgeübt werden. Betrachten wir diesen Fall am Beispiel: Einkauf von Handelsprodukten

«Und-Verrichtungen»	Zuständigkeit
– Planung des Bedarfs	– Verkaufsleiter
– Entscheid über einzukaufende Menge	– Marketingleiter
– Offerten einholen	– Einkaufssachbearbeiter
– Lieferantenwahl	– PC-Leiter
– Bestellabwicklung	– Einkaufssachbearbeiter

Im Unterschied zum ersten Beispiel handelt es sich um strukturierbare Teilaufgaben, weil:
- ein Teilabschluss möglich ist,
- jede Phase eine wichtige Teilaufgabe beinhaltet,
- eine Arbeitsteilung durchaus üblich ist.

Solche Aufgaben müssen einzeln erfasst, definiert und zugeteilt werden.

2.3 Arbeitsvereinfachungskonzepte

Die Prinzipien der Arbeitsvereinfachungen gehören zu den traditionellen Arbeitsinstrumenten eines Chefs. Diese wurden bereits 1961 von W. Feurer im Brevier für Arbeitsvereinfachungen vorgestellt[5.2].

Arbeitsvereinfachungskonzepte befassen sich mit dem Problem der bestmöglichen Aufgabenerfüllung innerhalb einer organisatorischen Einheit bzw. einem Bereich oder einer Abteilung. Obwohl bei grösseren Projekten gleichzeitig die Organisationsform wie auch einzelne Arbeitsabläufe geändert werden müssen, beschränken wir uns an dieser Stelle auf die eigentlichen Probleme der Arbeitsvereinfachungen. Als Ziel von Arbeitsvereinfachungskonzepten gilt es, die bestmögliche Aufgabenzuteilung innerhalb einer Stellengruppe zu finden.

Die anfallenden Arbeiten sollen

– auf dem kürzesten Weg,
– in der kürzesten Zeit,
– mit dem geringsten Aufwand,
– von der richtigen Person erledigt werden.

Der Weg zu einer rationellen Arbeitsweise führt über eine systematische Aufgabenanalyse und den Willen, Mängel und Unzweckmässigkeiten aufzudecken.

Die folgende Darstellung zeigt die fünf erforderlichen Schritte zur Verbesserung der abteilungsinternen Arbeitsteilung. Es sind dies:

1) Individuelle Erstellung der Tätigkeitsliste.

2) Zusammenfassung der Tätigkeitslisten in einer Aufgabenliste.

3) Darstellung der geltenden Arbeitsteilung in einem Aufgabenverteilungsplan.

4) Erstellung eines Aufgabenverteilungsplanes «Soll».

5) Erstellen der bereinigten Pflichtenhefte für die einzelnen Mitarbeiter.

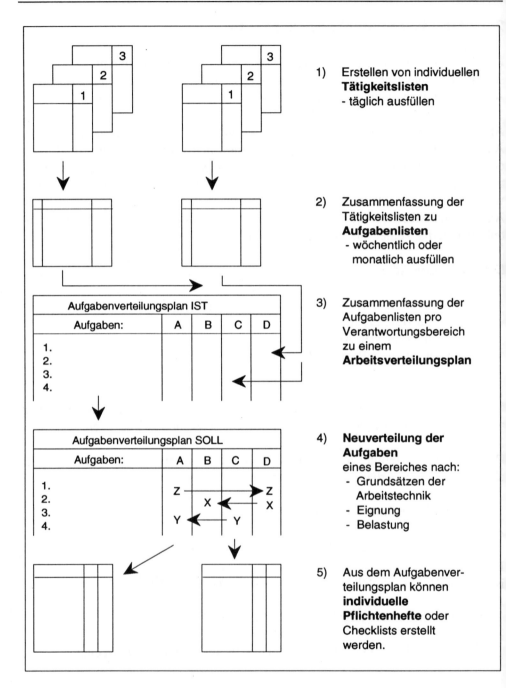

Abb. 5.7: Vorgehen bei der Arbeitsvereinfachung

Zu 1: Erstellen der Tätigkeitsliste

Erfahrungsgemäss besteht ein wesentlicher Unterschied:
- ob man glaubt, wofür man seine Zeit einsetzt oder
- ob man weiss, wofür man seine Zeit verwendet hat.

Wer wissen will, wofür er seine Minuten investiert, muss für einige typische Arbeitstage eine Tätigkeitsliste erstellen. Dabei sollen
- laufend sämtliche Tätigkeiten sowie auftretende Störfaktoren erfasst werden, welche mindestens fünf Minuten dauern,
- nach Arbeitsschluss die Kriterien: Wichtigkeit und Dringlichkeit im Sinne einer Selbsteinstufung angegeben werden.

Nr.	Tätigkeit	Beginn	Dauer Min.	Wichtigkeit			Dringlichkeit	
				A	B	C	1	2
1	Posteingang studieren	8.00	10		X			X
2	Tel. Anfrage behandeln	8.10	5	X			X	
3	Kundenreklamation behandeln	8.15	20	X				X
4	Liefertermin abklären	8.35	10			X	X	

	sofort ausfüllen	nach Arbeitsschluss bewerten
Wichtigkeit:	A = sehr wichtig B = wichtig C = unwichtig	Dringlichkeit: 1 = sofort erledigen 2 = Aufschub möglich

Abb. 5.8: Beispiel einer Tätigkeitsliste (Ausschnitt)

Falls die Erstellung von Tätigkeitslisten vom Chef angeordnet und kontrolliert wird, ist mit einem erheblichen Widerstand von seiten der Mitarbeiter zu rechnen. Die Aktion lässt sich erfolgreich gestalten, wenn die Mitarbeiter von der Notwendigkeit und Wichtigkeit einer Belastungsanalyse überzeugt werden können. Durch die Selbsteinstufung bzw. Bewertung der Aktivitäten soll zudem die Neugier des Mitarbeiters auf Delegationsmöglichkeiten geweckt werden.

Zu 2: Zusammenstellung der Tätigkeitsliste in einer Aufgabenliste

Weil die Tätigkeitslisten in chronologischer Reihenfolge geführt werden, fehlt die Transparenz über die durchschnittliche Belastung des Mitarbeiters durch typische Aufgaben. Jeder Mitarbeiter muss deshalb versuchen, die aufgeführten Tätigkeiten
- nach Aufgabengruppen zusammenzufassen und
- die durchschnittliche, wöchentliche oder monatliche Belastung zu ermitteln.

Name:		Stelle:	
Nr.	Aufgaben:	Std./W	Bemerkungen:
1	Studium neuer Produkte	5	
2	Kundenbesuche	25	2 Tage Ausland
3	telefonische Anfragen	4	
4	Offertbearbeitung	13	2 Grossofferten
5	Sitzungen / Besprechungen	4	

Abb. 5.9:   Beispiel einer Aufgabenliste

Die Transparenz wird erhöht, wenn die Aufgabenarten nach den Prinzipien der Aufgabenanalyse strukturiert werden (vgl. Abb. 5.10).

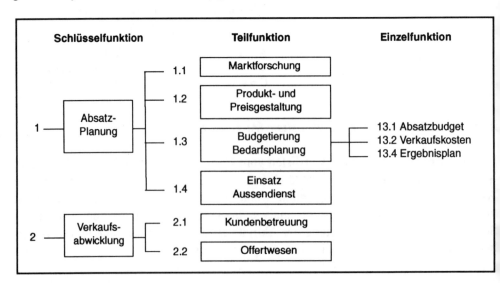

Abb. 5.10:   Beispiel eines strukturierten Aufgabenkataloges

Zu 3: Zusammenstellung des Aufgabenverteilungsplanes Ist

Mit Hilfe der Aufgabenlisten der einzelnen Mitarbeiter und des gemeinsam erarbeiteten Aufgabenkataloges lässt sich die derzeit gültige Arbeitsteilung im Aufgabenverteilungsplan übersichtlich darstellen.

Nr	Aufgaben	Aufgabenverteilungsplan Ist					
		Verkaufschef	St	Verkäufer A	St	Verkäufer B	St
1	Absatzplanung	Verkaufs-konditionen	8	Offerten	-	Budget Handelswaren	
2	Verkaufs-abwicklung	Besuch Grosskunden wichtige Offerten	2 8	Offerten Auftrags-bestätigung Kunden-besuche Fakturierung	16 8 12 12	Offerten Einkauf Handelswaren Reklamation behandeln Fakturierung	16 9 12 8
3	Werbung, Verkaufsförderung	neues Werbekonzept	10	VF-Aktion Produkt X	9		

Abb. 5.11: Beispiel Aufgabenverteilungsplan (Ausschnitt)

Konkrete Aufgabenverteilungspläne enthalten auf einem Blatt bzw. Plan sämtliche Aufgaben der beteiligten Stellen mit dem entsprechenden Zeitaufwand. Durch eine zweckdienliche Numerierung erhalten wir eine äusserst nützliche Hilfe für eine kritische Betrachtung der geltenden Arbeitsverteilung.

Zu 4: Erstellung eines Aufgabenverteilungsplanes Soll

Die Erstellung eines verbesserten Aufgabenverteilungsplanes ist der schwierigste Teil bei Arbeitsvereinfachungsprojekten. Neben Wissen und Erfahrung spielt die Kreativität eine ebenso wichtige Rolle. Die besten Voraussetzungen für erfolgreiche Verbesserungsvorschläge sind dann gegeben, wenn die beteiligten Mitarbeiter beim Soll-Konzept mitwirken.

Nach W. Feurer sind bei Arbeitsvereinfachungskonzepten folgende sechs Schlüsselfragen zu stellen:[5.3]

- Welche Aufgaben nehmen am meisten Zeit in Anspruch?
- Wird zu viel Zeit für unwichtige Dinge verwendet?
- Sind die Mitarbeiter ihren Fähigkeiten entsprechend eingesetzt?
- Verrichten die Leute zu viele zusammenhanglose Aufgaben?
- Ist die gleiche Arbeit auf zu viele Stellen verteilt?
- Ist die Arbeit gleichmässig verteilt, auch hinsichtlich Wichtigkeit und Dringlichkeit?

Bevor Soll-Lösungen skizziert werden, sollten für jede Tätigkeit und jede Aufgabe folgende Fragen gestellt werden:

- Ist die Aufgabe überhaupt notwendig?
- Was würde passieren, wenn diese Aufgabe weggelassen würde?
- Könnte diese Aufgabe nicht rationeller von einer anderen Stelle ausgeführt werden?
- Verhindert oder begünstigt die vorhandene Arbeitsteilung einen rationellen EDV-Einsatz?

Die Frage nach der Notwendigkeit einer Aufgabenerfüllung ist von besonderer Wichtigkeit. Mit Sicherheit werden in jedem Unternehmen Karteien und Statistiken geführt, welche längst ihre Bedeutung verloren haben. Ferner lohnt es sich, bei der Bewertung einer Aufgabe Kosten-Nutzen-Überlegungen anzustellen. Sollte sich beispielsweise herausstellen, dass für die Prüfung der eingehenden Rechnungen eine volle Arbeitskraft erforderlich ist, die ermittelten Fehlbeträge zu Ungunsten der Firma jedoch unbedeutend sind, dann lohnt es sich, diese Arbeit wegzulassen oder Teilkontrollen durchzuführen. Erst nach Beurteilung aller Aufgaben darf eine Neuverteilung vorgenommen werden.

Zu 5: Pflichtenhefte/Checklist

Als Abschluss des Arbeitsvereinfachungsprozesses sind die Änderungsmassnahmen mit den entsprechenden Realisierungsterminen aufzulisten. Jeder Betroffene sollte die Ziele und Hauptaufgaben seiner Stelle in einer verbindlichen Form erhalten. Dazu eignen sich Pflichtenheft, Funktionendiagramm oder Checklist; Organisationshilfsmittel, welche wir im Kapitel 4 behandelt haben.

2.4 Gemeinkosten-Wertanalyse (GWA)

Zahlreiche europäische Unternehmen wollten in den letzten Jahren das unaufhaltsam scheinende Kostenwachstum mit einer Gemeinkosten-Wertanalyse (GWA) in den Griff bekommen. Nach Abschluss einer expansiven Geschäftspolitik versucht man mit einer kostengünstigen Leistungserbringung die Wettbewerbssituation zu verbessern. Im Mittelpunkt der von grösseren Beratungsunternehmen angepriesenen Einsparungskonzepte stehen verstärkte

Kosten-/Nutzenüberlegungen

und damit verbunden die Ausschaltung von Leeraktivitäten. Bei der GWA konzentriert man sich auf folgende drei Fragen:

1) Welche Aufgaben/Tätigkeiten sind zur Erreichung der unternehmerischen Ziele tatsächlich erforderlich? Welche könnten weggelassen werden?
2) Kann der Aufwand zur Erbringung dieser Leistung allenfalls reduziert werden?
3) Welchen Beitrag leisten die einzelnen Tätigkeiten zur Zielerreichung und was kosten sie?

Die erste Frage stützt sich auf die Erfahrung, dass in jedem Unternehmen aus einem aktuellen Anlass heraus gewisse Tätigkeiten angeordnet werden; Aufgaben, welche zu diesem Zeitpunkt einen Zweck erfüllten. Sind Aufgaben einer Stelle einmal zugewiesen, dann wird ihre Berechtigung später kaum mehr angezweifelt. Bei der zweiten Frage geht man von der Voraussetzung aus, dass ein einmal zufällig gewähltes Verfahren meistens verbessert werden kann.

Schliesslich befasst sich die GWA mit der Bewertung der einzelnen Leistungen. Die Grundlage dazu bietet die Tätigkeitsanalyse, wobei die von einzelnen Stelleninhabern geleisteten Arbeitsstunden mit dem entsprechenden Stundensatz multipliziert werden. Bei diesem Verfahren geht es um die Erfassung der aufgabenbezogenen Kosten oder die Fragen:

Was kostet uns eine konkrete Leistung?
Ist dieser Aufwand im Vergleich zum Nutzen gerechtfertigt?
Könnte die Leistung billiger extern eingekauft werden?

Die grössten Schwierigkeiten entstehen bei der Bewertung der Outputs beziehungsweise der Leistungen. Konkret stellt sich beispielsweise die Frage: Was darf uns die Einkaufs-, Werbe- oder Personalabteilung kosten?

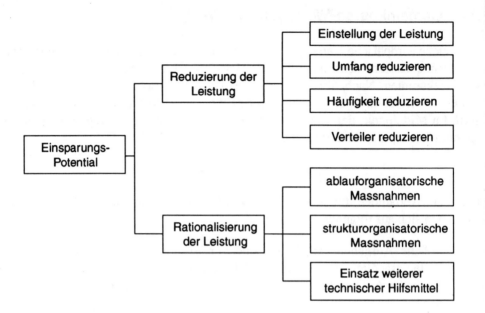

Abb. 5.12: Einsparungspotential durch Reduzierung und Rationalisierung von Leistungen nach Rieder[5.4]

Bei einigen Branchen helfen uns Betriebsvergleiche weiter. Überdimensionierte Ansätze einzelner Kostenstellen können uns durchaus verraten, welche Verantwortungsbereiche am meisten Fett angesetzt haben. Ohne teilweise willkürliche Annahmen (z.B. Senkung der Lagerhaltungskosten um 25 %) führt eine GWA selten zum Erfolg. Das Vorgehen bei der Durchführung einer GWA richtet sich nach den Prinzipien der Projektorganisation (vgl. Abb. 5.13).

Vereinfacht dargestellt, gliedert sich ein GWA-Projekt in die
- Vorbereitungs-,
- Durchführungs- und
- Realisierungsphase.

Von besonderer Bedeutung ist dabei die Durchführungsphase. Verschiedene Projektteams haben die ihnen zugewiesenen Untersuchungseinheiten (UE) zu «durchforsten», wobei folgende Takte vorgegeben werden:
1) Strukturierung der Leistungen
2) Generieren von Sparideen
3) Bewerten der Rationalisierungsmöglichkeiten
4) Massnahmen beantragen.

Analyse und Gestaltung von Prozessen 199

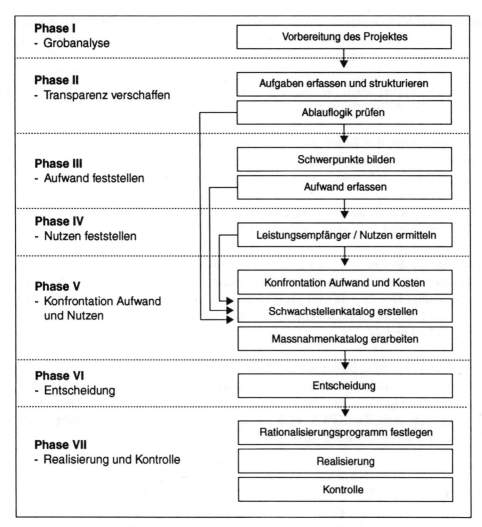

Abb. 5.13: *GWA-Projektablauf im Überblick nach Haberfeller/Witschi*[5.5]

Die **Strukturierung der Leistung** erfolgt ablauforientiert, wobei die Leistung umschrieben und der dazu erforderliche standardisierte Aufwand (Mannjahre in %) erfasst wird.

Die **Generierung von Sparideen** stellt hohe Ansprüche an die entsprechenden Projektteams. In dieser Phase müssen nach Gutzler[5.6] die drei Kernfragen über die

Effizienz, Effektivität und Verlagerung

der Aktivität beantwortet werden. Zur Ankurbelung von Sparideen wird dabei die berüchtigte 40 %-Hürde ins Spiel gebracht. Das Projektteam hat Vorschläge auszuarbeiten, bei denen die Leistungen um 40 % reduziert werden, ohne dass die Hauptziele beeinträchtigt werden. Bei Stabsabteilungen (Marktforschung) oder Zentralen Diensten gelingt diese Übung erfahrungsgemäss besser als in den direkt produktiven Bereichen. Ferner spielt die Taktik des Hauptverantwortlichen bei der vorgängigen Auflistung und Einstufung der Aufgaben eine wichtige Rolle.

Die **Bewertung der Einsparungsmöglichkeiten** erfolgt nach den Kriterien: Sparpotential, Risiko, Akzeptanz des Hauptverantwortlichen und Realisierungsfrist. Das Ergebnis stellt ein Katalog von A-, B- und C-Ideen dar.

Der **Antrag auf Reduktion der Leistung** hat die Massnahme, die daraus resultierende Einsparung in Mannjahren sowie die Realisierungsfrist zu enthalten.

Die eigentliche Zielsetzung von GWA-Aktionen besteht in der Wiederherstellung einer günstigen Relation zwischen Gemeinkosten und der Umsatz- bzw. der Ertragsentwicklung. Der Einsatz von Projektteames und die Ausbildung von Mitarbeitern zu einem kostenbewussten Verhalten führt in den meisten Fällen zu einem beachtlichen Anfangserfolg.

Leider zeigen sich in bezug auf das Sparprinzip bald einmal Ermüdungserscheinungen. Wo anfänglich aus Solidaritätsüberlegungen auf Statistiken, Berichte oder die persönliche Sekretärin verzichtet wird, steigen schon bald wieder die Ansprüche und damit die Kosten. Die GWA wird von Kritikern gerne als «Rasenmäher-Aktion» bezeichnet, wobei der Rasen ohne Qualitätsgewinn schnell nachwachse.

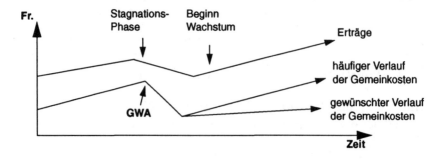

Abb. 5.14: Zielsetzung und Wirkung einer GWA

Die wichtigsten Vorteile der Gemeinkosten-Wertanalyse sind:

- Das Infragestellen einzelner Tätigkeiten sowie ganzer Tätigkeitsbereiche führt meistens zu besseren Lösungen.
- Das Kosten-Nutzen-Denken bei den beteiligten Mitarbeitern wird gefördert.
- Der mit der GWA verbundene Suchprozess fördert die Innovation und das kritische Verhalten der Mitarbeiter.
- Der Kommunikationsprozess zwischen den einzelnen Stellen wird verbessert.
- Kosteneinsparungen sind tatsächlich möglich.
- Die GWA bietet eine gute Grundlage für eine ohnehin notwendige Personalreduktion.

Gegen eine GWA könnten aufgeführt werden:

- Die strategischen Erfordernisse eines Unternehmens werden zu wenig berücksichtigt.
- Die Konzentration auf Schwächen oder Fettpolster lenkt die Mitarbeiter von den unternehmenspolitischen Zielen ab.
- Unter Zwang abgebaute Kosten siedeln sich, wenn auch in veränderter Form, bald wieder an.
- GWA werden oft auch als Alibiübung für eine jahrelang verfehlte Investitions- und Personalpolitik durchgeführt (Im Rahmen eines GWA-Projektes fällt es leichter, unbequeme Mitarbeiter zu entlassen).

Zweifellos kann eine richtig durchgeführte GWA in bestimmten Situationen unerlässlich sein. Dabei ist für den Erfolg oder besser gesagt für den dauerhaften Erfolg das Vorgehen des verantwortlichen Projektleiters von zentraler Bedeutung. Wer Gewalttakte vermeiden will, kann seine Mitarbeiter durch eine gezielte Ausbildung auf dem Gebiet der Arbeitstechnik ebenfalls zu kosten- und leistungsbewusstem Verhalten erziehen. Weil wir uns an dieser Stelle mit einer knappen Darstellung des Problemkreises GWA begnügen müssen, verweisen wir auf die umfassende Arbeit von R. Huber[5.7].

2.5 Festlegen von Schlüsselbereichen

Die Methode der Festlegung von Schlüsselbereichen gehört im Rahmen der Analyse und Gestaltung zum leitbildorientierten Vorgehen. Dabei geht man von der Erkenntnis aus, dass längerfristig wirksame Leistungssteigerungen für die Führungspositionen nur dann gewährleistet sind, wenn es dem Chef gelingt, den grössten Teil des Arbeitspotentials
- auf die wichtigsten Aufgaben oder die
- Schlüsselbereiche

auszurichten.

Für die Unternehmungen als Ganzes gehören strategische Überlegungen zur Selbstverständlichkeit. Beispiele solcher strategischer Grundsätze sind etwa:

- Ausrichten der Unternehmensaktivitäten auf die Stärken des Unternehmens, unter Umgehung der Schwächen.
- Konzentration der Kräfte auf einzelne Marktsegmente.
- Erkennen und ausnützen von Synergiepotentialen.
- Gestaltung eines schlagkräftigen und konsistenten Unternehmenssystems.

Was für ein Unternehmen als lebenswichtig betrachtet wird, kann für einen Teilbereich des Unternehmens nicht falsch sein. Ein Bereichs- oder Abteilungsleiter könnte sich deshalb folgende Fragen stellen:

- Welche Teilziele muss ich in meinem Verantwortungsbereich realisieren, damit die Gesamtziele erreicht werden können?
- Was muss ich vor allem tun, damit es dem Unternehmen, meiner Abteilung und damit mir selber besser geht?
- Wie steht mein Führungsbereich heute da, was muss ich tun, damit wir die vom Unternehmen gestellten Anforderungen auch künftig erfüllen?

Konkrete Anhaltspunkte zur Ausrichtung eines Subsystems auf die Unternehmensziele können hervorgehen aus
- Unternehmensplanung
- Projektplänen
- Stellenbeschreibung
- aktuellen Weisungen.

Bei der Verwendung vorhandener Unterlagen darf man jedoch nicht vergessen, dass diese Pläne auf einer früheren Lagebeurteilung basieren. Eine Neubeurteilung oder Interpretation ist auf jeden Fall erforderlich.

Zum gleichen Ziel führen sollte auch eine Besinnung auf die eigentlichen Chefaufgaben, welche unterteilt werden können in
- Planungsaufgaben,
- Organisations- und Führungsaufgaben,
- wichtige Sachaufgaben.

Planungsaufgaben
Jeder Chef hat die Pflicht, das zukünftige Geschehen geistig zu erforschen mit dem Zweck, für sich und seine Mitarbeiter die richtigen Ziele festzulegen.

Organisations- und Führungsaufgaben
Zur Aufgabe eines Chefs gehört auch die Sicherstellung einer leistungsfähigen Organisation. Darunter fallen beispielsweise:

- Bereitstellung der erforderlichen Mittel
- Betreuung und Ausbildung der Mitarbeiter
- Motivation der Mitarbeiter (Lokomotivfunktion).

Wichtige Sachaufgaben
In jeder Abteilung gibt es einzelne Sachaufgaben, welche den vollen persönlichen Einsatz des Chefs erfordern. In den meisten Fällen sollte es möglich sein, diese Sachaufgaben mit fünf bis sechs Hauptaufgaben zu erfassen. Diese Hauptaufgaben sollten nicht als Tätigkeiten, sondern als **Ergebnisziele** definiert werden.
Die Ergebnisziele sollten sehr kurz abgefasst werden, eindeutige Absichtserklärungen beinhalten und klar und verständlich formuliert sein.

Gut abgefasste Schlüsselbereiche sind die grundlegende Voraussetzung zur Verbesserung der Arbeits-Effektivität. Bei der Festlegung der Schlüsselbereiche ist darauf zu achten, dass die zur Erfüllung der einzelnen Aufgaben erforderlichen Funktionen (Planung, Führung, Entscheidung) nach folgendem Muster einbezogen werden:

Schlüsselbereiche für:

1. Planung der zu erreichenden Teilziele für...
2. Führung und Instruktion der Mitarbeiter
3. Sicherstellung eines störungsfreien Betriebsablaufes durch....
4. Verwirklichung einer hohen Betriebssicherheit durch....
5. Steigerung der Effizienz durch....
6. Gewährleistung einer....

Beispiel

Das Vorgehen bei der Festlegung von Schlüsselbereichen lässt sich am besten anhand eines konkreten Beispiels erläutern.

Zur Diskussion steht der Arbeitseinsatz eines Verkaufschefs, wobei folgende Anhaltspunkte auf einen unzweckmässigen Arbeitseinsatz hindeuten:

- Arbeitsüberlastung und Überstunden
- Reklamationen von Stammkunden, welche sich vernachlässigt fühlen
- Stagnierende Umsätze
- Mühsamer Start neuer, erfolgversprechender Produkte.

Der Geschäftsleiter hat sich entschlossen, die Angelegenheit zu untersuchen und deshalb den Verkaufschef gebeten, seinen Arbeitseinsatz aufzulisten. Ohne Anweisungen könnte der Verkaufschef eine ganze Liste von Aufgaben zusammenstellen. Für unseren Zweck beauftragen wir ihn jedoch, sich auf **5–10 Schlüsselbereiche** zu konzentrieren. Diese Schlüsselbereiche werden zusammen mit dem Geschäftsleiter diskutiert, wobei die Zielvorstellungen des Vorgesetzten mit denjenigen des Verkaufschefs verglichen werden. Bei einem solchen Gespräch könnte man sich beispielsweise auf die in Abb. 5.15 aufgeführten Hauptaktivitäten einigen.

Nr.	Schlüsselbereiche	Arbeitseinsatz %
1)	Planung einer erfolgversprechenden Absatzpolitik	5 – 10 %
2)	Instruktion, Motivation und Führung des Verkaufspersonals	10 – 15 %
3)	Persönlicher Kontakt zu den wichtigsten Kunden	30 %
4)	Aufbau einer neuen Produktgruppe	20 – 25 %
5)	Planung und Durchführung von Verkaufsförderungsaktionen	10 %
6)	Diverses (Sitzungen, Statistiken)	10 – 15 %

Abb. 5.15: Schlüsselbereiche eines Verkaufsleiters (Beispiel)

Aus der Aufgabenliste des Verkaufschefs (Ist-Arbeitseinsatz) kann nun der prozentuale Arbeitseinsatz für die aufgeführten Aufgaben ermittelt und mit dem gewünschten idealtypischen Einsatz verglichen werden.

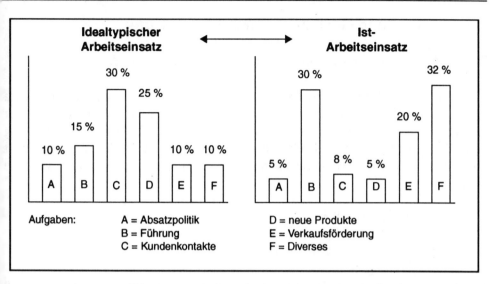

Abb. 5.16: *Vergleich Ideal zu Ist-Arbeitseinsatz (Beispiel Verkaufsleiter)*

Der Vergleich dieses Soll-Ist-Arbeitseinsatzes lässt vermuten, dass unser Verkaufschef

- wenig hält von Planung der Verkaufstätigkeit,
- sich zu intensiv mit den Mitarbeitern befasst und kaum richtig delegieren kann,
- den Kontakt zu den Kunden vernachlässigt,
- keine Zeit hat für die erforderliche Produktinnovation,
- sich gerne mit Werbe- und Verkaufsförderungsfragen befasst,
- zuviel Zeit für diverse Aufgaben verliert.

Da eine solche Gegenüberstellung sowohl den Geschäftsleiter als auch den Verkaufschef überraschen wird, ist ein Rückgriff auf die persönliche Tätigkeitsliste erforderlich. In dieser Zeitaufschreibung wurden bei den einzelnen Tätigkeiten sowohl der Zeitaufwand als auch die Kriterien Wichtigkeit und Dringlichkeit eingesetzt. Eine gemeinsame Aufgabe der beiden Diskussionspartner wird nun sein, für jede einzelne Tätigkeit festzulegen

- ob sie weiterhin selbst erledigt werden soll,
- ob sie delegiert werden kann,
- oder ob sie einfacher und zeitsparender durchgeführt werden kann?

Mit den daraus resultierenden Erkenntnissen kann der Verkaufsleiter sein Arbeitspotential besser auf die wesentlichen Aktivitäten oder die sogenannten Schlüsselbereiche lenken.

3. Analyse und Gestaltung der Arbeitsabläufe

3.1 Problemstellung und Ziele bei Ablaufanalysen

In jedem Unternehmen fallen laufend neue Aufgaben an, es werden Formulare geschaffen, Statistiken ausgedruckt und damit aktuelle Bedürfnisse gedeckt. Mit der Zeit entstehen Arbeitsabläufe, welche kompliziert, schwerfällig und zeitaufwendig sind. Bei unsystematisch festgelegten Arbeitsabläufen ist die Wahrscheinlichkeit gross, dass diese verbessert werden können. Gut ist ein Arbeitsablauf dann, wenn die Aufgabe

- auf dem kürzesten Weg,
- in der kürzesten Zeit,
- mit dem geringsten Arbeitseinsatz

erledigt wird. Kurz ist ein Weg immer dann, wenn möglichst wenig Instanzen sich mit einer Aufgabe befassen müssen. Bei jeder eingeschalteten Stelle ist sorgfältig zu überprüfen, ob sie einen echten Beitrag zur Leistungserbringung bietet oder ob es sich um eine sogenannte Leeraktivität handelt. Ferner sind kurze Bearbeitungs-, Transport- und Liegezeiten anzustreben. Die Forderung nach dem geringsten Arbeitseinsatz kann entweder durch Zentralisation und damit durch Standardisierung oder aber durch den Einsatz der richtigen Hilfsmittel erfüllt werden.

In diesem Zusammenhang muss man sich fragen, ob die modernen EDV-Konzepte (Hilfsmittel) neue Voraussetzungen für die Gestaltung der Arbeitsabläufe und damit auch der Strukturierung schaffen. In der Tat erlauben Terminals, die on-line an Grossrechner angeschlossen sind, ein interaktives Arbeiten. Damit wachsen die organisatorischen Spielräume zusammen und erlauben neue Formen der Zusammenarbeit.
Wenn jedoch moderne EDV-Konzepte zum wichtigsten Bestimmungsfaktor organisatorischer Regelungen werden, stellt sich die Frage, in wieweit bestehende Arbeitsabläufe noch eine Rolle spielen. Muss sich die Organisation der Technik unterordnen oder haben EDV-Konzepte organisatorische Prinzipien zu berücksichtigen? Anfänglich schien sich die Vorherrschaft der Technik durchzusetzen, erst in den letzten Jahren wurden die bestehenden sozialtechnischen Systeme verstärkt beachtet. C.Baitsch/N.Troy haben im Rahmen eines Forschungsprojektes das Vorgehen bei der Einführung von EDV-Konzepten untersucht und dabei festgestellt, dass der Projektablauf beim Einsatz von EDV zunehmend durch die betrieblichen Bedürfnisse gesteuert wird.

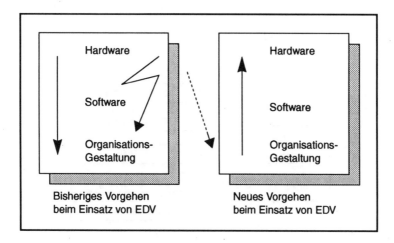

Abb. 5.17: Geforderter Projektablauf beim Einsatz von EDV nach C. Baitsch/ N. Troy$^{(5.8)}$

Sowohl bei den konventionellen als auch EDV-unterstützten Abläufen sollte nach diesem Ansatz von sachlich begründeten, effektiven Informationsbedürfnissen der einzelnen Stellen ausgegangen werden.

3.2 Vorgehen und Methodenwahl

Aufträge zur Analyse und Verbesserung der Arbeitsabläufe ganzer Unternehmen sind selten. Meistens beschränken sich die Projekte auf Teilbereiche, also z.B. die Verkaufsabteilung oder den Einkauf. Ebenso selten sind präzise Auftragsformulierungen über die zu erreichenden Ziele oder den Umfang und die Tiefe der vorgesehenen Analysen.

Innerhalb des gewünschten Bereiches wird es in der Regel dem Organisator überlassen, welche Aktivitäten in welcher Reihenfolge analysiert werden sollen. Die Arbeit des Projektleiters beginnt somit gemäss Darstellung 5.18 mit der Grobanalyse oder der Festlegung der zu untersuchenden Abläufe.

In der **Vor-Untersuchung** wird die Bedeutung, Häufigkeit und Kostenrelevanz der Arbeitsabläufe ermittelt. Die Reihenfolge der im Detail zu untersuchenden Abläufe richtet sich nach dem vermuteten Einsparungspotential.

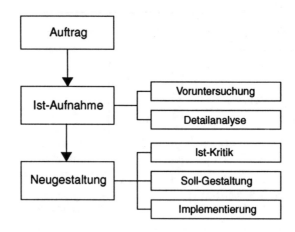

Abb. 5.18: Vorgehen bei Ablaufprojekten

Bei der **Detailanalyse** muss jede einzelne Aktivität, jedes Formular und jeder Informationsfluss erfasst werden.
Die graphische Darstellung der Arbeitsabläufe erleichtert die Ist-Kritik, welche als Grundlage für Verbesserungen dient. Bei sogenannten Standardabläufen sollen immer auch Musterlösungen konsultiert werden.

Die Festlegung des **Soll-Zustandes** ist der schwierigste Akt bei der Ablaufuntersuchung. Bei firmenspezifischen Abläufen geschieht dies aufgrund der IST-Korrektur, d.h. jede Tätigkeit des bestehenden Ablaufes wird in Frage gestellt. Bei Standardabläufen (Bestellabwicklung, Einkauf) führt meist der Beizug von Musterlösungen schneller zu Resultatverbesserungen.

Die Einführung oder **Implementierung** beginnt mit der Bekanntmachung des neuen Verfahrens und endet mit der Instruktion der Mitarbeiter über die Ausfüllung der neu geschaffenen Formulare.

In bezug auf die **Methodenwahl** stehen zahlreiche Techniken zur Verfügung. Welche Methode am schnellsten zum Ziel führt, hängt von der konkreten Problemstellung ab. In der Darstellung 5.19 haben wir einzelne Ablaufprobleme mit den entsprechenden Methoden dargestellt.

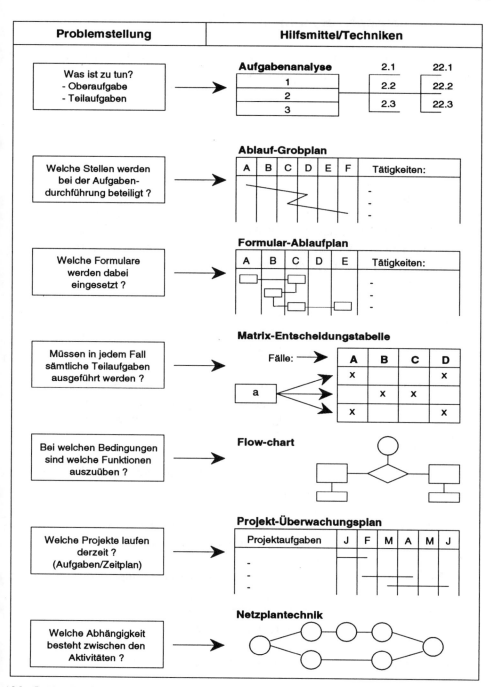

Abb. 5.19: Probleme und Techniken der Ablauforganisation

3.3 Einzelne Analysetechniken

Wir beschränken uns auf die Erläuterung jener Analysetechniken, welche auch bei Strukturproblemen ergänzend eingesetzt werden. Die häufigsten im administrativen Bereich sind:

- Ablauf-Grobplan
- Formular-Ablaufplan
- Aufgaben-Folgeplan (flow-chart).

Ablauf-Grobplan
Der Ablauf-Grobplan wird sowohl bei Struktur- als auch bei Ablaufprojekten im Rahmen der Voranalyse eingesetzt. Dabei interessiert uns die Frage, welche Stellen sich mit welchen Aktivitäten an einem Arbeitsprozess beteiligen. Erscheint der Ablauf zweckmässig, erübrigt sich in der Regel eine detaillierte Aufzeichnung. (Beispiel: vgl. Abb. 5.20.)

– Vorteile	– Rasche und einfache Erstellung
	– Guter Überblick über die an einer Operation beteiligten Stellen
– Nachteile	– Zu wenig Aussagekraft (Details, Formulare fehlen)
	– Bei Weiterverfolgung des Projektes muss Ablauf in detaillierter Form nochmals aufgenommen werden.

Formular-Ablaufplan
Beim Formular-Ablaufplan handelt es sich um eine aufwendige, jedoch vollständige und aussagefähige Technik (vgl. Abb. 5.21).

– Einsatz	– Zur Erfassung und Änderung relativ komplexer Arbeitsabläufe im administrativen Bereich
– Vorteile	– Exakte Aussagen über Operationen, zuständige Stellen und eingesetzte Formulare
	– Anschauliche Darstellung der Formular-Abläufe (Entstehung und Ablage)
– Nachteile	– Sehr aufwendige Arbeit.

Analyse und Gestaltung von Prozessen

Stellen					TEXMA AG		
					Arbeitsablauf: Betriebsmaterial Ist		
Dir	Pr	Ei	V	A	Nr	Aufgaben, Tätigkeiten	Bemerkungen
					1	– Wöchentliche Bestandeskontrolle – Festlegung der zu bestellenden Artikel und Mengen – Ausstellung einer Bedarfsanforderung	Lieferanten-kartei beim Einkauf
					2	– Ergänzt Bedarfsanforderung mit Preisen, Lieferbedingungen – Eintrag der Kostenstellen-Nummer – Schreiben der Bestellung	Produktion
					3	– Kontrolle der Bestellung, Unterschrift – Eintrag der bestellten Menge in Lagerkartei – Weiterleitung an Administration	Lagerkartei könnte vom Einkauf geführt werden
					4	– Kenntnisnahme und Kontrolle – Versand, Verteilung der Bestellkopien	Weshalb nicht Einkauf ?
					5	– Eingang der Auftragsbestätigung – Kenntnisnahme, Weiterleitung	
					6	– Kontrolle der Daten – Eintragung der Liefertermine – Meldung an Produktion	
					7	– Kontrolle der Daten – Eintragung der Liefertermine	Doppel-spurigkeit!
					8	– Eingang der Ware – Überprüfung der gelieferten Ware mit Auftragsbestätigung – Ausstellen Wareneingangsschein – Eintragung in Lagerkartei – Weiterleitung der Kopien	

Abb. 5.20: Beispiel eines Ablauf-Grobplanes

Ausführende Stellen					ELM
Verkauf		PPS		EDV	Div	Arbeitsablauf - Auftragsüberprüfung - Auftragsbearbeitung
Sachbearbeiter	Preisverantwortliche	Auftrags-Erfassung	Warenbewirtschaftung	Zentral-Planung	Daten-Erfassung	

Nr.	Aufgaben / Tätigkeiten
1.	- Entgegennahme des Kundenauftrages - Formular ELM-Auftragserfassung ausfüllen

2.	- Erfassen des Auftrages, inkl. Vorkontrolle
	  - Artikel-Nr.
	  - Kunden-Nr.
	  - Dessin-Nr. etc.

3.	- Abbuchen der Ware auf Auftrag - Überprüft den Warenzustand
4.	- Einplanung der Termine - Festlegen der Ecktermine

5.	- Erfassen und Eingabe der Termine in EDV
	- Ausdrucken von:
	  - Auftragsprotokoll
	  - Musterzimmer-Protokoll
	  - Lieferzeitbestätigung

6.	- Zusammenfassen von Auftragsprotokoll mit Originalauftrag - Musterzimmer-Protokoll an Musterzimmer (MZ) - Erstellung der Vorlagen oder Prüfung ob Hänger vorhanden - Zustellen der Vorlage an Vorlagezentrale (VZ) - Erstellen der Preisanalyse
7.	- Kontrolliert die Preise und visiert
8.	- Erstellt 2 Kopien der Preisanalyse - Schickt eine Kopie an Informatik
9.	- Abrufen des Auftrages im System - Ergänzen der Preise - Druckt Auftragsbestätigung 3-fach aus - Weiterleitung von 2 Auftragsbestätigungen an Verkauf
10.	- Kontrolliert Auftragsbestätigung - schickt visierte Original-Auftragsbestätigung mit einer Kopie der Preisanalyse an Kunden - Kopie der Auftragsbestätigung wird mit allen anderen Unterlagen vorläufig abgelegt.

Formulare:
1 = ELM-Auftragsformular
2 = Auftragsprotokoll
3 = Musterzimmerprotokoll
4 = Lieferzeitbestätigung
5 = Vorlage
6 = Preisanalyse
7 = Auftragsbestätigung

Symbole:
▱ = Formular erscheint erstmals im Ablauf
▱ = Formular wird vorläufig abgelegt
▱ = Formular wird definitiv abgelegt

Abb. 5.21: Beispiel eines Formular-Ablaufplanes

Die Aufnahme und Gestaltung eines Formular-Ablaufplanes ist eine Fleissarbeit. Speziell für diese Technik gelten folgende Vorgehensempfehlungen:

- Bis ein Arbeitsablauf in allen Einzelheiten stimmt, sind 3-4 Aufnahmen bzw. Überprüfungen erforderlich.
- Nichts darf als Tatsache hingenommen werden. Sowohl aufgedruckte Hinweise auf Formularen als auch sämtliche Aussagen der Befragten müssen einzeln überprüft werden.
- Die Auflistung der einzelnen Tätigkeiten muss am Arbeitsplatz der Beteiligten erfolgen. Bei dieser Gelegenheit können vorhandene Statistiken, Karteien und Registraturen überprüft werden.
- Stellen, welche einzelne Unterlagen nur zur Kenntnisnahme erhalten, müssen ihr Informationsbedürfnis nachweisen.

Aufgabe-Folgeplan
Die Aufgabefolgepläne, oft einfach flow-charts genannt, gibt es je nach Einsatzgebiet in zahlreichen Varianten. Organisatoren, welche diese als Hilfsmittel bei Strukturanalysen einsetzen, ergänzen sie mit den Stelleninhabern (Aufgabenträger-Folgeplan). Abb. 5.22 zeigt ein vereinfachtes Beispiel eines Aufgabenfolgeplanes.

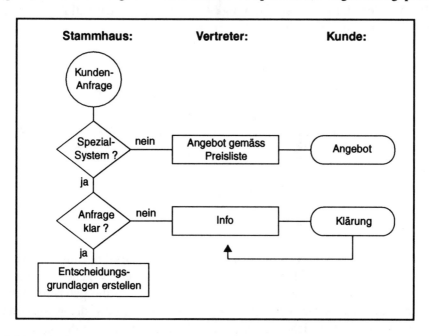

Abb. 5.22: Vereinfachtes Beispiel eines Aufgabenfolgeplanes

Merkmale des Aufgabefolgeplanes:

- Einsatz
  - In vereinfachter Form bei Strukturanalysen zur Erfassung der Hauptabläufe
  - In detaillierter Form zur Analyse und Verbesserung der Arbeitsabläufe
- Vorteile
  - Übersichtliche Darstellung der Hauptaktivitäten sowie der Abzweigungen
  - relativ rasche Erstellung
  - Zwang zur logischen Weiterverfolgung der Operation
- Nachteile
  - Für eigentliche Ablaufprobleme nur in detaillierter Form verwendbar
  - grosser Platzbedarf.

3.4 Gestaltung und Einführung bereinigter Abläufe

Wer Arbeitsabläufe im Detail erfasst, geht davon aus, dass er sie verbessern kann. Wie aber findet man einfachere, schnellere und zweckmässigere Arbeitsabläufe? Wie bei der Gestaltung der Strukturen gibt es auch hier einen leitbild- oder modellorientierten und einen eher praxisorientierten Ansatz.

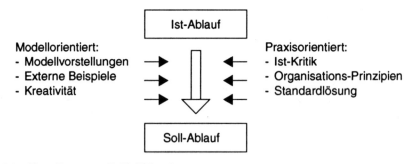

Abb. 5.23: *Vom Ist- zum Soll-Ablauf*

In einer ersten Phase kommen die **praxisorientierten Ansätze** zum Zug. Mit einem Rotstift werden im Ist-Ablauf alle jene Stellen markiert, welche sich im Ablauf besonders störend auswirken. Darauf wird untersucht, ob die gewählte Arbeitsteilung den organisatorischen Prinzipien der Stellenbildung bzw. der Aufgabenbündelung entspricht. Schliesslich werden bei der Ausarbeitung von Lösungsvorschlägen auch Standardlösungen beigezogen. Im Mittelpunkt der praxisorientierten Methode steht die lückenlose Infragestellung sämtlicher Aktivitäten.

Erst wenn die praxisorientierten Ansätze nicht zum gewünschten Erfolg führen, nimmt man Zuflucht zu **Modellvorstellungen**. Externe Beispiele aus ähnlich gelagerten Betrieben sind zwar nicht immer besser, sie enthalten aber oft Teillösungen, welche auch für den eigenen Betrieb interessant sein können. Wir haben die Kreativität am Schluss aufgeführt, weil auf dem Gebiet der Ablauforganisation vollständig neue Ansätze eher selten gefunden werden.

Die Infragestellung sämtlicher Aktivitäten erfolgt im Rahmen der Ist-Kritik und kann sich auf folgende Aspekte beziehen:

– **WAS** (Zweck der Aufgabe)	– Was wird getan? – Was würde passieren, wenn diese Arbeit weggelassen würde? – Lässt sich der Zweck dieser Aufgabe auch anders erreichen?
– **WO** (Ort der Aufgabe)	– Warum wird die Aufgabe von dieser Stelle erledigt? – Welche anderen Stellen kommen dafür auch noch in Frage? – Bei welcher möglichen Stelle würden die geringsten Transport- und Laufwege entstehen?
– **WER** (Richtige Person)	– Ist innerhalb des zuständigen Verantwortungsbereiches die richtige Person zuständig? – Wer könnte diese Aufgabe ebensogut ausführen? – Wurde die Aufgabe an die unterste mögliche Stelle delegiert?
– **WANN** (Zeitpunkt)	– Wird die Aufgabe zum richtigen Zeitpunkt erledigt? – Wurden die Bearbeitungszeiten der vor- und nachgelagerten Stellen aufeinander abgestimmt? – Wie oft treten zeitliche Verzögerungen auf?
– **WIE OFT** (Häufigkeit)	– Wie oft wird die zur Diskussion stehende Aufgabe vom Stelleninhaber erledigt? – Würde sich eine Zusammenlegung oder Sofortbearbeitung generell positiv auswirken?
– **WIE** (Methodik)	– Mit welchen Methoden und Verfahren wird die Arbeit ausgeführt? – Kann die Arbeit einfacher, besser, schneller ausgeführt werden? – Welche Standardisierungsmöglichkeiten gibt es? – Basiert die Tätigkeit auf den richtigen Unterlagen? – Gibt es technische Hilfsmittel, welche die Arbeit erleichtern würden?

Die aufgrund der Hinterfragung oder von externen Beispielen erstellten Soll-Abläufe müssen in bezug auf Vollständigkeit und Realisierbarkeit mehrmals überprüft und angepasst werden.

Die eigentliche **Implementierung** oder Einführung der Abläufe beginnt meist schon in der Analysephase. Wer eine bestehende Regelung beim zuständigen Mitarbeiter erfasst, muss auch Bescheid wissen über mögliche Verbesserungen. Diese Einbeziehung des Mitarbeiters, die Diskussion über Lösungsmöglichkeiten fördert die positive Einstellung gegenüber Neuerungen. Wir haben es erlebt, dass nach jeder Besprechung des Ist-Zustandes die Verbesserungsvorschläge unverzüglich eingeführt wurden. Diese fliessende Anpassung ist allerdings nur dann möglich, wenn die entsprechenden Stelleninhaber selbst bestehende Formulare oder Programme ändern können. Müssen bereichsfremde Spezialisten beigezogen werden, dann muss der Soll-Vorschlag als Einheit genehmigt werden. Wichtig ist eine intensive Betreuung und Unterstützung der mit den Änderungen betroffenen Mitarbeiter. Der Einsatz des Organisators ist erst dann abgeschlossen, wenn die letzte Störung behoben ist.

Literatur zu Kapitel 5

5.1	Jordt A. / Gscheidle	Methoden und Verfahren der problemanalytischen Arbeit, Stuttgart 1969
5.2	Feurer W.	Brevier der Arbeitsvereinfachungen, Praktische Betriebswirtschaft, Bern 1961
5.3	Feurer W.	Brevier der Arbeitsvereinfachungen, Praktische Betriebswirtschaft, Bern 1961
5.4	Rieder L.	Gemeinkosten senken, Veröffentlichung des Tagesanzeigers 1986
5.5	Haberfeller R./ Wintschi A.	Rationalisierung im Overhead-Bereich, iO-Zeitschrift 4/1978
5.6	Gutzler E.H.	GWA - Wunderwaffe mit vielen Tücken, Harvard-Manager IV 1992
5.7	Huber R.	Gemeinkosten-Wertanalyse, Bern 1986
5.8	Baitsch C. / Troy N.	Moderne EDV-Konzepte verlangen neue Organisationen, iO-Zeitschrift 10/1986

Kapitel 6
Organisationsformen

1. Grundlagen der strukturellen Ausrichtung 222
1.1 Von der Strategie zur Struktur 222
1.2 Darstellung und Beurteilung der Dimensionen 226
1.3 Möglichkeiten der Strukturierung 228

2. Eindimensionale Organisationskonzepte 234
2.1 Nach Funktionen orientierte Organisationskonzepte 234
2.2 Produktorientierte Organisationsform 236
2.3 Regionale Organisationskonzepte 238

3. Matrix-Organisation 241
3.1 Darstellung und Integration der Dimensionen 241
3.2 Regelung der Zusammenarbeit 243
3.3 Vorteile und Probleme der Matrix-Organisation 245
3.4 Tensor-Organisation 247

4. Produktmanagement 250
4.1 Grundlagen des Produktmanagements 250
4.2 Anwendungsvoraussetzungen 251
4.3 Aufgaben des Produktmanagers 253
4.4 Einsatzformen und organisatorische Integration 255
4.5 Vorteile und Probleme des Produktmanagements 257

5. Projektmanagement 259
5.1 Grundlagen des Projektmanagements 259
5.2 Projektkoordination (Projektmanagement in Stabsfunktion) 262
5.3 Matrix-Projektorganisation (integrierte Projektorganisation) 264
5.4 Reine Projektorganisation (Task Force Management) 270
5.5 Gestaltung und Abwicklung von Projekten 273

6. Aktuelle Organisationskonzepte 279
6.1 Lean Management 280
6.2 Cluster- und/oder Netzwerkorganisation 285

Literatur zu Kapitel 6 288

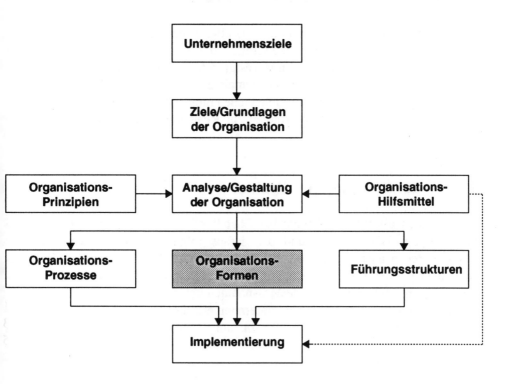

Problemkreise/Fragen

- Welcher Zusammenhang besteht zwischen der Strategie und der Organisationsstruktur eines Unternehmens?
- Wie geht man vor bei der Festlegung der Organisationsform?
- Welche Vor- und Nachteile haben eindimensionale Organisationskonzepte?
- Was ist bei der Gestaltung und Implementierung einer Matrix-Organisation zu beachten?
- Weshalb gelten Produkt-Management-Positionen als anspruchsvoll?
- Wie werden Projektteames erfolgreich eingesetzt?
- Was versteht man unter Lean Management?

1. Grundlagen der strukturellen Ausrichtung

Jedes Unternehmen benötigt zur Sicherstellung geordneter Informations- und Arbeitsprozesse eine organisatorische Grundstruktur. Als Grundstruktur bezeichnen wir die von der Unternehmensleitung festgelegte Arbeitsteilung auf der zweiten Führungsstufe. Weil die Organisation niemals Selbstzweck sein darf, sondern der Erreichung der unternehmerischen Ziele dienen muss, sollte die gewählte Arbeitsteilung die bestmöglichen Voraussetzungen zur Realisierung der Produkt-Marktziele bieten.

1.1 Von der Strategie zur Struktur

Die Diskussion über dieses Thema hat Chandler[6.1] mit seiner Untersuchung bei amerikanischen Unternehmen und der daraus folgenden Erkenntnis: «structure follows strategy» ausgelöst. Erfolg hat nach dieser These nur dasjenige Unternehmen, dem es gelingt, seine gesamte Struktur so zu gestalten, dass sie die eingeschlagene Strategie stets durch operative Massnahmen unterstützt.

Die Ausrichtung der Struktur auf die unternehmerischen Ziele schmälert jedoch keinesfalls die Bedeutung der Organisationsplanung. Man darf sogar behaupten, dass es leichter ist, eine neue Geschäftsstrategie festzulegen, als diese mit dem bestehenden Management operativ umzusetzen.

> Wer sich einen längerfristigen Erfolg sichern will, muss in seinem Unternehmen **Strategie, Struktur und Kultur** sorgfältig aufeinander abstimmen.

Die zu einem bestimmten Zeitpunkt gültige Unternehmensphilosophie beeinflusst somit direkt die Strukturierung eines Unternehmens. Weil auch die Ansichten über erfolgreiches Management einem zeitlichen Wandel unterworfen sind, stehen laufend neue Strukturen im Vordergrund. Trotzdem sollten wir die aktuell bevorzugten Organisationsformen nicht als Modeerscheinungen bezeichnen.

Federführend bei der Aktualisierung der Strukturen sind die Konzernorganisationen. Die Entwicklung der Strategie und die darauf basierenden Prinzipien mit den entsprechenden Organisationsformen haben wir in Abb. 6.1 dargestellt.

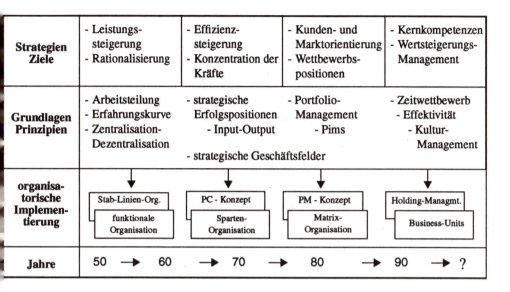

Abb. 6.1: *Entwicklungsphasen der strategischen Strukturierung nach Gomez*[(6.2)]

Anfänglich wurde die organisatorische Gestaltung geprägt durch die Prinzipien der Arbeitsteilung, Leistungsorientierung und Rationalisierung, womit funktionale Strukturen im Vordergrund standen. Es folgten die Dezentralisierungsmassnahmen in Form der Spartenorganisation oder funktionale Konzepte mit Produktverantwortlichen in Form der Matrix-Organisation. Als Folge der Effektivitätsorientierung ist heute das «Lean Management» Hauptgesprächsthema. Die Grundlagen dazu bilden eine bessere Orientierung an der Wertschöpfung, das prozessorientierte Denken und damit vermehrt vertikale Arbeitsprozesse.

Weil wir uns nur kurz mit der Entwicklung der Unternehmensstrategie befassen möchten, konzentrieren wir uns auf jene Ansätze, welche die Organisationsplanung in den letzten Jahren geprägt haben. Im Vordergrund steht dabei die Verbesserung der Wettbewerbsposition durch Konzentration der Kräfte auf die aussichtsreichsten Teilmärkte. Bei der Festlegung der Marketingstrategie wählt ein Unternehmen bewusst eine Produkt-Markt-Kombination, mit der es die Probleme der Zielgruppe besser lösen will als die Konkurrenz. Ein systematischer Mitteleinsatz führt automatisch zur Bildung und Abgrenzung strategischer Geschäfts-Felder (SGF), da sinnvolle Strategien nur auf der Ebene von SGF formuliert werden können. Dabei stellt sich die Frage, welche Produkt-Marktkombinationen als SGF für die Umsetzung in strategische Geschäfts-Einheiten (SGE) in Frage kommen. Nach Gerhard Drexel[(6.3)] liegt ein SGF vor, wenn folgende Fragen mehrheitlich positiv beantwortet werden können :

- Wird ein eigenständiges und andauerndes Bedürfnis einer klar abgrenzbaren Zielgruppe befriedigt?
- Kann eine eigene, von anderen Geschäftsfeldern unabhängige Strategie verfolgt werden (selbständiges Erscheinen und Handeln im Markt)?
- Ist eine eigenständige Marktleistung (Produkte und/oder Dienstleistungen) möglich?
- Kann die Verantwortung für das Geschäftsfeld einer sinnvollen organisatorischen Einheit zugeteilt werden?
- Liegen gute Voraussetzungen für eine wirtschaftliche Bearbeitung vor?
- Können die durch das Geschäftsfeld erzielten Erträge und die verursachten Kosten diesem zugeordnet werden?
- Kann das Geschäftsfeld mit bestimmten Absatzkanälen besonders leicht bearbeitet werden?
- Vermeidet die vorgesehene Gliederung der Geschäftsfelder eine Zersplitterung der Tätigkeiten?
- Können bestimmte Konkurrenten klar zugeordnet werden? Oder: Gelingt es, mit Hilfe der SGF-Segmentierung der Konkurrenz aus dem Wege zu gehen?
- Ist das SGF in sich homogen («Mini-Unternehmen»)?
- Wäre das Geschäftsfeld allein grundsätzlich lebensfähig?

Für jedes einzelne Geschäftsfeld wird darauf eine Teilstrategie festgelegt. Dabei können strategische Entscheide durchaus Auswirkungen auf die Organisation haben. Beispielsweise kann die Strategie vorsehen, ganze Leistungssysteme statt Produkte anzubieten, ein Ziel, das die Integration von vor- und nachgelagerten Produktionsstufen in die Organisation zur Folge hat. Ein gegenteiliges Ziel könnte die Reduzierung der Bereitschaftkosten beinhalten und damit die Abtrennung von Prozessen (Outsourcing) bedeuten.

Eine einseitige Darstellung der Organisationsstruktur als Instrument der Strategie verkennt die bereits erwähnte Wechselwirkung zwischen Strategie und Struktur. In zahlreichen uns bekannten Fällen hat der organisatorische Aufbau eines Unternehmens die strategische Ausrichtung massgeblich beeinflusst. Dieser Einfluss resultiert nicht zuletzt aus dem in der Abb. 6.2 dargestellten Vorgehen bei der Erarbeitung einer Unternehmenspolitik.

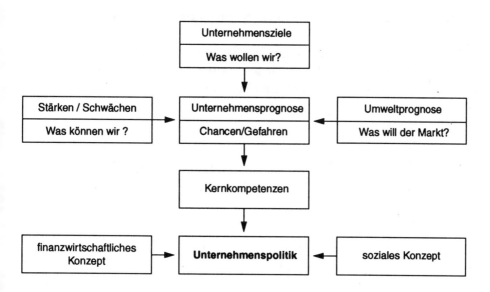

Abb. 6.2: Vorgehen bei der Erarbeitung einer Unternehmenspolitik

Ein wesentliches Element bei der Festlegung der Unternehmenspolitik bildet die Stärken-/Schwächenanalyse. Zu den zu analysierenden Kriterien gehören beispielsweise das technische Know-how, die Innovationsfähigkeit, die Absatzorganisation, die Funktionstüchtigkeit des Kundendienstes oder die regionale Präsenz. Zählen diese Kriterien zu den Stärken des Unternehmens, dann wird untersucht, ob die Marktentwicklung einen weiteren Ausbau rechtfertigt. Im positiven Fall zählen diese Eigenschaften zu den Kernkompetenzen eines Unternehmens. Damit können organisatorische Eigenschaften zu Bestimmungsfaktoren für Strategievarianten werden.

Die aufgezeigte Wechselwirkung bedeutet indessen nicht, dass die zu wählende Stossrichtung eines Unternehmens an bestehende organisatorische Voraussetzungen gebunden ist. Eine Organisation kann ausgebaut, geändert oder im Extremfall eingekauft werden. Wenn Fleischkonzerne Tiefkühlketten erwerben oder Pharmaunternehmen ausländische Forschungsbetriebe übernehmen, dann kann der wichtigste Grund durchaus in der Überwindung einer organisatorischen Schwäche liegen.

1.2 Darstellung und Beurteilung der Dimensionen

Die Wahl der richtigen Organisationsform beginnt mit der Darstellung und Bewertung der unternehmerischen Dimensionen. In der bekannten Würfelform könnten diese für einen Industriebetrieb und eine Versicherungsgesellschaft wie folgt dargestellt werden:

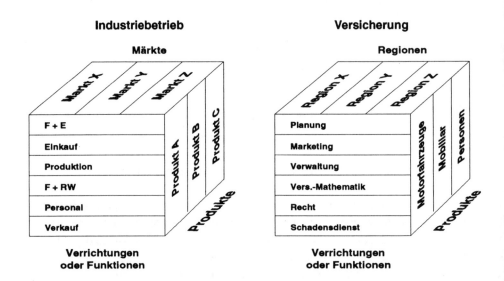

Abb. 6.3: Unternehmerische Dimensionen eines Industrie- und Versicherungsunternehmens

Neben den wichtigsten unternehmerischen Dimensionen
- Verrichtungen oder Funktionen
- Produkte oder Dienstleistungen
- Absatzmärkte oder Regionen

kann auch die Dimension Projekte (z.B. bei Generalunternehmen) als separate Dimension im Organigramm erscheinen.

Wichtigste Frage bei der Organisation:

> «Welcher unternehmerischen Dimension muss bei der künftigen Leistungserbringung eine Vorzugsstellung eingeräumt werden»?

Mit der Bewertung der Dimensionen und der Festlegung der Prioritäten fällt der Unternehmer einen wichtigen unternehmenspolitischen Entscheid. Anders ausgedrückt bedeutet dies, dass ohne klare strategische Grundsätze eine organisatorische Gestaltung des Unternehmens willkürlich wäre.

Den Zusammenhang zwischen den unternehmerischen Dimensionen und den daraus resultierenden Organisationsformen haben wir in Abb. 6.4 dargestellt.

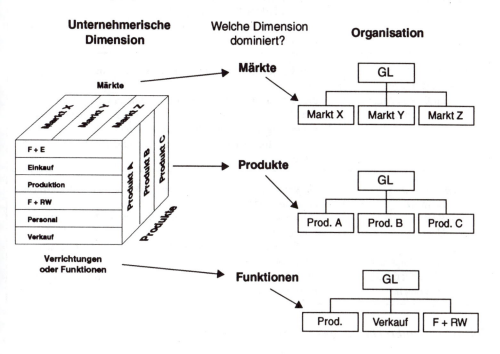

Abb. 6.4: Von den unternehmerischen Dimensionen zur Organisationsform

Die wichtigste unternehmerische Dimension bestimmt die Aufgabenteilung auf der zweiten Führungsstufe und damit die Grundstruktur eines Unternehmens. Je nach Bedeutungsgewicht der Dimensionen erhalten wir eine nach Märkten, Produkten oder Funktionen orientierte Organisationsform. Bei der Bewertung der unternehmerischen Dimensionen sind die Eigenschaften des Unternehmens zu analysieren und die Prioritäten festzulegen (vgl. Abb.6.5).

Diese unternehmerische Dimension ...	hat bei der Festlegung der Organisationsform erste Priorität, wenn ...
Verrichtung oder Funktionen, z.B – Entwicklung – Einkauf – Personal – Verkauf – F+RW	– die Zentralisierung einzelner Tätigkeiten eine echte Spezialisierung bewirkt, – aus dieser Spezialisierung Entwicklungs-, Produktions-, Rationalisierungs- oder Servicevorteile resultieren, – der realisierte Vorteil bzw. das fachtechnische Know-how einem echten Marktbedürfnis entspricht, – wenn der Kunde bereit ist, diese speziellen Fähigkeiten und Vorteile zu bezahlen.
Produkte z.B. – Kleinanlagen – mittlere Anlagen – Grossanlagen	– von der Entwicklung und der Produktion her die Technologien unterschiedlich sind, – die Abnehmer bei den einzelnen Produkten verschieden sind, – sich der Produktions- und Verkaufsprozess (Serien oder Sonderanfertigungen) wesentlich unterscheiden, – die Bedürfnisse der Kunden eine unterschiedliche Servicepolitik erfordern.
Märkte z.B. – Schweiz – Europa – Übersee oder: – Grossabnehmer – Wiederverkäufer – Verbraucher	– die spezifischen Marktkenntnisse für den Verkaufserfolg von ausschlaggebender Bedeutung sind, – die Abnehmermentalität in den verschiedenen Märkten unterschiedlich ist, – der Verkauf an verschiedene Absatzkanäle mit der gleichen Absatzorganisation schwierig ist, – die Stärke des Unternehmens im spezifischen Know-how der betreffenden Gruppe liegt.

Abb. 6.5: Unternehmerische Dimensionen und Prioritäten

1.3 Möglichkeiten der Strukturierung

Bei der Darstellung der möglichen Strukturformen gehen wir vom Normalfall aus, bzw. von der Hypothese Chandlers, wonach die Strategie die Organisationsstruktur bestimmt. Massgebend für die Wahl der richtigen Organisationsform ist dabei die Bewertung der unternehmerischen Dimensionen, oder etwas moderner ausgedrückt, der Stellenwert der strategischen Geschäftsfelder. Aus der richtigen Bewertung der unternehmerischen Dimensionen oder der korrekten Verankerung der SGF ergeben sich gem. Abb. 6.6 die verschiedenen Möglichkeiten zur Strukturierung eines Unternehmens.

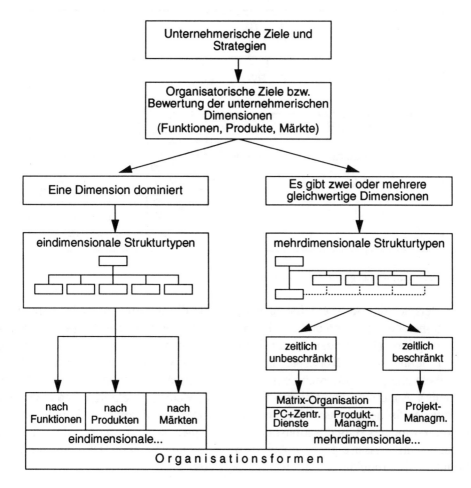

Abb. 6.6: Von der Strategie zur Organisationsform

Von zentraler Bedeutung bei der organisatorischen Strukturierung ist somit die Frage, ob einer Dimension zur Erreichung der unternehmerischen Ziele eine Schlüsselfunktion zukommt. Kann diese Frage mit einem eindeutigen Ja beantwortet werden, so ist die Aufgabenzuteilung auf der zweiten Führungsstufe festgelegt. Die zweit- oder drittrangigen Dimensionen erscheinen im Organisationskonzept auf einer tieferen Führungsstufe.

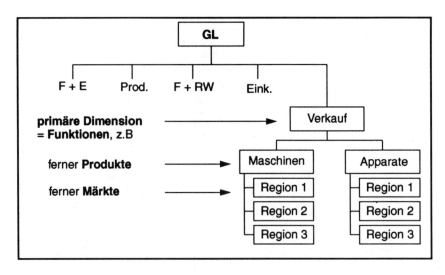

Abb. 6.7: Einstufung der Dimensionen

Beim Beispiel der Abb. 6.7 haben wir uns für die unternehmerische Dimension «Funktionen» entschieden und damit den Verkauf bereits auf der zweiten Führungsstufe integriert. Die übrigen Dimensionen erscheinen auf einer tieferen Führungsstufe. Eindimensionale Konzepte sind immer dann vorzuziehen, wenn die SGF nur in Teilbereichen des Unternehmens auftreten (hier: Absatzorganisation Maschinen/ Apparate). Anders zu beurteilen wäre der Fall, wenn in mehreren Bereichen eine produktspezifische Arbeitsteilung praktiziert würde. In diesem Falle könnte sich ein zweidimensionales Organisationskonzept, beispielsweise in Form des Produkt-Managements, besser eignen, wobei als primäre Dimension die Funktionen und als sekundäre die Produkte gewählt werden (vgl. Abb. 6.8).

Der wichtigste **Unterschied** zwischen einer eindimensionalen und einer zweidimensionalen Organisationsstruktur kann wie folgt verdeutlicht werden:

- Bei **eindimensionalen Konzepten** wählen wir zur Bereichsbildung entweder die Funktionen, Produkte oder Märkte. Die übrigen Dimensionen werden den Bereichen unterstellt.
    = **Entweder-Oder-Entscheid**

- Bei **mehrdimensionalen Konzepten** unterstellen wir sowohl die primäre Dimension als auch die sekundäre der Lenkungsinstanz.
    = **Sowohl-als-auch-Entscheid**

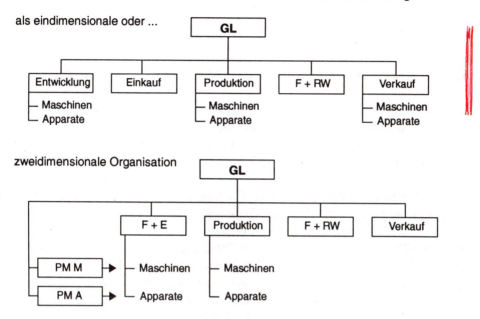

Abb. 6.8: *Organisation mit starker Ausprägung der zweiten Dimension*

Bei den mehrdimensionalen Organisationskonzepten ergeben sich nach Menzl/ Gmür[6.4] folgende Kombinationsmöglichkeiten:

Sekundär-Struktur	Primärstruktur		
	Funktionen	Produkte	Märkte
– **Funktionen**	X	- Profit Center oder Spartenmatrix mit zentralen Funktionen	- länderorientierte Konzernmatrix
– **Produkte**	- Häufigste Form des Produktemanagements	X	- zentrales Produktmanagement in multinationalem Konzern
– **Märkte** (Länder oder Abnehmerkategorien)	- funktionale multinationale Konzernorganisation	- Profit Center oder Sparten-Matrix mit zentralen Regionen	X

Abb. 6.9: *Beispiele zweidimensionaler, dauerhafter Überlagerungen*

Bei mehrdimensionalen Konzepten sind am häufigsten die Kombinationen:

- Funktionen/Produkte und
- Produkte/Funktionen

im Sinne des Produktmanagements und der Matrix-Organisation anzutreffen.

In der Literatur werden die Organisationsformen auch nach den Begriffen: **Zentralisierung - Dezentralisierung** eingestuft. Diese Unterscheidung kann leicht zu Missverständnissen führen, denn Zentralisierung nach einem Merkmal bedeutet zugleich Dezentralisierung nach den übrigen Merkmalen.

In den meisten Fällen wird der Begriff Zentralisierung auf Aufgaben und Stellen bezogen, womit unter zentralisierten Organisationskonzepten verrichtungsorientierte oder funktionale Organisationsformen verstanden werden. Demgegenüber entstehen dezentrale Organisationskonzepte durch Zuteilung von ehemals zentralen Aufgaben auf Produktegruppen, Sparten oder Regionen. Weil durch diesen Vorgang bei den Sparten zusammenhängende Prozesse entstehen, wird er in den letzten Jahren auch als «Vertikalisierung» bezeichnet. In der Abb. 6.10 sind die Organisationsformen nach dem Merkmal der Zentralisierung geordnet.

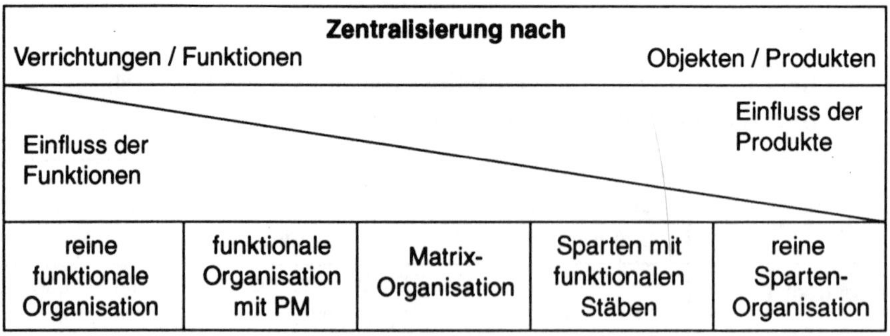

Zentralisierung nach				
Verrichtungen / Funktionen				Objekten / Produkten
Einfluss der Funktionen				Einfluss der Produkte
reine funktionale Organisation	funktionale Organisation mit PM	Matrix-Organisation	Sparten mit funktionalen Stäben	reine Sparten-Organisation

Abb. 6.10: Organisationsformen in bezug auf die Zentralisierung von Objekten und Verrichtungen

Bei Konzernorganisationen besteht derzeit eine unverkennbare Tendenz zur Dezentralisierung oder Vertikalisierung der Prozess-Strukturen. Dabei spielen nach Gomez[6.5] folgende Ziele und Einflussfaktoren eine Rolle:

- Ausrichtung auf lokale Märkte
- Nutzung der Kernkompetenzen
- Steigerung des Unternehmenswertes
- Förderung des Unternehmensgeistes
- Internationale Kooperation.

Bei grösseren Firmen beinhaltet die Dezentralisierung eine Verlagerung von Aktivitäten ins Ausland. Solche Massnahmen erfolgen nicht zuletzt aus Kosten-Nutzen-Überlegungen.

Merksätze:
- Die Strategie bestimmt, welche unternehmerische Dimension (Funktionen, Produkte, Märkte) in der Struktur die grösste Bedeutung erhält.

- Mit der Wahl der primären unternehmerischen Dimension fällt der Grundsatzentscheid über die Aufgabenteilung und damit über die Grundstruktur.

- Eindimensionale Konzepte konzentrieren sich auf eine unternehmerische Dimension.

- Zwei- oder mehrdimensionale Konzepte betrachten zwei (Matrix) oder mehrere (Tensormodelle) Dimensionen als gleichwertig.

- Keine der dargestellten oder noch zu erläuternden Organisationsformen erscheinen in der Praxis in reiner Form. Den Normalfall bilden somit die Mischformen.

- Weil sich die Einflussfaktoren laufend ändern, kann keine Organisationsform für eine längere Zeitperiode als ideal betrachtet werden. Die Wahl der Unternehmensstruktur ist ohne Kompromisse nicht möglich.

2. Eindimensionale Organisationskonzepte

2.1 Nach Funktionen orientierte Organisationskonzepte

Bei der nach Funktionen orientierten Organisationsform erscheinen auf der zweiten Führungsstufe Bereiche oder Abteilungen, welche nach dem Prinzip der Spezialisierung vergleichbare Tätigkeiten oder Verrichtungen enthalten. Aus diesem Grund wird dieses Modell auch als verrichtungsorientiertes Modell bezeichnet. Um Verwechslungen vorzubeugen sei nochmals darauf hingewiesen, dass die funktionale Organisationsform nichts mit dem funktionalen Organisationstyp zu tun hat, bei welchem, nach dem Prinzip des Mehr-Linien-Systems, Anweisungen angeblich von allen Stellen erfolgen sollen.

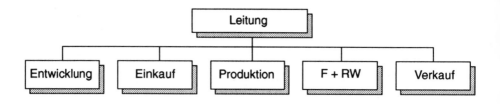

Abb. 6.11: Nach Funktionen orientierte Organisationsform

Im St. Galler Management-Konzept[6.6] werden die funktionalen Bereiche unterteilt in:
- **Versorgungsbereich**
  (Einkauf, Personal, Finanzen, Informationen)
- **Vollzugsbereich**
  (Forschung und Entwicklung, Produktion, Verkauf).

Diese Unterscheidung ist vor allem bei Industriebetrieben einleuchtend und sinnvoll. Dem Vollzugsbereich zugeordnet sind alle jene Aktivitäten, welche die eigentliche Wertschöpfungskette bilden, während der Versorgungsbereich die Supportleistungen enthält. Obwohl sich dieser Ansatz als alleiniges Strukturierungsprinzip kaum eignet, werden in den letzten Jahren grosse Anstrengungen unternommen, die Aktivitäten des Vollzugsbereiches ablauforganisatorisch und strukturell zu verbinden (Ansatz des simultaneous engineering). In der klassischen Form enthalten die Bereiche oder Stellen gleichartige Verrichtungen, welche der beruflichen Ausbildung und damit einer natürlichen Arbeitsteilung entsprechen. Aus diesem Grund haben die meisten Kleinunternehmen eine nach Funktionen ausgerichtete Organisationsform

Weil mit zunehmender Grösse des Unternehmens der Aufwand zur Koordination der funktionalen Stellen überproportional zunimmt, sind funktionale Organisationskonzepte bei Konzernorganisationen eher selten anzutreffen.

Wichtigste Vorteile der funktionalen Organisationsform

- Maximale Nutzung von funktionalem Know-how durch Spezialisierung.
- Die Arbeitsteilung entspricht der beruflichen Ausbildung (Einkäufer, Buchhalter, Verkäufer).
- Die Zusammenfassung gleichartiger Aufgaben ermöglicht einen hohen Standardisierungs- und Rationalisierungsgrad (Bestellabwicklung, Fakturierung, Losgrösse Fabrikation).
- Innerhalb der Bereiche wird durch die Zusammenfassung gleicher Berufskategorien die Kommunikation und Koordination erleichtert.
- Die Personalkosten für das Kader sind verhältnismässig niedrig, da anspruchsvolle Positionen (Entwicklungsleiter, Einkäufer, Finanzchef) nur einmal besetzt werden müssen.
- Die Aufgabenteilung und damit auch die Kompetenzordnung sind übersichtlich und eindeutig.

Wichtigste Probleme der funktionalen Organisation

- Für die Leitungsinstanz entstehen anspruchsvolle Führungs- und Koordinationsprobleme.
- Die tägliche Koordination von «Nicht-Routine-Problemen» führt zu einem Problemstau an der Spitze des Unternehmens.
- Teilaufgaben werden gerne überbewertet, womit die Gefahr der Bürokratisierung entsteht.
- Die ungenügende Transparenz in bezug auf die Kosten- und Ertragsverantwortlichkeit erschwert eine wirtschaftlich orientierte Unternehmensführung.
- Eine funktionale Organisation erfordert von den Mitarbeitern ein hohes Mass an Selbstkoordination.

Wichtige Anwendungsvoraussetzungen

- Die Transparenz in bezug auf die Leistungserstellung muss vorhanden sein (bei kleineren und mittleren Unternehmen eher gewährleistet).
- Die Nachfrage- und Marktverhältnisse müssen relativ stabil und überschaubar sein.
- Die Routineaufgaben müssen überwiegen.

2.2 Produktorientierte Organisationsform

Unternehmen mit einem heterogenen Leistungsangebot suchen den Erfolg durch Zusammenlegung produktspezifischer Aktivitäten. Sie spezialisieren sich primär auf Produkte und Objekte und unterstellen den dafür Verantwortlichen die Verrichtungen. Bei grösseren Unternehmen bezeichnet man die produktorientierten Bereiche als Sparten oder Divisionen. Schertler[6.7] bezeichnet eine «Produktsparte» als Division, wenn sie über sämtliche Funktionsbereiche der Leistungsentwicklung, -erstellung und -verwertung direkt oder relativ autonom verfügen kann, rechtlich aber unselbständig bleibt. Diese Form der führungsmässigen und abrechnungstechnischen Verselbständigung wird als Profit-Center bezeichnet.
Obwohl den Produktbereichen ein hohes Mass an Selbständigkeit zugebilligt wird, braucht es zu deren Führung und finanziellen Überwachung einzelne Zentrale Dienste (z.B. Controlling). Produktorientierte Organisationsformen gibt es somit niemals in reiner Form, sondern nur als Kombination mit einzelnen funktionalen Stellen.

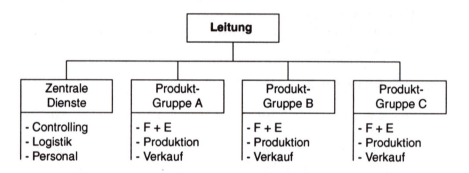

Abb. 6.12: Nach Produkten orientierte Organisationsform

Nach Hill[6.8] sind divisionale Organisationskonzepte an folgende Voraussetzungen gebunden:

- Die Division muss ihre leistungsbezogenen Zweckbereiche weitgehend selber leiten.
- Die Division ist gleichzeitig Teil eines grösseren Systems.
- Die Division ist rechtlich nicht selbständig.

Der letzte Punkt dieser Definition muss allerdings in Frage gestellt werden. Mindestens in der Schweiz sind rechtliche Verselbständigungen eher eine steuerpolitische als eine führungstechnische Angelegenheit. Beispielsweise gibt es zahlreiche Holdinggesellschaften mit starken zentralen Stäben, welche strategische Entscheide auch für rechtlich verselbständigte Firmen fällen. Generalversammlungen oder Verwaltungsratssitzungen solcher Tochterbetriebe sind dabei eine reine Formsache.

Wichtigste Vorteile der produktorientierten Organisationsform

- Maximale Nutzung des produktspezifischen Know-how durch Konzentration der Kräfte.
- Bessere Kenntnisse der produktorientierten Umwelt und Marktfaktoren.
- Die Arbeitsabläufe können prozessorientiert gestaltet und gesteuert werden (CIM-Ansatz), dadurch wird eine bessere Koordination und Kommunikation innerhalb des Subsystems erreicht.
- Wesentliche Entlastung der Gesamtleitung von Koordinationsaufgaben.
- Bessere Transparenz in bezug auf Kosten- und Ertragsabgrenzung (Profit-Center).
- Günstige Voraussetzungen für klare Zuteilung von Verantwortung und Kompetenzen.
- Die Identifikation der Mitarbeiter mit dem Betrieb ist erfahrungsgemäss bei kleineren, überschaubaren Einheiten grösser.
- Kleinere Betriebseinheiten entfalten zudem eine Eigendynamik, wobei zwischen den Produktbereichen eine willkommene Wettbewerbssituation entsteht.
- Fehler innerhalb des strategischen Managements wirken sich nur auf Teilbereiche aus.

Wichtigste Probleme der produktorientierten Organisationsform

- Die Wahrnehmungen der eigenen Interessen führen zu einer Missachtung der «corporate identity» des Gesamtunternehmens (Teiloptimierung statt Optimierung des Gruppenerfolges).
- Durch die Mehrfachbesetzung gleichartiger funktionaler Stellen kann das funktionale Know-how zu wenig genutzt werden; gleichzeitig wird der Einsatz von Spezialisten erschwert.
- Die Leitung der Sparten muss mit unternehmerisch denkenden Generalisten besetzt werden.
- Zur Wahrnehmung der zentralen Aufgaben (Investitionen, Budgetierung, Festlegung von Verrechnungspreisen) müssen bei der Gesamtleitung kompetente Spezialisten eingesetzt werden.

Wichtigste Anwendungsvoraussetzungen

- Ein vielfältiges und heterogenes Leistungsangebot, welches es ermöglicht, in den einzelnen Sparten Entwicklung, Produktion und Verkauf zusammenzufassen.
- Eine heterogene Kundenstruktur mit unterschiedlich gelagerten Problemen (Trifft dies nicht zu, so lernen sich vielfach die Vertreter der eigenen Firma beim Kunden kennen.).
- Die Möglichkeit, Kosten und Erträge sowie die personelle Verantwortlichkeit ausreichend abgrenzen zu können.
- Eine ausgebaute Gesamtplanung sowie fortschrittliche Führungs- und Kontrollinstrumente.

2.3 Regionale Organisationskonzepte

Die nach Märkten orientierten Organisationsformen sind in der Wirtschaft relativ häufig anzutreffen. Da sie meist in Form von Profit-Centern auftreten, sind sie in ihren führungstechnischen und organisatorischen Eigenschaften kaum von den produktorientierten Konzepten zu unterscheiden. Im Gegensatz zu der Objekt- oder Spartengliederung führen nicht die unterschiedlichen Technologien und Produkteigenschaften zu der Bildung von Subsystemen, als vielmehr

- die Distanz zu den zu bearbeitenden Märkten (Regionalkonzept),
- die Heterogenität der Abnehmerkategorien (Kunden- bzw. Marktsegmentierung).

Regionale Konzepte (regionale Marktsegmentierung)

Dazu gehören alle international tätigen Grossunternehmen, welche in ihren mehrdimensionalen Konzepten sowohl nach Produkten als auch nach Märkten strukturieren.
Wenn wir bei nationalen Strukturen bleiben, dann fallen vor allem Banken, Versicherungen und Handelsbetriebe in diese Kategorie.
Entscheidend für die Bildung der Subsysteme auf der zweiten Führungsstufe sind somit die Kriterien

- Kunden- oder Marktnähe,
- sprachliche Grenzen,
- unterschiedliche Mentalitäten der Absatzpartner.

Organisationsformen

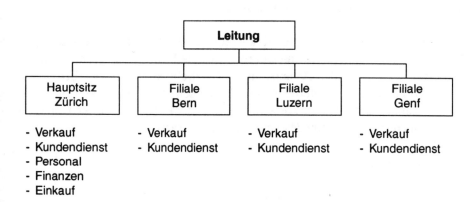

Abb. 6.13: Beispiel eines Einzelhandelsbetriebes mit Filialunternehmen

Beim aufgeführten Beispiel zwingen die Kundennähe bzw. die Erfahrungen über die distanzmässigen Konsumgewohnheiten zu einem regionalen Konzept.
Bei anderen Betriebsformen spielen nicht so sehr die Distanz, als vielmehr die sprachlichen und mentalitätsmässigen Schranken eine Rolle. Wer beispielsweise erklärungsbedürftige Produkte oder Dienstleistungen von Zürich aus vertreiben will, wird bald feststellen, dass die Kundenreaktionen ausserhalb der sprachlichen Grenze minimal bleiben. Ohne Filialbetriebe in Lausanne oder Genf und Lugano ist der schweizerische Markt im Konsumgüter und Dienstleistungsbereich nicht befriedigend abzudecken.
Die Vorteile und Probleme von regionalen Konzepten können wie folgt zusammengefasst werden:

– Die Verantwortlichkeit in bezug auf die Bearbeitung und Erschliessung der regionalen Märkte kann eindeutig zugewiesen werden.
– Der unmittelbare «Frontkontakt» ermöglicht eine schnellere Wahrnehmung von Veränderungen und damit schnelleres Reagieren.
– Die Kundennähe verschafft dem Unternehmen immer gewisse «Fühlungs»-vorteile.
– Aus der Bildung von Profit-Centern resultiert eine vorzügliche Kosten- und Ertragstransparenz.
– Die Transferkosten sind im Vergleich zum zentralen Konzept kleiner.
– Als Nachteile fallen einzelne Doppelbesetzungen sowie die mit zunehmender Distanz erschwerte Führbarkeit ins Gewicht.

Strukturierung nach Abnehmerkategorien (Marktsegmentierung)

Bei der Strukturierung nach Abnehmerkategorien zwingen nicht in erster Linie die Produkte, sondern vielmehr die unterschiedlichen Bedürfnisse der Abnehmerkategorien zu einer entsprechenden Arbeitsteilung. Der Schlüsselfaktor des Erfolges liegt in der Fachkompetenz des Unternehmens, als Problemlöser und Berater für spezielle Abnehmergruppen auftreten zu können. Allerdings werden von dieser Untergliederung meistens nur Teilbereiche des Unternehmens erfasst.

Beispiele dafür sind:

- Mühle
    - Nahrungsmittel (Industrie)
    - Futtermittel (Landw. Genossenschaft)
    - Kleinpackungen (Einzelhandel)

- Computerfirmen
    - Banken
    - Versicherungen
    - Industrie
    - Handel

- Nahrungsmittel
    - En gros
    - Einzelhandel
    - Gastronomie

Die Vorteile und Probleme dieser Organisationsformen sind je nach Ausgestaltung vergleichbar mit den Sparten, Regionalkonzepten oder den Merkmalen der Profit-Center-Organisationen. In der Regel sind sie finanziell und meist auch von der Beschaffungsseite her an das Stammhaus gebunden.

3. Matrix-Organisation

Bei der Matrix-Organisation werden nach dem Prinzip des «Sowohl-als-auch-Entscheides» zwei unternehmerische Dimensionen in Verbindung gebracht und auf der gleichen Führungsstufe integriert. Bei der erstmaligen Einführung einer Matrix-Organisation sind folgende Schritte zu beachten:

- Darstellung der Dimensionen, Wahl der Prioritäten (vgl. Abb. 6.14)
- Bildung von operativen Einheiten
- Integration der zweiten Dimension (vgl. Abb. 6.15)
- Regelung der Zusammenarbeit durch Festlegung der Kompetenzen.

3.1 Darstellung und Integration der Dimensionen

Die Darstellung und Bewertung der unternehmerischen Dimensionen ist der Ausgangspunkt für jede Organisationsplanung (vgl. Abschnitt 1.2).

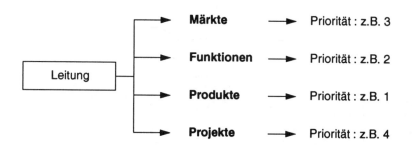

Abb. 6.14: Darstellung und Prioritäten der unternehmerischen Dimensionen

Obwohl zwei oder mehrere Dimensionen (ab der dritten Dimension spricht man von Tensormodellen) für die Zielerreichung als gleichwertig eingestuft werden können, muss in einem ersten Schritt die primäre Ausrichtung festgelegt werden. Primär in diesem Sinne bedeutet die Bildung von operativen Einheiten bzw. die Zusammenfassung von gleichartigen Aufgaben zur Abwicklung der täglich anfallenden Aufgaben.

Mit der Bildung von operativen Einheiten (Integration der wichtigsten Dimension) wird jene Basis geschaffen, welche im Organigramm als Primär- oder Grundstruktur bezeichnet wird.

Je nach organisatorischer und rechentechnischer Abgrenzung erscheinen die operativen Einheiten als:

- Cost-Center: Abteilungen oder Bereiche, für welche die Kosten nach dem Verursacherprinzip erfasst und abgegrenzt werden (z.B. funktionale Bereiche).

- Profit-Center: Organisatorisch und führungstechnisch selbständige Einheit mit Kosten- und Ertragsabgrenzungen (z.B. Filialen).

- Investment-Center: Profit-Center, bei dem der ausgewiesene Gewinn mit dem investierten Kapital verglichen wird (z.B. Sparten).

Mit der Überlagerung oder Integration der zweiten Dimension soll der «Direktzugriff» der Spezialisten auf die zu koordinierenden operativen Einheiten erleichtert werden.

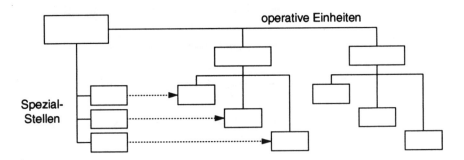

Abb. 6.15: Struktur der Matrix-Organisation

Als Sekundärstellen kommen im Prinzip sämtliche unternehmerischen Dimensionen in Frage, also

- funktionale Fachstellen = Functional-Manager
- Produkte-Koordinatoren = Product-Manager
- Länder-/Ländergruppenverantwortliche = Aerea-Manager
- Projektverantwortliche = Project-Manager
- Spezialisten = z.B. Qualitätssicherung

3.2 Regelung der Zusammenarbeit

Die Matrix-Organisationen verfolgen den Zweck, die Zusammenarbeit zwischen den einzelnen Stelleninhabern zu beschleunigen und zu erleichtern. Damit diese Ziele erreicht werden, müssen die Wesensmerkmale der zweidimensionalen Struktur erkannt und einzelne Spielregeln eingehalten werden.

Weil es immer schwer fällt, an abstrakten Modellen Prinzipien der Zusammenarbeit zu erläutern, wählen wir ein vereinfachtes Beispiel einer Hotelkette mit einer Anzahl selbständig geführter Betriebe sowie drei Zentralstellen.

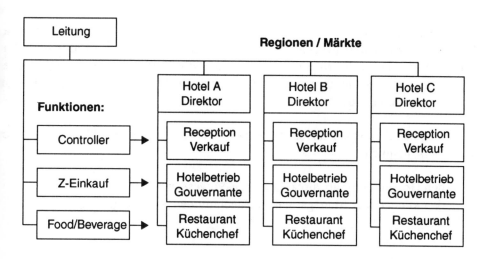

Abb. 6.16: *Matrix-Struktur einer Hotelkette*

Als primäre Dimension (operative Einheiten) erscheinen auf dem Organigramm regional angesiedelte Hotelbetriebe. Der jeweilige Hoteldirektor ist mit den ihm disziplinarisch unterstellten Mitarbeitern (Concièrge, Gouvernante, Küchenchef) verantwortlich für die korrekte Führung und den wirtschaftlichen Erfolg seines Betriebes. Nach aussen tritt der Hoteldirektor und Profit-Centerleiter autonom, also im Sinne eines «Platzkommandanten» auf. Auch im internen Verhältnis besitzt er in bezug auf Einstellung und Einsatz des Personals sowie der Regelung der Tagesgeschäfte alle Kompetenzen.

In bestimmten fachtechnischen Fragen werden indessen die Kompetenzen durch funktionale Dienstleistungsstellen eingeschränkt. Die Zentralisation gewisser Funktionen resultiert aus Überlegungen der Gesamtoptimierung und bezieht sich im konkreten Fall auf:

- Anweisungen des Controllers über die Art und Weise der Buchführung, der Budgetierung und die Kassenführung,
- Verpflichtungen des zentralen Einkaufs, standardisierbare Güter (Bettwäsche, Reinigungsmittel) zu beschaffen,
- den Food-and-Beverage-Verantwortlichen Fertiggerichte bereitzustellen und für die Durchsetzung der Qualitätsnormen zu sorgen.

Mit der Integration einer zweiten unternehmerischen Dimension werden **organisatorische Schnittstellen geschaffen**, welche in der Anfangsphase führungstechnische Probleme mit sich bringen. Weil das traditionelle Prinzip: «Jeder Mitarbeiter hat nur einen Chef» durchbrochen wird, entsteht vorerst eine ungewohnte Situation in bezug auf Problemlösungen.

Im vorliegenden Beispiel haben die den Hoteldirektoren unterstellten Mitarbeiter zwei Chefs, nämlich

- den Hoteldirektor als direkten Linien-Vorgesetzten,
- den «Functional-Manager» als fachtechnischen Vorgesetzten.

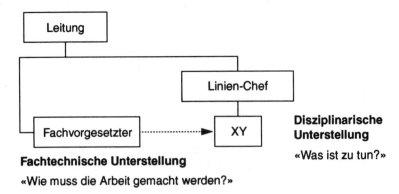

Abb. 6.17: Doppelunterstellungsverhältnisse bei der Matrix-Organisation

Mit der Direktunterstellung von Spezialisten unter die Gesamtleitung verschafft sich die Hotelkette plausible Vorteile (zentraler Einkauf, zentrale Küche für vorfabrizierte Gerichte etc.). Als wichtigster Nachteil ist die komplexere Führungssituation in Kauf zu nehmen; die Tatsache, dass verschiedene leitende Mitarbeiter Anweisungen von zwei Chefs zu befolgen haben. Weil solche Weisungen durchaus auch einmal widersprüchlich sein können, kann der entsprechende Mitarbeiter mit Leichtigkeit seine beiden Vorgesetzten gegeneinander ausspielen. Die Folgen davon sind Konflikte auf verschiedenen Führungsstufen, welche eine effiziente Auftragserledigung beeinträchtigen.

Damit die mit der Matrix-Organisation verbundenen Schwierigkeiten auf ein Minimum reduziert werden, müssen klare Spielregeln oder Verhaltensrichtlinien aufgestellt werden. Beispielsweise sollten

- die fachtechnischen Weisungsbefugnisse der Sekundärstruktur genau definiert werden,
- Richtlinien erlassen werden, welche Stelle bei Kompetenzkonflikten eingeschaltet wird (in der Regel die Linieninstanz),
- die zu vereinbarende Kompetenzregelung in Anwesenheit aller Beteiligten offen dargelegt und erläutert werden,
- die Betroffenen zu einem grosszügigen und im Interesse des Gesamtunternehmens stehenden Handeln angewiesen werden.

> Zur Sicherung der Funktionstüchtigkeit müssen sowohl bei Strassenkreuzungen als auch bei Matrix-Organisationen die **Vortrittsrechte** geregelt werden.

3.3 Vorteile und Probleme der Matrix-Organisation

Matrix-Organisationen gehören in die Kategorie der mehrdimensionalen Organisationskonzepte. Diese sind keine Erfindung der Wirtschaftswissenschafter, sondern stellen vielmehr eine in den meisten Unternehmen zu beobachtende Realität dar. Zurückzuführen ist die Popularisierung der Matrixformen auf die zunehmende Spezialisierung und die damit zusammenhängenden Koordinationsprobleme. Die den verschiedenen Bereichen zugeordneten Fachtechniker können ihre Pläne, Ideen und Aktivitäten auf dem Instanzenweg eindimensionaler Strukturen nur mit erheblichem Zeitaufwand abstimmen. Schneller und unbürokratischer ist offenbar der direkte Weg, vorausgesetzt, die Organisation ermöglicht eine unmittelbare Auftragserteilung. So gesehen ist die Matrix-Organisation als ein Instrument zur Bewältigung von Komplexitäten und zur Förderung der Selbstkoordination zu betrachten.

Wichtigste Vorteile der Matrix-Organisation:

- Die direkte fachbezogene Zusammenarbeit zwischen Spezialisten und Anwendern verbessert die innerbetriebliche Kommunikation.
- Der Einsatz der Spezialisten wird dadurch effizienter und wirtschaftlicher.
- Die institutionalisierte Selbstkoordination führt zu vermehrter Teamarbeit.
- Infolge der interdisziplinären Zusammenarbeit werden Neuerungen schneller erfasst und eingeführt.
- Bei eingespielten Organisationen wird die Flexibilität und Dynamik erhöht.
- Durch die Konzentration auf fachtechnische Probleme wird das formale und hierarchische «Pyramidendenken» abgebaut.
- Die gemeinsame Entscheidungsfindung fördert das partizipative Führungsverhalten und führt zu einer grösseren Arbeitszufriedenheit.
- Verschiedene Zwischeninstanzen und die Gesamtleitung werden von zeitraubenden Koordinationsarbeiten entlastet.

Wichtigste Probleme der Matrix-Organisation:

- Die Doppelunterstellung von Mitarbeitern führt in der Einführungsphase zu Kompetenzfragen und Verwirrung.
- Bei nicht matrixgerechtem Verhalten der Mitarbeiter entstehen zwischen den gleichrangigen Vorgesetzten Kompetenzkonflikte. Der Mitarbeiter selbst kann diese sehr leicht verhüten oder fördern (gegenseitiges Ausspielen).
- Die Denkweise in den beiden unternehmerischen Dimensionen kann sehr unterschiedlich sein (z.B. kann der Qualitätssicherer eines Pharma-Unternehmens bei geringfügiger Abweichung von der Qualitätsnorm die Freigabe eines Präparates stoppen und damit die Wirtschaftlichkeit des entsprechenden Profit-Centers beeinträchtigen).
- Besonders autoritäre Chefs können sich mit einer «beschnittenen» Kompetenzregelung nicht zurechtfinden.
- Die Anforderungen an die Mitarbeiter in bezug auf Flexibilität, unternehmerisches Denken und Kooperationsbereitschaft sind höher.
- Es besteht die Gefahr von schlechten Kompromissen oder verzögerten Entscheidungen.

Voraussetzungen für die Funktionsfähigkeit einer Matrix-Organisation:

- Die Matrix-Organisation muss eine logische und zweckrationale Arbeitsteilung aufweisen, welche von den beteiligten Mitarbeitern akzeptiert werden kann.

- Die Querbeziehungen oder fachtechnischen Weisungsrechte der zweiten Dimension müssen auf das notwendige Minimum reduziert werden. Wer zuviel koordinieren will, lähmt die Eigendynamik der Primärstruktur.
- Die fachtechnischen Weisungsrechte der Sekundärstruktur müssen in Anwesenheit aller Beteiligten definiert und klargestellt werden. Versteckte Matrix-Systeme sind zum Scheitern verurteilt.
- Die Matrix-Manager müssen die Machtteilung stets als Grundprinzip anerkennen.
- Die Unternehmensleitung muss bereit sein, Aufgaben und Kompetenzen grosszügig zu delegieren und einen kooperativen Führungsstil zu praktizieren.
- Zwischen allen Beteiligten muss das Matrix-Verhalten gepflegt werden, d.h. im Vordergrund soll die Problemlösung stehen und nicht das Prestigedenken.
- Es müssen Richtlinien erstellt werden, nach denen auftauchende Kompetenzkonflikte rasch gelöst werden können.
- Der Schlüsselfaktor zu einer erfolgreichen Einführung einer Matrix-Organisation liegt nach Stanley[6.9] in der Ausbildung.

3.4 Tensor-Organisation

Bei der Matrix-Organisation wird versucht, zwei unternehmerische Dimensionen gleichgewichtet in den Organisationsprozess zu integrieren. Nach Bleicher[6.10] geht das Grundmodell der Tensororganisation von der simultanen Berücksichtigung aller Dimensionen einer Unternehmung aus. Dabei ist der Ausdruck «Tensormodell» bei der Integration von mindestens drei Dimensionen angebracht.

In der Praxis gibt es tatsächlich Organisationsstrukturen, bei denen mehr als zwei Dimensionen berücksichtigt werden. Wir kennen indessen kein einziges funktionsfähiges Organisationskonzept, bei dem mehr als zwei unternehmerische Dimensionen die gleiche Bedeutung haben. Für die unterschiedliche Gewichtung der unternehmerischen Dimensionen ist nicht nur die Unterstellung massgebend, sondern ebenso die personelle Besetzung und die Ausstattung mit Kompetenzen. Meistens stellt die Tensororganisation eine erweiterte Form der Matrix-Organisation dar. Tensormodelle entstehen bereits dann, wenn bei Matrix-Organisationen Projekte eingeplant werden (vgl. Abb. 6.18).

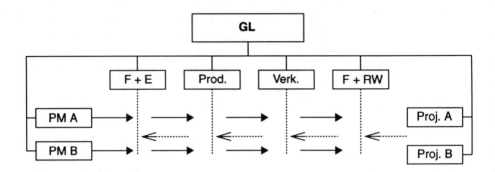

Abb. 6.18: Tensororganisation durch Einschaltung von Projekten in PM-Konzept

Beim häufigsten Fall der Tensor-Organisation, also der Durchführung von Projekten in Matrix-Organisationen werden gleichzeitig drei Dimensionen berücksichtigt. Obwohl die Projekt-Verantwortlichen auf der gleichen Führungsstufe erscheinen, erhalten sie bei der Durchführung ihrer zeitlich befristeten Aufgabe selten das gleiche Gewicht. Die eigentlichen, täglichen operativen Probleme spielen sich zwischen den funktionalen Stellen und dem Produkt-Management ab, laufende Projekte werden stets als Zusatz- oder Nebenaufgaben betrachtet.

Echte Tensor-Organisationen sind eher selten, d.h. sie entpuppen sich bei näherer Betrachtung als erweiterte Matrix, bei der neben- oder übergeordnete Stellen zwar Einfluss nehmen, wobei aber das Kriterium der Gleichberechtigung aus praktischen Gründen nicht realisiert werden kann.

Die Abb. 6.19 zeigt die Marketingorganisation eines Kunststoffbetriebes mit vier anscheinend gleichwertig eingestuften Dimensionen.

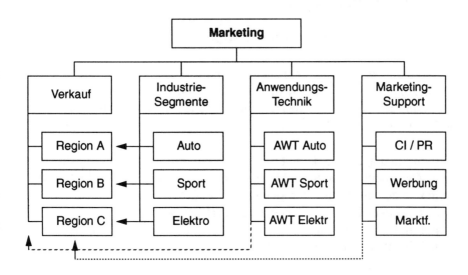

Abb. 6.19: Tensor-Organisation mit vier zusammenwirkenden unternehmerischen Dimensionen

Untersucht man bei der dargestellten Marketingorganisation die praktische Einflussnahme bei der Planung und Steuerung der Absatztätigkeit, dann spielen die Industriesegment-Berater zusammen mit dem Verkauf die Hauptrollen. Bei ihrem Einsatz werden sie unterstützt durch die Anwendungstechniker und den Marketing-Support. Der anfängliche Versuch, die vier Führungsbereiche als gleichberechtigt einzustufen, hat zur gegenseitigen Neutralisierung und zu einer Verlangsamung der Entscheidungsprozesse geführt. Mit der eindeutigen Festlegung der Prioritäten konnte die Effizienz wesentlich gesteigert werden.

Merksätze:

– Tensor-Organisationen berücksichtigen gleichzeitig mehrere unternehmerische Dimensionen.
– Mehr als zwei Dimensionen können aus praktischen Gründen selten als gleichberechtigt eingestuft werden.
– Die häufigsten Erscheinungsformen in der Praxis sind als erweiterte Matrix-Organisationen zu betrachten und entstehen etwa bei der Einplanung von Projekten oder durch die Einflussnahme übergeordneter Konzernstäbe.

4. Produktmanagement

4.1 Grundlagen des Produktmanagements

Die Zielsetzung des Produktmanagements besteht in der Koordination sämtlicher produktbezogener Aktivitäten. Mit der Integration dieser Matrix-Stellen soll eine marktorientierte Steuerung speziell interessanter Produkt-Markt-Kombinationen erreicht werden.

Das Produktmanagement befasst sich nicht nur mit Fertigwaren, sondern ebenso sehr mit Zwischenprodukten und Dienstleitungen. Objekt des Produktmanagements ist somit eine bestimmte Produkt-Markt-Kombination bzw. ein strategisches Geschäftsfeld, welches besonders gefördert werden soll.
Bei unseren Ausführungen wollen wir uns auf das Produktmanagement innerhalb einer funktional ausgerichteten Organisation konzentrieren.

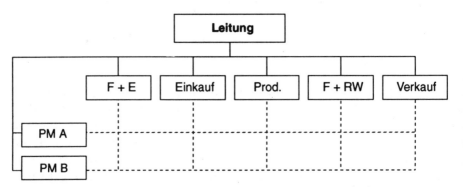

Abb. 6.20: Produktmanagement innerhalb einer funktionalen Primärstruktur

Befassen wir uns vorerst mit den Gründen, welche die Geschäftsleitung bei der auf gezeigten Struktur veranlassen könnte, Produktmanager einzusetzen.
Der Bereich Forschung und Entwicklung befasst sich hauptsächlich mit der Erfüllung spezifischer Wünsche von Grosskunden. Für Neuentwicklungen und Anpassungen von Produkten mit ungewissen Erfolgsaussichten hat man später Zeit. Die Produktion setzt sich für die Standardisierung und Rationalisierung des bestehenden Produktionsprogrammes ein; Sonderwünsche erhalten zweite Priorität. Das Finanz- und Rechnungswesen hat für die Erstellung produktspezifischer Kalkulationsgrundlagen wenig Interesse. Weil der Verkauf anspruchsvolle Budgetziele erreichen muss, darf man es den unter Erfolgsdruck stehenden Verkaufsleitern nicht übel nehmen, wenn sie vorerst jene Güter fördern, welche unter den derzeitigen Voraussetzungen am leichtesten verkauft werden können.

Mit der pflichtbewussten Aufgabenerfüllung der Bereichsleiter darf sich der Geschäftsleiter nicht zufrieden geben. Er trägt die Hauptverantwortung für die strategische Planung. Aus dieser kann beispielsweise hervorgehen, dass bestimmte Produkte mit einem derzeit geringen Marktanteil gute Erfolgschancen besitzen, oder aber, dass für ein Produkt in der cash-cow-Position ein neuer Anwendungsbereich gesucht werden muss. Ohne den Einsatz eines Verantwortlichen, welcher mit grosser Beharrlichkeit und Energie die erkannten Marktchancen verfolgt, bleiben die strategischen Pläne Absichtserklärungen. So gesehen sorgen die Produktmanager als verlängerter Arm der Geschäftsleitung für die Durchsetzung erfolgversprechender Teilstrategien.

4.2 Anwendungsvoraussetzungen

Folgende Voraussetzungen sind für den Einsatz von Produktmanagern typisch:

- Breites, differenziertes Leistungsangebot
- Heterogene Kundenstruktur
- Hohe Ansprüche in bezug auf Marktorientierung und Marktbearbeitung
- Hohe Delegationsbereitschaft
- Klare Vorstellungen in bezug auf die zu erfüllenden Aufgaben
- Günstiges organisatorisches Klima
- Flexibles Budgetsystem.

Als wichtigste Voraussetzung gilt ein relativ breites und differenziertes Leistungsangebot. Bei relativ homogenen Marktleistungen muss mindestens die Voraussetzung einer heterogenen Kundengruppe erfüllt sein. Bei homogenen Leistungen und überschaubaren Marktverhältnissen ist ein Produktmanagement fehl am Platz.

Besonders beliebt ist der Einsatz von Produktmanagern in Marktsegmenten, welche ein hohes Absatzpotential aufweisen, die aber bisher zu wenig genutzt wurden. Hier gilt es, durch Kundengespräche bestehende Bedürfnisse zu ermitteln, die internen Herstellmöglichkeiten abzuklären, massgeschneiderte Angebote zu erstellen und Verkaufsförderungsaktionen zu starten. Mit dieser Aufgabe wären die funktionalen Bereiche zeitlich überfordert.

Wer einen Produktmanager einsetzt, muss grosszügig delegieren können. Die mehrheitlich innovativen und interdisziplinären Aufgaben erfordern eine Führung durch Zielsetzung sowie ein intaktes Vertrauensverhältnis.

> Ein kleinkariertes Führungsverhalten ist ein schlechter Nährboden für das Produktmanagement.

Bei der Behandlung der Organisationsprinzipien haben wir gelernt, dass bei jeder Stelle Aufgabe, Verantwortung und Kompetenzen übereinstimmen müssen. Nach unserer Erfahrung stellt der Produktmanager in dieser Hinsicht eine Ausnahmeerscheinung dar. Der Produktmanager erhält zwar eine Fülle von Aufgaben, die Erwartungshaltung der Geschäftsleitung ist gross, doch von Kompetenzen spricht man nicht gern. In den Pflichtenheften findet man in der Tat nur wenige handfeste Entscheidungskompetenzen. Vorherrschend sind dagegen interpretierbare Formulierungen wie: er ergreift die Initiative..., er schlägt vor..., er wirkt mit bei der..., usw. Hinter dieser eher zurückhaltenden Delegationsfreudigkeit verbergen sich folgende Gründe:

- Mit der Produktmanagement-Matrix löst man nicht nur die Koordinationsprobleme, sondern institutionalisiert zugleich eine Konfliktsituation. Jede Aktion des Produktmanagers beeinträchtigt den Handlungsspielraum der Linieninstanzen. Weil ein Geschäftsleiter auf verantwortungsbewusste Bereichsleiter angewiesen ist, versucht er die Einwirkung der Sekundärstruktur auf ein Minimum zu beschränken.

- Wer sich intensiv mit einem Produkt befasst, besitzt einen Informationsvorsprung. Nach der Meinung der Geschäftsleiter wird sich eine Fachautorität bei allfälligen Meinungsverschiedenheiten durchsetzen.

Ein erfolgreiches Produktmanagement erfordert ein günstiges Organisationsklima. Dazu gehören aufgeschlossene Linieninstanzen, welche die Einschaltung von Produktverantwortlichen eindeutig befürworten. Diese wohlwollende Einstellung ist möglich, wenn niemand befürchten muss, dass seine Autonomie von «Aussenstehenden» untergraben wird. An die Person des Produktmanagers müssen deshalb recht hohe Anforderungen gestellt werden. Nach Wild[6.11] sollte er fähig sein, zu führen, ohne Befehle zu erteilen. Die Mittel, die er einsetzen kann, heissen: Information, Beratung und Überzeugung. Ob er sein Ziel erreicht, hängt somit von seinem Verhandlungsgeschick, seiner Motivationsfähigkeit, aber auch von der kooperativen Einstellung der Linieninstanzen ab.

4.3 Aufgaben des Produktmanagers

Produktmanager erhalten ein umfassendes und vielfältiges Aufgabenpaket, welches von der Ermittlung spezieller Kundenwünsche bis zur Überprüfung der realisierten Deckungsbeiträge nach Abnehmerkategorien reicht. Nach Phasen geordnet lassen sich die Funktionen wie folgt darstellen:

Analyse	– der Marktdaten, der Konkurrenz und des eigenen Leistungsangebotes,
Innovation	– marktgerechte Gestaltung des Leistungsangebotes,
Planung	– der zu verkaufenden Absatzmenge und der zu erzielenden Deckungsbeiträge,
Koordination	– aller produktspezifischen Aktivitäten im eigenen Unternehmen,
Kontrolle	– der geplanten Qualität sowie der Budgeteinhaltung.

Die **Analysefunktion** stellt eine wesentliche Grundlage für sämtliche Tätigkeiten des Produktmanagers dar. Ohne fundierte Marktdaten, ohne eine Darstellung der Stärken- und Schwächenprofile sowie der wichtigsten Kennziffern fehlen dem Produktmanager die Argumente zur Überzeugung der Linieninstanzen.
Zu den **Marktdaten** gehören:

– Marktforschungs- und Marktbeobachtungsstudien über die eigenen oder konkurrenzierenden Teilmärkte
– Struktur und Eigenschaften der Absatzpartner
– Relevante Marktvolumina, Marktanteile
– Interessante Marktlücken
– Technische Entwicklung oder Konsumtrends
– Analyse des Konkurrenzangebotes.

Die **Produkterfolgsanalyse** umfasst:

– Umsatzanalyse
– Überprüfung der Kalkulationsgrundsätze (Nachweis versteckter Gewinne oder Verluste)
– Deckungsbeitragsanalysen
– Potentialanalysen (Stärken und Schwächen der eigenen Produkte im Vergleich zur Konkurrenz).

Über die **Innovationsfunktion** ist man in Literatur und Praxis oft unterschiedlicher Meinung. Nach Nüssel[6.12] sind die Produktmanager zur Innovation verpflichtet. Vor allem sollte sich der Produktmanager niemals mit dem Bestehenden zufriedengeben, sondern für sein Produkt laufend neue Anwendungsmöglichkeiten suchen. H.Diller[6.13] hat die Zuständigkeit aufgrund einer Untersuchung überprüft und dabei festgestellt, dass die Geschäftsleitung vom Produktmanager auch im Bereich des konzeptiven Marketing handfeste Vorschläge erwartet. Nach unserer Erfahrung besteht kein Zweifel in bezug auf die vom PM zu erfüllende Initiativfunktion. Es stellt sich indessen die Frage, ob ein Einzelner genügend Kreativität besitzt für die erfolgreiche Konfektionierung der Marktleistungen. Vorteilhaftere Lösungsansätze werden meistens in Teams erarbeitet. Damit besteht gleichzeitig die Chance, die mit der späteren Durchführung beauftragten Personen rechtzeitig in die Entscheidung einzubeziehen.

Zur **Absatzplanung** gehören:

- Bestimmung der Zielgruppen
- Definition und Gestaltung des Angebotes (Qualität, Form, Verpackung)
- Festlegung der Umsatzziele
- Phasen und Vorgehen zur Erreichung der Marktanteilziele
- Werbe- und Verkaufsförderungsplan
- Zusammenstellung der anfallenden Kosten
- Preisbestimmung und Kalkulation
- Festlegung der Gewinnziele
- Massnahmen in bezug auf Distribution und Kundendienst.

Die **Durchsetzung und Koordination** des Aktivitätsplanes gehören zu den Hauptaufgaben des Produktmanagers. Wichtig erscheint uns die klare Definition und Weiterleitung von Aktivitäten, welche von der Geschäftsleitung genehmigt und von Drittpersonen auszuführen sind. Koordiniert werden müssten somit:

- Produktionsplanung und Herstellungsverfahren
- Markenpolitik und CI-Grundlagen (Corporate-Identity)
- Abstimmung mit den laufenden Werbe- und Verkaufsförderungsmassnahmen
- Ausbildung, Instruktion und Einsatz des Aussendienstes
- Laufende Termin- und Fortschrittskontrolle.

Mit der **Überprüfung und Kontrolle** der Ergebnisse erhält der Produktmanager Aufschluss über die Richtigkeit und Zweckmässigkeit der getroffenen Massnahmen. Dazu gehört auch ein Rechenschaftsbericht zuhanden der Geschäftsleitung. Die Analyse und Besprechung der SOLL-IST-Abweichungen bildet die Grundlage für die Massnahmenpläne in der nächsten Phase.

6.4 Einsatzformen und organisatorische Integration

Einen sehr hohen Prozentsatz des Produktmanagements finden wir in Organisationen mit einer nach Funktionen ausgerichteten Primärstruktur. Der Grund dafür ist in den Nachteilen des funktionalen Konzeptes zu suchen. Im vorangehenden Abschnitt haben wir dargelegt, dass bei einer Arbeitsteilung nach Verrichtungen produktbezogene Regelkreise fehlen. Weil die Verantwortlichen der Funktionsbereiche für alle Produkte zuständig sind, muss für pflegebedürftige Marktleistungen ein Betreuer eingesetzt werden.

Bei divisionalen Organisationen werden Produktmanager höchstens für den Aufbau neuer Produktelinien eingesetzt. Im Erfolgsfall ist die Wahrscheinlichkeit gross, dass später ein Profit-Center oder eine neue Sparte gebildet wird. In dieser Form kann der PM in der Anfangsphase als «Mini-Spartenleiter» bezeichnet werden.

Die Integration des PM innerhalb der Sparte kann folgende Gründe haben:

- Der PM befasst sich mit dem Aufbau einer neuen Produktelinie.
- Die Division hat eine Grösse erreicht, bei der die Produktevielfalt den Einsatz eines Produktmanagers rechtfertigt (z.B. Pharma-Industrie).
- Die Divisionalisierung erfolgte aus Rücksichtnahme auf spezielle Märkte und Kundengruppen und weniger aus produktspezifischen Überlegungen.

In bezug auf die Organisationstypen oder der organisatorischen Integration des Produktmanagements ergeben sich gemäss Abb. 6.21 folgende Möglichkeiten:

- Produkte-Teams
- Eingliederung in das Marketing
- Unterstellung unter die Geschäftsleitung
- als Stabsstelle
- als Matrix-Stelle
- als Produkt-Gruppen-Konzept.

Bei mittleren und grösseren Unternehmen wird das Produktmanagement am häufigsten als Matrix-Stelle in den Marketingbereich integriert. In der Maschinenindustrie werden für die Betreuung komplexer Systeme oft auch Produkte-Teams eingesetzt.

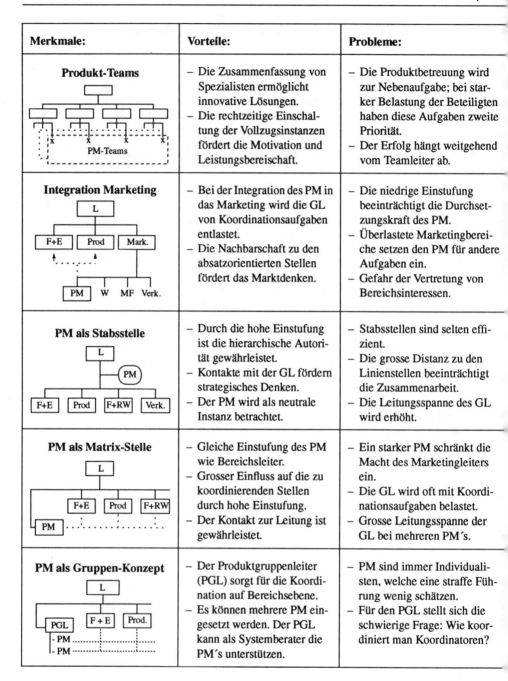

Merkmale:	Vorteile:	Probleme:
Produkt-Teams (PM-Teams)	– Die Zusammenfassung von Spezialisten ermöglicht innovative Lösungen. – Die rechtzeitige Einschaltung der Vollzugsinstanzen fördert die Motivation und Leistungsbereitschaft.	– Die Produktbetreuung wird zur Nebenaufgabe; bei starker Belastung der Beteiligten haben diese Aufgaben zweite Priorität. – Der Erfolg hängt weitgehend vom Teamleiter ab.
Integration Marketing (L, F+E, Prod, Mark., PM, W, MF, Verk.)	– Bei der Integration des PM in das Marketing wird die GL von Koordinationsaufgaben entlastet. – Die Nachbarschaft zu den absatzorientierten Stellen fördert das Marktdenken.	– Die niedrige Einstufung beeinträchtigt die Durchsetzungskraft des PM. – Überlastete Marketingbereiche setzen den PM für andere Aufgaben ein. – Gefahr der Vertretung von Bereichsinteressen.
PM als Stabsstelle (L, PM, F+E, Prod, F+RW, Verk.)	– Durch die hohe Einstufung ist die hierarchische Autorität gewährleistet. – Kontakte mit der GL fördern strategisches Denken. – Der PM wird als neutrale Instanz betrachtet.	– Stabsstellen sind selten effizient. – Die grosse Distanz zu den Linienstellen beeinträchtigt die Zusammenarbeit. – Die Leitungsspanne des GL wird erhöht.
PM als Matrix-Stelle (L, F+E, Prod, F+RW, PM)	– Gleiche Einstufung des PM wie Bereichsleiter. – Grosser Einfluss auf die zu koordinierenden Stellen durch hohe Einstufung. – Der Kontakt zur Leitung ist gewährleistet.	– Ein starker PM schränkt die Macht des Marketingleiters ein. – Die GL wird oft mit Koordinationsaufgaben belastet. – Grosse Leitungsspanne der GL bei mehreren PM's.
PM als Gruppen-Konzept (L, PGL, F+E, Prod., - PM, - PM)	– Der Produktgruppenleiter (PGL) sorgt für die Koordination auf Bereichsebene. – Es können mehrere PM eingesetzt werden. Der PGL kann als Systemberater die PM's unterstützen.	– PM sind immer Individualisten, welche eine straffe Führung wenig schätzen. – Für den PGL stellt sich die schwierige Frage: Wie koordiniert man Koordinatoren?

Abb. 6.21: Organisationsformen des Produkt-Managements

4.5 Vorteile und Probleme des Produktmanagements

Im Sinne einer Zusammenfassung sollen die wichtigsten Voraussetzungen, Vorteile und Probleme des Produktmanagements nochmals aufgeführt werden:

Das PM soll eingeführt werden wenn
- das Unternehmen über ein grosses und verschiedenartiges Sortiment verfügt,
- die Kundengruppen unterschiedlich sind und nicht von der gleichen Person bearbeitet werden können,
- ein Käufermarkt vorliegt,
- der Marketingleiter und die übrigen Bereichsleiter dieses Organisationskonzept als zweckmässig und nötig bezeichnen.

Das PM soll indessen nicht eingeführt werden
- bei einem relativ homogenen Leistungsangebot,
- bei überschaubaren Marktverhältnissen,
- in autoritär geführten Unternehmen,
- wenn der Marketingleiter seine Aufgaben schlecht erfüllt oder Fehler korrigiert werden sollen.

Die wichtigsten Vorteile des PM sind:
- Erhöhte Schlagkraft der Absatzorganisation zur konsequenten Realisierung von Teilstrategien.
- Institutionalisierung einer produktorientierten Koordination.
- Entlastung der Geschäfts- und Bereichsleitung von Koordinationsaufgaben.
- Verbesserte Innovation durch eindeutige Zuteilung der Initiativfunktion und der Bereitstellung der personellen Kapazität.
- Bessere Ausnützung von Umsatz- und Gewinnmöglichkeiten in Teilmärkten.

Als Probleme oder Nachteile des PM müssen aufgeführt werden:
- Die Institutionalisierung einer zweiten oder zusätzlichen Dimension schafft Reibungsflächen.
- Kompetenzkonflikte sind systembedingt und müssen bewältigt werden.
- An den Produktmanager werden fast unerfüllbare persönliche Anforderungen gestellt (Fachtechniker und Berater).
- Ein überzeugend auftretender Produktmanager (Management by Persuasion) kann mit seinem Informationsvorsprung leicht auch Fehlentscheide durchsetzen.

Die Diskussion über das Produktmanagement möchten wir mit folgenden, nur leicht übertriebenen Thesen abschliessen.

> Wenn ein Produktmanager mehrere Jahre auf seinem Posten bleiben will, dann darf er nur durchschnittliche Leistungen erbringen.
>
> Gute Produktmanager werden sehr bald zum Profit-Centerleiter, Spartenleiter oder Marketingleiter befördert.
>
> Schlechte Produktmanager, welche sich im Unternehmen nicht durchsetzen können, werden im nächsten Organigramm gestrichen.

5. Projektmanagement

5.1 Grundlagen des Projektmanagements

Eine gute Idee allein genügt nicht, um ein neues Produkt oder ein neues Verfahren zu schaffen. Ebenso wichtig ist der Entwicklungsprozess, welcher systematisch und professionell erfolgen muss. Dazu gehören günstige organisatorische und personelle Voraussetzungen, wie sie im Projektmanagement gefordert werden. Die Grundlagen einer erfolgreichen Projektorganisation bilden somit

- die korrekte Auswahl und Definition der Projekte,
- die Festlegung der richtigen Organisationsform,
- die Regelung der Zusammenarbeit mit den Linienstellen,
- der Einsatz von zweckmässigen Methoden und Hilfsmitteln.

Projektaufgaben gehören, wie bereits früher dargestellt, in den Bereich der Disposition. Sie beinhalten meist innovative Aufgaben, für deren Bearbeitung und Lösung eine befristete Zeitspanne zur Verfügung steht.

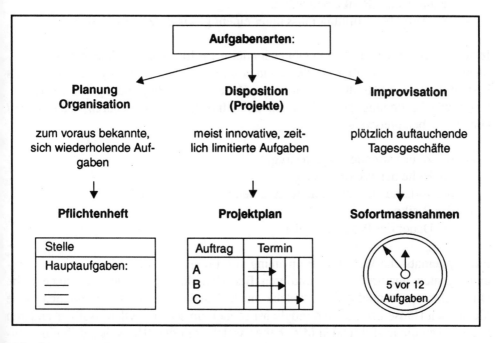

Abb. 6.22: Aufgabenarten nach dem Aspekt der Planbarkeit

Aus organisatorischer Sicht besteht die Zielsetzung des Projektmanagements im «Zusammenbringen» verschiedener Stellen des Unternehmens zur Lösung einer innovativen und zeitlich limitierten Aufgabe. Ist die Aufgabe gelöst (z.B. ein neues Produkt zur Marktreife gebracht), dann werden die später erforderlichen Massnahmen in der Primärstruktur weitergeführt.

Nicht ganz einfach ist die Frage zu beantworten, welche Aufgaben von den Linieninstanzen selbst und welche vorteilhafter in einer Projektorganisation gelöst werden können. Allzu oft versuchen entscheidungsschwache Manager, unbequeme Probleme auf ein Projektteam abzuwälzen. Für die Einsetzung eines Projektteams sollte der grösste Teil der folgenden **Voraussetzungen** erfüllt sein:

- Es sollte sich um komplexe, innovative oder einmalige Aufgabenstellungen handeln (Nicht-Routine-Tätigkeiten).
- Der Prozessablauf muss definiert und zeitlich limitiert werden können.
- Zur Lösung der Aufgabe müssen mehrere Bereiche oder Stellen eingeschaltet und koordiniert werden.
- Es muss sich um eine bedeutende Aufgabe handeln, welche auch ein unternehmerisches Risiko beinhaltet.
- Die Aufgabenerfüllung muss unter einem gewissen Zeitdruck stehen.

In aufstrebenden Unternehmen gibt es immer mehr Ideen und Vorhaben, welche routinemässig nicht bewältigt werden können und doch nicht zu Projekten führen. Es besteht deshalb ein Bedürfnis, messbare Kriterien zur Begründung von Projekten, sowie zur Festlegung der Prioritäten zu definieren. Dazu gehören nach Menzl/ Gmür[6.14] beispielsweise

- der zu erwartende Projekterfolg,
- die Höhe der Projektkosten,
- die vorhandene Kapazität bei internen und externen Stellen,
- das Risiko,
- die Dauer der Projektaufgabe.

Eine systematische Wahl und Einplanung von Projekten ist allerdings nur in Grossunternehmen anzutreffen. In mittleren Betrieben haben wir auf der einen Seite Unternehmerpersönlichkeiten, welche nach Kunden- und Messebesuchen neue Ideen nach Hause bringen und möglichst schnell umsetzen wollen. Auf der anderen Seite stehen die ausführenden Mitarbeiter, welche mit dem Hinweis auf ihre persönliche Belastung die Anzahl der zugeteilten Projekte in vertretbarem Rahmen zu halten versuchen.

Wyler[6.15] hat eine Reihe von Problemstellungen des oberen Kaders analysiert und dabei festgestellt, dass nur 20 % der übergeordneten Aufgaben in die eigentliche Projektkategorie fallen. Als Hauptkriterium wurde dabei die Tragweite eines möglichen Misserfolges betrachtet. Von diesen 20 % gehören 5 % zu der Gruppe der existenzgefährdenden Projektaufgaben. Dabei handelt es sich in der Regel um Forschungs- und Entwicklungsprojekte, bei welchen «Neuland» betreten wird und die eine hohe Konzeptsicherheit erfordern. Bei unsystematischer Projektabwicklung und individuellen Entscheidungen entsteht dabei nach Holliger[6.16] die Gefahr einer Denkkatastrophe.

Projekt Vorhaben Aufgabe	Wahrscheinliches Schadenausmass bei missglücktem Lösungsversuch		
	unbedeutend klein	gerade noch tragbar, sehr gross	untragbar, existenzgefährdend
Allgemeiner Wissensstand	Routine	Ansätze	Neuland
Kreativer Anspruch	gering	gross	maximal
Intellektueller Aufwand zur Lösungsfindung	gering	gross	extrem
Klassierung Problemtyp Anteil in der Praxis	C 80 %	B 15 %	A 5 %

Abb. 6.23: Tragweite-Beurteilung von Innovationsprojekten

Aus organisatorischer Sicht interessieren uns vor allem die B-Probleme bzw. die klassischen Projektaufgaben. Beispielsweise handelt es sich dabei um

- Marketingstrategien,
- Einführung von EDV-Konzepten oder Systemwechsel,
- Rationalisierungsvorhaben in der Fertigung,
- Materialbewirtschaftungskonzepte,
- Neubauten,
- Standortfragen.

Derartige Probleme werden von den betroffen Mitarbeitern meistens erstmalig in Angriff genommen. Solche Aufgaben erfordern Kreativität, günstige strukturelle Voraussetzungen sowie einen systematischen Prozessablauf.

In den folgenden Abschnitten werden wir die strukturellen Voraussetzungen der

- **Projektkoordination**
- **Matrix-Projektorganisation**
- **reinen Projektorganisation**

darstellen.

5.2 Projektkoordination (Projektmanagement in Stabsfunktion)

Wird dem Projektmanager lediglich die Rolle des Koordinators zugewiesen, so handelt es sich um eine Projektkoordination, welche auch Einfluss-Projektorganisation oder Projekt in Stabsfunktion genannt wird. Diese schwächste Form der Projektorganisation gehört theoretisch nicht einmal in die Kategorie der mehrdimensionalen Organisationsformen, da dem Projektleiter keinerlei Anordnungs- und Entscheidungsfunktionen zustehen. Im täglichen Geschehen zeigt sich allerdings, dass mit diplomatischem Geschick bei den Linienstellen sehr viel bewegt werden kann, womit die Wirkung durchaus mit einem Matrix-Ansatz zu vergleichen ist.

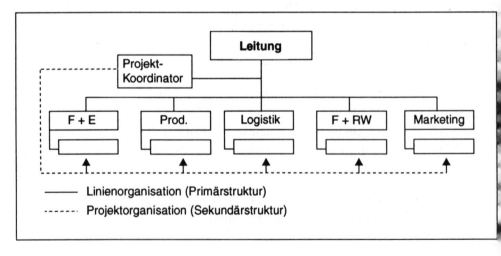

Abb. 6.24: Struktur der Projektkoordination

Merkmale und Anwendungsvoraussetzungen der Projektkoordination

Der Auftrag, eine komplexe, innovative und zeitlich befristete Aufgabe durchzuführen, kann einem Ausschuss oder einer einzelnen Stelle übertragen werden. Die

Unternehmensleitung beschränkt sich in der Regel auf die Vorgabe von Zielen und Richtlinien und behält sich das Recht vor, die Entscheidungen selber zu treffen. Dem Projektverantwortlichen fallen dabei folgende Aufgaben zu:

- Sammeln und Auswerten von Informationen.
- Ausarbeitung und Einholung von Ideen, Anregungen und Lösungsvorschlägen.
- Abklärung der Realisierbarkeit bei internen und externen Stellen.
- Konkretisierung des Hauptvorschlages.
- Überwachung des Projektes in bezug auf Kosten- und Termineinhaltung.

Der Projektkoordinator hat selbst keine Anordnungsbefugnisse und wenigstens theoretisch keine Verantwortung. Wie bereits erwähnt, erfordern die Sachzwänge rasche Entscheidungen, welche der Projektkoordinator als Fachautorität auch ohne formelle Weisungsbefugnisse herbeiführen kann.

Als wichtigste **Anwendungsvoraussetzungen** für die Projektkoordination gelten:
- Es muss sich um überschaubare und gut strukturierbare Aufgaben handeln, welche zentral besser bewältigt werden können.
- Die Ansprüche in bezug auf die Innovation dürfen nicht zu hoch gestellt sein.
- Es muss ausreichend Zeit für die Planung und Durchführung des Projektes zur Verfügung stehen.
- Das wahrscheinliche Schadenausmass bei missglücktem Lösungsversuch muss bescheiden sein.

Projekte mit diesen Voraussetzungen können von der beauftragten Instanz auch ohne formelle Kompetenzen bewältigt werden. Ein Projektmanagement in Stabsfunktion wird meistens dann eingesetzt, wenn die oberen Leitungsinstanzen überlastet sind.

Vorteile der Projektkoordination

- Es gibt keine Doppelunterstellungen von Mitarbeitern und damit wenig Kompetenzkonflikte.
- Die Linieninstanzen werden von zeitraubenden Spezialaufgaben entlastet.
- Die Informationsbeschaffung, die Kosten- und Terminüberwachung wird bei einer Stelle zentralisiert.
- Der Auftraggeber erhält laufend zuverlässige Informationen über den Projektstand.

Nachteile der Projektkoordination

- Der Erfolg des Projektes hängt vom persönlichen Geschick des Projektleiters und von der Kooperationsbereitschaft der Linieninstanzen ab.
- Die schwache Stellung des Projektleiters beeinträchtigt die Durchsetzbarkeit.
- Bei jeder Entscheidung muss der Auftraggeber eingeschaltet werden.
- Bei Nicht-Erreichen des Zieles muss der Schuldige gesucht werden (Schwarz-Peter-Spiel).

Obwohl man in der Praxis den Begriff der Projektkoordination und die damit verbundenen Spielregeln selten kennt, werden die meisten Spezialaufträge in dieser Form erteilt. Ausschlaggebend ist dabei die unkomplizierte Form, d.h. für eine gute Idee braucht man nur einen Mann zu finden, welcher ohne viel «Wenn und Aber» eine Aufgabe in Angriff nimmt. «Über allfällige Schwierigkeiten der Zusammenarbeit sowie über Kompetenzfragen kann man später diskutieren.» Der Auftragsempfänger sollte sich allerdings bewusst sein, dass er als schwächstes Bindeglied zwischen dem Vorgesetzten und den Linieninstanzen bei seiner Arbeit aufgerieben werden kann. Den Chancen, ein Projekt erfolgreich abzuschliessen, stehen ebenso viele Risiken gegenüber.

5.3 Matrix-Projektorganisation (integrierte Projektorganisation)

Bei der Matrix-Projektorganisation erhält der verantwortliche Projektleiter formal festgelegte Kompetenzen, welche es ihm ermöglichen, sein Projekt effizient durchzuziehen. Damit wird bewusst eine zweite unternehmerische Dimension als selbstständige Organisationseinheit in die Struktur integriert. Die Basisorganisation (Primärstruktur) wird somit für die Projektdauer mit einer zweiten Struktur überzogen. Die Leitungsbeziehungen zwischen der Primär- und Sekundärstruktur richten sich nach den Prinzipien der Matrix-Organisation oder dem Produktmanagement, allerdings mit dem Unterschied des zeitlich befristeten Einsatzes.

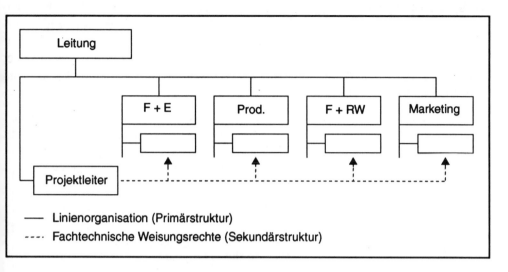

Abb. 6.25: Matrix-Projektorganisation

Merkmale und Anwendungsvoraussetzungen

Das Hauptmerkmal der Matrix-Projektorganisation besteht in der Ausstattung des Projektleiters mit fachtechnischen Weisungsrechten. Damit wird versucht, die Projektinteressen und die funktionalen Abteilungsinteressen gleichzeitig zu berücksichtigen. Dem Vorteil der verbesserten Durchschlagskraft stehen die Doppelunterstellungen und damit die Kompetenzschwierigkeiten gegenüber. Nicht selten wird deshalb die Matrix-Projektorganisation als Konflikt-Management bezeichnet. Diese negative Erscheinung wird bei Frese[6.17] mit der sogenannten Kooperations- und Konfliktthese abgeschwächt.

Die **Kooperationsthese** unterstellt, dass Projektleiter und Linieninstanzen unter Berücksichtigung der unternehmerischen Interessen ihre Probleme wechselseitig abstimmen, so dass auf einer untergeordneten Stufe der Prozess der Feinplanung nachgeholt werde.

Bei der **Konfliktthese** betrachtet man die Sichtbarmachung und Aufdeckung von Konflikten als eine Notwendigkeit, vor allem wenn diese aus der mangelnden Kooperationsbereitschaft der Beteiligten resultieren.
Bei der dauernden Auseinandersetzung zwischen den Fachinteressen und Projektbelangen sind Konflikte nicht zu umgehen und bis zu einem gewissen Ausmasse sogar erwünscht. Weil nur Lösungen befriedigen können, welche sowohl die Ansprüche

der Spezialisten als auch des Projektleiters erfüllen, kann eine fachliche Konfrontation durchaus zu positiven Ergebnissen führen. Eine Matrix-Projektorganisation fördert somit die Offenlegung differenzierter Ansichten bei erfolgreichen Problemlösungen, gleichzeitig aber auch den Teamgeist. Damit es soweit kommt, müssen der Vorgesetzte, der Projektleiter sowie die Lineninstanzen ihre Aufgaben kennen und ihre Rolle matrixgerecht spielen.

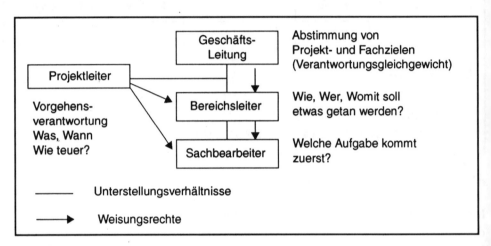

Abb. 6.26: *Aufgaben und Rollen der Matrix-Stellen*

Die **Geschäftsleitung** als übergeordnete Instanz des Bereichs- und Projektleiters steht im Spannungsfeld zwischen den Bereichs- und Projektinteressen. Ein ehrgeiziger Projektleiter versucht laufend, seine Aufgaben in den Vordergrund zu stellen und beim Bereichsleiter eine unverzügliche Erledigung zu erzwingen. Gelingt ihm dies nicht, so setzt er den Geschäftsleiter unter Druck. Erfüllt der Geschäftsleiter die Forderungen des Projektleiters, so degradiert er das Linienmanagement zu Erfüllungsgehilfen. Verweigert er die Unterstützung, dann entlastet er den Projektleiter von seiner Terminverantwortung.

Erfahrene Geschäftsleiter verstehen es, ein Verantwortungsgleichgewicht zu schaffen. Sie sorgen für eine entspannte Atmosphäre, ein günstiges Umfeld und fördern das Anhören von Stellungnahmen und Meinungen.

Der **Bereichsleiter** hat gegenüber der eindimensionalen Organisationsform eine ganz andere Rolle zu spielen. Er ist nicht mehr der uneingeschränkte Chef seiner Mitarbeiter und wird nicht mehr ausschliesslich an der Erreichung der Bereichsziele gemessen. Der Bereichsleiter sieht, dass seine Bedeutung abnimmt, er fühlt sich vom Projektmanagement bedroht. Das «Was und Wann» soll ihm weggenommen werden

es verbleibt ihm lediglich das «Wie». Diese Einschränkung wird von Hirzel[6.18] als Status- und Autoritätsverlust empfunden, womit die Gefahr besteht, dass sich die Rolle des Initiators vom Bereichsleiter zum Projektleiter verschiebt.
Eine Lösung dieses häufig anzutreffenden Rollenkonfliktes ist durchaus möglich. Funktionale Bereichsleiter in Matrix-Systemen sollen die Spezialisierung oder die technologische Sicherheit der Zukunft als Hauptaufgabe betrachten. Werden die Bereichsleiter zudem in den Projektausschüssen eingesetzt, in denen über Erfolg oder Misserfolg entschieden wird, so empfinden sie sich mitverantwortlich und können zu kooperativen Partnern werden.

Der **Sachbearbeiter** hat die Anforderungen zweier Chefs zu erfüllen und kann es in dieser Stress-Situation keiner Seite recht machen. Interessiert er sich sehr für die Projektaufgaben, so steht die Loyalität zu seinem Linienchef zur Diskussion. Weil in der Regel der Linienchef über Lohnfragen und Aufstieg entscheidet, wählt der Diener zweier Herren meistens den längerfristig sicheren Weg. Die Grundlagen für eine konstruktive Zusammenarbeit hat der Bereichsleiter zu schaffen, indem er versucht, die Aufgaben als Anliegen von Linien- und Projektmanagement darzustellen.

Der **Projektleiter** darf weder die Rolle eines Assistenten, noch diejenige eines Helden spielen. Er sollte auch keine Gegenorganisation aufziehen, sondern versuchen, die beteiligten Bereichsleiter und Sachbearbeiter für seinen Auftrag zu gewinnen. Erfüllt er seine Aufgabe gut, dann wird er nicht als Eindringling, sondern als Partner aufgenommen, welcher die Linienstellen von Spezialaufgaben entlastet.

Neben diesen personellen Aspekten gelten für die Matrix-Projektorganisation folgende **Anwendungsvoraussetzungen**:

– Die Aufgabe muss relativ bedeutend und komplex sein.
– Das Projekt muss unter Zeitdruck stehen.
– Die Projektdauer muss auf wenige Monate beschränkt sein (bei länger dauernden Projekten steht die reine Projektorganisation zur Diskussion).
– Es sollte ein fachlich bestausgewiesener Projektleiter zur Verfügung stehen (Fachautorität).
– Der Informations- und Koordinationsaufwand muss beträchtlich sein.
– Mehrere Linienstellen müssen zur Problemlösung einen Beitrag leisten, wobei keinem Bereich eine dominierende Stellung zukommen darf.

Schliesslich sollten die Linieninstanzen über Zeit und Ablauf des Projektes orientiert sein, damit sie sich rechtzeitig auf ihre Beitragsleistung vorbereiten können. Nach Strasser[6.19] sollte sich der Geschäftsleiter vor dem Start eines Projektes folgende Fragen stellen:

- Ist der Projektverlauf für sämtliche Beteiligten nachvollziehbar?
- Können sowohl die Betroffenen wie die Entscheidenden an allen Prozessen teilnehmen?
- Sind die Sach- und Entscheidungsebenen ihrer Bedeutung gemäss vertreten?
- Ist der Projektleiter teamfähig?
- Ist die Gruppendynamik im Team ungestört, können alle Mitglieder ihr Optimum beitragen?

Aufgaben und Kompetenzen des Projektleiters

Die Aufgaben des Projektleiters sind recht anspruchsvoll; sie reichen von der Erstellung eines Grob-Konzeptes bis zur Erstellung des Rechenschaftsberichtes über Erfolg bzw. Misserfolg des Projektes. Die Aufgaben des Projektleiters nach den Vorschlägen von Scheuring[6.20] sind aus der Abb. 6.27 ersichtlich.

Entscheidend für den Erfolg eines Projektes ist die Start- oder Planungsphase. Der Projektleiter übernimmt hier die Funktion der federführenden Planung, d.h. er diskutiert seine Vorschläge mit den Linieninstanzen und versucht die fachtechnischen Empfehlungen zu integrieren. Eine gute Projektstrukturierung soll darüber Aufschluss geben, welche Projektmitarbeiter und Linienstellen bei den einzelnen Phasen eingeschaltet werden.

Die Regelung der **Kompetenzfrage** ist der schwierigste Teil bei der Projektplanung. Die Grundsätze: «Aufgaben, Verantwortung und Kompetenzen müssen aufeinander abgestimmt werden», oder «der Projektleiter hat soviel Kompetenzen wie er sich nimmt», leisten bei der praktischen Problemlösung nur wenig Hilfe. In den uns bekannten Fällen werden entweder die Kompetenzen des Projektleiters unvollständig und kurz umschrieben, oder aber in grösseren Unternehmen mit Hilfe des Funktionendiagrammes festgelegt.

Im ersten Fall könnten die Kompetenzen nach Scheuring[6.21] global wie folgt umschrieben werden:

Der Projektleiter hat das Recht
- Aufträge an die am Projekt beteiligten Stellen zu erteilen – im Rahmen der vereinbarten Kapazität,
- Informationen zu verlangen,
- von den zuständigen Stellen fristgerecht Entscheide zu fordern, wenn nötig durch Weiterziehen des Entscheides an die vorgesetzte Instanz.

Aufgaben-Inhalt Aufgabenart	Leistungen Sachinhalte	Termine	Kosten Wirtschaftlichkeit
Planen	- Zielsetzung - Projektstrukturierung - Leistungszuteilung - Festlegung Projektspezifikationen (Grobkonzept) - Definition QS-Anforderungen	- Projekt-Ablaufplanung - Ermittlung Aufwand/ Durchlaufzeiten - Kapazitäts-/ Belastungsplanung - Terminierung	- Kalkulation - Wirtschaftlichkeitsrechnungen - Kosten-Nutzen- und Risiko-Analysen - Budgetierung
Überwachen/ Kontrollieren	Überwachen der Einhaltung von - Spezifikationen - Qualitätsanforderungen - Verträgen	- Kontrolle Eck- und kritische Termine - Fortschrittssitzungen - Interpretation von Terminabweichungen - Terminprognosen	- Überwachung aufgelaufener Kosten/Zahlungen - Interpretation von Kostenabweichungen - Kosten-/Wirtschaftlichkeitsprognosen
Steuern Koordinieren	- Koordination sachliche/ terminliche Schnittstellen - Änderungs-Management - Bewältigung technischer Risiken	Planen/Einleiten von Korrekturmassnahmen - Aufwandsverminderung - Kapazitätserhöhung - Umstellungen - Externvergabe	- Einleitung von Kostensenkungsmassnahmen / Erhöhung der Wirtschaftlichkeit - Koordination des Zahlungswesens
Informieren/ Dokumentieren	- Festlegen der Informationsregeln - Planung und Leitung der Projektsitzungen - Berichterstattung an Projektbeteiligte, Auftraggeber/Ausschuss - Dokumentation der Projektplanung, -realisierung und der Resultate - Sicherstellung einer geordneten Projektablage		

Abb. 6.27: *Aufgaben des Projektleiters*

Ergänzt werden diese Bestimmungen in der Regel mit Kompetenzzusicherungen in bezug auf Terminverschiebungen, Unterschriftsberechtigung sowie finanzielle Zugeständnisse (Projektauslagen und Spesen).
Aussagekräftiger sind Funktionendiagramme, welche das Zusammenwirken der beteiligten Stellen bei jeder wichtigen Aufgabe festlegen.

Zusammenfassend lassen sich folgende Vorteile und Probleme der Matrix-Projektorganisation aufführen:

Vorteile der Matrix-Projektorganisation

- Es bestehen gute Aussichten, anspruchsvolle Projektaufgaben durchzuziehen.
- Der Projektablauf lässt sich flexibel gestalten, Anpassungen an die jeweilige Projektsituation sind möglich.
- Das Fachwissen der Linieninstanzen kann optimal genützt werden, wenn fähige Mitarbeiter freigestellt werden.
- Bei Einhaltung der gruppendynamischen Grundsätze identifizieren sich die Beteiligten mit der Spezialaufgabe; die Vorteile des Teammanagements kommen zum tragen.
- Die Mitwirkung von Mitarbeitern aus unterschiedlichen Hierarchiestufen zu einer «Interessengemeinschaft» fördert die lebenswichtigen Quer- und Diagonalkontakte und damit den Erfahrungsaustausch.
- Hierarchisch tiefer eingestufte Teammitglieder sind besonders motiviert und erbringen oft Höchstleistungen (sie werden geprüft und im positiven Fall entdeckt).
- Die Form der Matrix-Projektorganisation ist eine wirtschaftliche Lösung.

Die wichtigsten Nachteile sind:

- Die Doppelunterstellungen von Mitarbeitern.
- Angst vor Nachteilen und Prestigeverlust bei den Linienmanagern.
- Für die Projektleitung können selten die besten Leute eingesetzt werden.
- Trotz Weisungsrecht ist der Projektleiter auf entgegenkommendes Verhalten der Linieninstanzen angewiesen.
- Die Matrix-Projektorganisation erfordert ein hohes Mass an Kooperationsbereitschaft der Mitarbeiter.

5.4 Reine Projektorganisation (Task Force Management)

Für anspruchsvolle, sehr umfangreiche und komplexe Probleme werden in mittleren und grösseren Unternehmen die zur Bearbeitung der Aufgaben erforderlichen Mitarbeiter freigestellt. Unter der Leitung eines ausgewiesenen Fachmannes wird eine selbständige Parallelorganisation gebildet. Diese Loslösung von der Basisorganisation entspricht grundsätzlich dem Vorgang einer Spartenbildung, wobei hier auf die zeitliche Befristung hingewiesen werden muss.

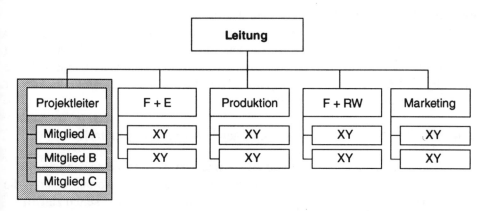

Abb. 6.28: *Reine Projektorganisation*

Der Projektleiter ist der Geschäftsleitung oder in Grossunternehmen einem Divisionsleiter unterstellt. Er erhält indessen für die Dauer des Projektes einzelne Mitarbeiter fest zugeteilt. Die Loslösung von der Primärstruktur bedeutet streng genommen eine Abkehr von mehrdimensionalen Konzepten, womit diese Organisationsform unter den eindimensionalen Konzepten behandelt werden müsste. Weil diese Freistellung meistens nicht für alle Projektphasen durchgezogen wird, haben die generellen Prinzipien des Projektmanagements auch bei dieser Form ihre Gültigkeit.

Merkmale und Anwendungsvoraussetzungen

Das wichtigste Merkmal der reinen Projektorganisation besteht in der vollamtlichen Tätigkeit von Projektleiter und -mitarbeiter. Damit erübrigen sich die Weisungsrechte gegenüber der Primärstruktur und somit auch die Doppelunterstellungen von Mitarbeitern. Der Projektleiter hat innerhalb seines Verantwortungsbereiches die gleichen Rechte wie eine Lineninstanz. Nach Erreichung des Projektzieles wird die Projektorganisation aufgelöst. Die zeitliche Befristung einer Aufgabe stellt für die beteiligten Mitarbeiter meistens ein Problem dar. Im besten Falle führt die Mannschaft die aus der Projektorganisation resultierenden Produkte in einer als Dauerlösung betrachteten Sparte weiter. Entscheidet sich die Leitung für die Integration der Produkte in die bestehende Organisation, dann müssen für die Projektmitarbeiter neue Aufgaben gesucht werden. Dies bedeutet entweder die Aufnahme eines neuen Projektes oder die Rückkehr in die Primärorganisation.

Die **Aufgaben** des Projektleiters beinhalten neben den Planungs-, Koordinations- und Steuerungsfunktionen (vgl. Matrix-Projektorganisation) eine Reihe von Führungsaufgaben. Dazu gehören: Einstellung und Einführung von Personal, Strukturierung und Zuweisung von Aufgaben, Einkauf von Drittleistungen und genaue Kosten- und Terminüberwachung. Besonders die Budgetierung und Überwachung der Projektkosten erhält infolge der eindeutigen Verantwortlichkeit eine erhöhte Bedeutung. Bei Kostenüberschreitungen und Terminverzögerungen gibt es bei dieser Organisationsform kein «Schwarz-Peter-Spiel».

Für die reine Projektorganisation gelten folgende **Anwendungskriterien**:

- Es muss sich um ausgesprochen grosse und komplexe Projekte handeln.
- Die einzusetzenden Ressourcen müssen teilbar sein; eine Voraussetzung, die bei personellen Ressourcen fast immer, bei maschinellen nur selten zutrifft.
- Das Projekt muss für das Unternehmen von beachtlicher Bedeutung sein.
- Mehrere, vollamtliche Mitarbeiter müssen eingesetzt werden können.
- Der Projektleiter muss sowohl über fachliche als auch führungstechnische Qualifikationen verfügen.

Zur Begrenzung des Risikos wird die Vorstufe eines Projektes meistens in einer schwächeren Form durchgeführt (Stab- oder Matrix-Projektorganisation). Erst nach Abschluss der Voruntersuchung wird die Aufgabe einem selbständigen Projektteam übertragen.

Vorteile der reinen Projektorganisation

- Grösste Durchschlagskraft und Effizienz infolge des «full time»-Einsatzes von Mitarbeitern.
- Die Projektmitarbeiter lassen sich einfacher und direkter koordinieren.
- Keine Abhängigkeit von der Primärstruktur und damit auch keine Doppelunterstellungen von Mitarbeitern.
- Bei der Umwandlung der Projektorganisation in eine Sparte besteht die Chance, ein eingespieltes Team einsetzen zu können.

Als Nachteile müssen aufgeführt werden:

- Ohne Druck von seiten der Geschäftsleitung werden jene Mitarbeiter freigestellt, welche am ehesten entbehrlich sind (dies sind selten die besten).
- Es handelt sich um eine relativ teure Lösung.
- Das fachtechnische Know-how der Primärstruktur kann kaum genutzt werden.
- Tüchtige und karrierebewusste Mitarbeiter lassen sich nur widerwillig für «Task-force»-Aufgaben einschalten, denn für sie stellt sich das Problem der Rückkehr in die Primärorganisation.

5.5 Gestaltung und Abwicklung von Projekten

Ein praxisorientiertes Konzept für die Projektorganisation hat nach Scheuring[6.22] folgende Voraussetzungen zu erfüllen:

> «Es ist einfach, für alle Beteiligten verständlich und transparent, lässt sich flexibel an die jeweilige Projektsituation anpassen, bildet die organisatorische Realität möglichst genau ab und – eine wichtige Nebenbedingung – lässt sich in geeigneter Weise graphisch darstellen».

Dieses Anforderungsprofil lässt vermuten, dass wir noch nicht alle Dimensionen behandelt haben. Eine Grobunterteilung der massgebenden Dimensionen könnte folgende Elemente enthalten:

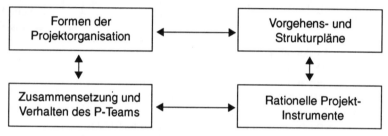

Abb. 6.29: Hauptelemente der Projektorganisation

Neben der bereits behandelten Wahl der richtigen Organisationsform, der Festlegung von Aufgaben und Kompetenzen, braucht es für die erfolgreiche Durchführung von Projekten klare Vorgehenspläne, rationelle Projektführungsinstrumente und ein aufgeschlossenes Projektteam.

Vorgehens- und Strukturpläne

Damit der Anspruch der Verständlichkeit und Transparenz erfüllt wird, sind die erforderlichen Phasen und Schritte einzeln festzulegen. In bezug auf die Form gibt es keine Patentrezepte, sondern je nach Industrie (Bauwirtschaft, Maschinen-, Nahrungsmittelindustrie) und Projektinhalt betriebsindividuelle Methoden. Am häufigsten wird das funktionale Projektmanagement wie folgt strukturiert:
- Projektplanung
- Projektsteuerung
- Projektüberwachung.

Ein etwas ausführlicherer Projektstrukturplan, wie er in Industriebetrieben eingesetzt wird, ist aus der Abb. 6.30 ersichtlich.

Phasen	Schritte	Planung Bearbeitung	Diskussion Freigabe
Projekt-definition	– Ideenfindung – Formulierung erster Ziele – Freigabe Vorstudie	alle Linie	Gesch.-Leitung

Projekt-planung	– Formulierung von:
	  – Projektzielen
	  – Hauptaufgaben
	  – Arbeitsvolumen
	  – Mitteleinsatz
	  – Projektorganisation
	– Freigabe Hauptstudie
	– Einsatz Organisation
	– Festlegen von:
	  – Strukturplan
	  – Aktivitätsplan
	  – Terminplan
	  – Kapazitätsplan
	  – Kostenplan
	– Marktabklärungen und Feasibilitystudien
	– Präsentation Analyseergebnisse
		– Stabsmitarbeiter oder provisorischer Projektleiter
		
		– Projektleiter
		
		– Projektteam
		– Projektleiter
			Projekt-Aus-schuss, GL
			
			GL

Projekt-steuerung	– Auftragserteilung – Erarbeitung von Teilsystemen – Beurteilung von Elementen – Ressourceneinsatz – Koordination von Teillösungen – Situative Modifikation des Projektab-laufes – Einführungsentscheid	– Projektleiter – Linie – Projektteam – Projektleiter – Projektteam – Projektleiter	GL GL
Projekt-überwachung	– Konkretisierung der Realisierungs-phase – Laufende Überwachung der Kosten- und Termineinhaltung – Erstellen einer Benützerdokumenta-tion – Berichterstattung – Einführung/Inbetriebnahme	– Projektteam – Projektleiter – Projektteam – Projektleiter	Proj.-Aussch.

Abb. 6.30: Projektstruktur eines Industrieprojektes

Projektführungsinstrumente

Mit geeigneten Instrumenten wird versucht, den Projektablauf und das Zusammenwirken der beteiligten Stellen möglichst transparent zu gestalten. Die Erstellung visueller Hilfsmittel zwingt zu einer logischen Projektplanung und erleichtert die Projektsteuerung und -überwachung. Die Wahl und der Einsatz von Instrumenten und Methoden ist immer eine betriebsindividuelle Angelegenheit. Gemeinsam ist nur der Wille, die teilweise recht komplexen Zusammenhänge durch Visualisierung transparenter zu gestalten.

Die am häufigsten eingesetzten Hilfsmittel können nach Peterson[6.23] wie folgt umschrieben werden:

- Produktstruktur-Stückliste
  - Strukturierte Darstellung eines Produktes über einzelne Baustufen bis zum Einzelteil (vgl. Abschnitt Aufgabenanalyse).

- Auftragsdatei
  - Auflisten der vergebenen Teilaufgaben mit Arbeitsaufwand und Erledigungstermin.

- Aktionsplan
  - Visuelle Gestaltung der Auftragsdatei nach zeitlichen Aspekten unter Angabe der Verantwortlichkeit.

- Balkendiagramm
  - Darstellung der Teilaufgaben in zeitlicher Reihenfolge unter Angabe der Kosten und Verantwortlichkeiten.

- Projektstatusbericht
  - Periodische Darstellung des Fertigstellungsgrades eines Projektes mit Abweichungen und Änderungen.

- Meilensteinplan
  - Übersichtliche Darstellung der wichtigsten Teilschritte eines Projektes in zeitlicher und logischer Reihenfolge zur Festlegung der Entscheidungspunkte sowie zur Projektverfolgung.

Da im Kapitel 5 die allgemeinen Organisationsinstrumente behandelt sind, begnügen wir uns an dieser Stelle mit einem Aktionsplan und einem Meilensteinplan.

Nr.	Aktivitäten	verant- wort- lich	Arb Tag	Kosten	Termin										
					1	2	3	4	5	6	7	8	9	1	2
1.	Marktabklärung Produkte														
1.1	Zielgruppe festlegen	Heeb	1												
1.2	Fragenkatalog erstellen	do	4												
1.3	Auftrag Befragungsinstitut	Meier	1	60'											
1.4	Durchführung Marktforschung	extern													
1.5	Interne Kundenumfrage	Heeb	12	5'											
1.6	Auswertung Ergebnisse	Meier	3												
1.7	Präsentation Projektleitung	do													
1.8	Entscheid Fortsetzung des Projektes														

Abb. 6.31: Aktionsplan (Ausschnitt Marketing)

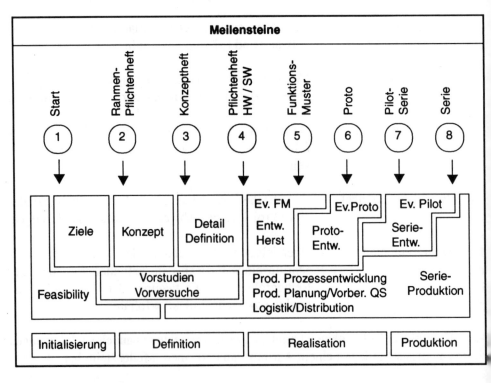

Abb. 6.32: Darstellung des Projektablaufes mit den Meilensteinen

Struktur und Verhalten des Projektteams

Die Frage der Zusammensetzung und des richtigen Verhaltens von Projektteams stellt sich bei den Formen der Projektkoordination sowie der Matrix-Projektorganisation. Bei der reinen Projektorganisation haben wir eine selbständige Organisationseinheit und damit einfachere Organisations- und Führungsprobleme.
Die Zusammensetzung der Projektorganisation hängt ferner von der Grösse und der Komplexität der zu bewältigenden Aufgaben ab. Bei umfangreichen Projekten unterscheiden wir folgende Instanzen:

- Entscheidungsinstanz – meist Geschäftsleitung
- Projektausschuss – Geschäftsleiter, Projektleiter oder Bereichsleiter
- Projektteam – Projektleiter, Projektmitarbeiter
- Projektgruppe – einzelne Projektmitarbeiter sowie direkt betroffene Stelleninhaber

Als **Entscheidungsinstanz** bezeichnen wir diejenige Stelle, welche den Investitionsantrag zu genehmigen hat. Dies ist im Normalfall die Geschäftsleitung, bei Grossprojekten ausnahmsweise auch der Verwaltungsrat.

Die Bildung eines **Projektausschusses** ist erforderlich, wenn mehrere Führungsbereiche vom Projekt betroffen werden. Er muss in den entscheidenden Phasen der Planung im Sinne der Unternehmenspolitik richtungsweisend Einfluss nehmen. Zu Beginn des Projektes hat er die Projektmitarbeiter auszuwählen. Während des Projektablaufes tritt er immer dann zusammen, wenn aufgrund der Teilergebnisse Entscheidungen (Freigabeentscheid) zu fällen sind. In diesen Gremien werden aber auch rechtzeitig die Interessen nachgelagerter Bereiche wahrgenommen. Beispielsweise kann der Kundendienstleiter dafür sorgen, dass bei der Produktentwicklung servicefreundliche Systeme entwickelt werden.
In bezug auf die Zusammensetzung des Projektausschusses gilt die Regel, dass nur direkt betroffene Instanzen und ausgewiesene Fachleute (keine Alibiausschüsse) berücksichtigt werden sollen. Wichtig ist auch, dass der Projektleiter in diesem Gremium vertreten ist und damit seine Vorschläge selbst vorbringen kann.

Das **Projektteam** selbst kann vollamtliche, aber auch mitwirkende Mitarbeiter aus den Linien enthalten. Neben der fachlichen Kompetenz ist aus gruppendynamischer Sicht auf die Harmonie und Ausgeglichenheit des Teams zu achten. Eine falsche Auswahl der Teammitglieder stellt den Erfolg eines Projektes von Anfang an in Frage.

Projektgruppen setzen sich aus einem Mitglied des Projektteams sowie einzelnen direkt betroffenen Stelleninhabern aus den wichtigsten Bereichen zusammen. Zur Diskussion stehen wichtige Einzelfragen des Projektes, welche die Mitwirkung von Spezialisten erfordern.

Verfügt ein Unternehmen über erfahrene Projektleiter, so kann auf den Beizug eines externen Beraters verzichtet werden. Nicht selten werden für Projekte interne Nachwuchskräfte freigestellt, so dass bei einer kompetenten Mitwirkung des Beraters ein Drittel der Projektkosten auf das Konto «Ausbildung» gebucht werden kann. Die innere Struktur eines Projektteams kann in Anlehnung an Holliger[6.24] wie folgt dargestellt werden:

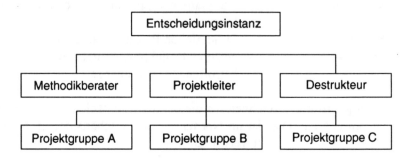

Abb. 6.33: Innere Zusammensetzung des Projektteams

In der Darstellung fällt zweifellos der aufgeführte Destrukteur auf. Mit dieser Rollenzuteilung an ein Projektmitglied bezweckt man, die bei einer kreativen Arbeit regelmässig auftauchenden Denkfehler rechtzeitig aufzudecken. Wer das «Wenn und Aber» frühzeitig überprüft, kann ausgereiftere Vorschläge präsentieren. In anderen Projektorganisationen übernimmt der Projekt-Controller die Aufgaben der Methodikberater und des Destrukteurs. Auch den übrigen Teammitgliedern werden oft Spezialaufgaben übertragen. Ferner sollen schon zu Beginn der Projektteamsitzungen die Spielregeln, das Verhalten bei der Entscheidungsfindung sowie die Sitzungstermine festgelegt werden.

6. Aktuelle Organisationskonzepte

Die Management-Literatur beglückt uns in regelmässigen Abständen mit neuen, erfolgversprechenden Organisations- und Führungskonzepten. In den letzten Jahren standen
- das Lean Management,
- das Business Reengineering,
- die Cluster- und/oder Netzwerkorganisation,
- das Modell des lebensfähigen Systems (St. Beer)

zur Diskussion.

Wir bezeichnen diese Ansätze bewusst als aktuelle Organisationskonzepte, da sich die ihnen zugrundeliegenden Denkansätze selten als eigenständige Organisationsformen, meistens jedoch als Ergänzung bestehender Formen verwirklichen lassen. Als Beispiele dafür werden wir das Lean Management und die Cluster-Organisation erläutern.

Weil sich zahlreiche Unternehmer euphorisch jedem Trend anschliessen und die propagierten Allheilmittel unverzüglich «einkaufen» möchten, haben sich in erster Linie die Organisatoren mit den Eigenschaften dieser Neuerungen zu befassen. Meistens gelangt man bei der Beurteilung dieser Konzepte zu folgenden Erkenntnissen:

- Jedes Konzept beinhaltet eine positive Grundidee, welche durch eine neue Kombination und Gewichtung der Einflussfaktoren: Struktur–Prozesse–Prinzipien und Mitarbeiterverhalten verwirklicht werden soll. Demgemäss gibt es selten neue, sondern nur der aktuellen Situation angepasste Management-Konzepte.

- In der Regel ist das Top-Management Neuerungen gegenüber aufgeschlossen und bekennt sich gerne zu modernen Management-Prinzipien. Gleichzeitig haben wir den Eindruck, dass Diskussionen über Strukturen, Prozesse und Management-Methoden auf den mittleren Führungsstufen selten stattfinden. Damit fehlen wichtige Voraussetzungen für die gemeinsame Durchführung strategischer Projekte.

- Die dritte Einschränkung betrifft die Geschwindigkeit für die Einführung neuer Management-Konzepte. Echte Fortschritte sind nur möglich, wenn Strukturen und Prozesse sorgfältig analysiert und verbessert werden, wobei das mittlere Management in den Planungsprozess einbezogen werden muss. «Schnellschüsse» ohne grundlegende Änderung der Unternehmenskultur bringen keinen Erfolg.

6.1 Lean Management

Mit der zunehmenden Öffnung der Weltmärkte wirken sich die hohen Lohn- und Gemeinkosten der westeuropäischen Industrien negativ auf die Wettbewerbspositionen aus. Demgegenüber gelingt es japanischen Unternehmen, mit tieferen Herstellkosten eine höhere Produktivität und Qualität zu erzielen. Als wichtigste Gründe für diese Vorteile werden schlankere und effizientere Produktionsprozesse (Lean production) und die Konzentration auf die geschäftstragenden Leistungsketten aufgeführt.

Wer die Idee des «Lean Managements» nach japanischem Muster analysiert, müsste sich auch mit den unterschiedlichen Standort- und Rahmenbedingungen auseinandersetzen. Wir beschränken uns auf die Organisations- und Führungsgrundsätze und stellen die Frage:

> «Was können wir vom Lean Management lernen und
> welche Denkansätze lassen sich auch bei uns realisieren?»

Grundlagen des Lean Managements

Die aktuelle Wirtschaftslage fordert von den meisten europäischen Unternehmen

- massive Kostenreduzierungen,
- schnellere Entwicklungs- und Produktionszeiten (Zeitwettbewerb),
- eine bessere und stabilere Qualität.

Weil die japanischen Industrien diese Anforderungen bisher besser erfüllen, ist es naheliegend, dass wir versuchen, die nutzbringenden Elemente der schlanken Organisation zu übernehmen.

> Das Lean Management versucht die Vorteile der Massenproduktion (Kostendegression) mit den Vorzügen eines Handwerksbetriebes (Transparenz und Marktnähe) zu verbinden.

Prinzipien des Lean Managements

Die wichtigsten Elemente und Prinzipien des Lean Managements (vgl. Abb. 6.34) können wie folgt erläutert werden:

- **Konzentration auf das Kerngeschäft**
  Für spezielle Kundengruppen und Marktsegmente sollen echte Wettbewerbsvorteile aufgebaut werden. Die zu erbringende Marktleistung wird als Wertschöpfungskette betrachtet, wobei jede Stelle ihren Beitrag leisten muss.

- **Marktfähige Leistungsstufen**
  Nach Hirzel[6.25] heisst das Prinzip: «Nur noch das tun, was man besser kann». Jedes Glied der Wertschöpfungskette hat sich an Marktpreisen zu orientieren. Die Herstellung von Nicht-Know-how-Teilen soll nach aussen vergeben werden (Outsourcing).

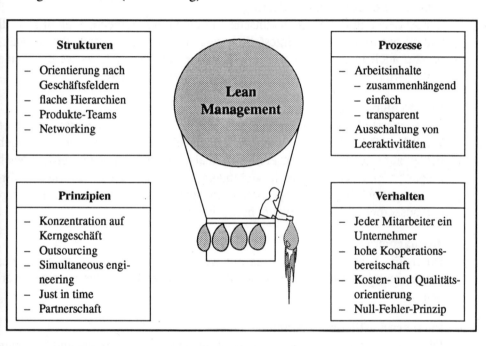

Abb. 6.34: Hauptmerkmale und Prinzipien des Lean Managements

- **Kunden- und prozessorientierte Strukturen**
  Anstelle der horizontalen Spezialisierung (Taylorismus) werden die Strukturen auf die Bedürfnisse der einzelnen Geschäftsfelder ausgerichtet. Durch die produktorientierte Parallelisierung der gesamten Wertschöpfungskette (Entwicklung, Produktion, Kundendienst) entstehen weniger Schnittstellen und erfahrungsgemäss weniger Fehler. Die Anwendung des Simultaneous Engineering-Prinzips ermöglicht zudem kürzere Entwicklungs- und Durchlaufzeiten.

- **Flache Hierarchien**
  Weil jede Führungsstufe den Kommunikationsfluss hemmt, soll das Prinzip: «So wenig Führungsstufen wie möglich» konsequent befolgt werden.

- **Dezentrale Entscheidungsprozesse**
  Mit der Verlagerung der Aufgaben und Kompetenzen an die tiefstmögliche Stufe bzw. jene Stellen, welche vom Entscheid betroffen werden, sichert sich das Unternehmen kürzere Informationswege und eine bessere Identifikation der Beteiligten.

- **Markt- und Kundenorientierung**
  Zur Abdeckung der Kundenwünsche soll eine marktgerechte Vielfalt schnell und mit wenig Aufwand hergestellt werden. Neu ist der Versuch, das Kundenprinzip auch in der Wertschöpfungskette zu beachten, d.h. es werden keine fehlerhaften Teile an die nächste Produktionsstufe geliefert.

- **Null-Fehler-Prinzip**
  Zur Sicherstellung eines kontinuierlichen Verbesserungsprozesses wird eine «Null-Fehler-Produktion» (total quality control) angestrebt. Tauchen dennoch Fehler auf, so sollen sie unverzüglich analysiert und behoben werden. Nach Piepel[6.26] muss dieses Ziel in Verbindung mit der besseren Nutzung des Mitarbeiterpotentials und der optimalen Transparenz und Integration aller inner- und ausserbetrieblichen Abläufe betrachtet werden.

- **Teamarbeit**
  Durch die Schaffung von Teams mit weitreichenden Kompetenzen soll das unternehmerische Interesse und die Motivation der Mitarbeiter gesteigert werden.

- **Partnerschaftliche Zusammenarbeit**
  Die partnerschaftliche Zusammenarbeit im Betrieb, mit Kunden und Lieferanten hat einen hohen Stellenwert. Relativ ungewohnt für die europäische Tradition sind strategische Allianzen mit den Zulieferern. Durch gemeinsame Anstrengungen bei der Weiterentwicklung und Verbesserung von Produkteteilen soll eine wechselseitige Abhängigkeit und Loyalität entstehen.

Neue Aspekte und Anwendungsmöglichkeiten

Nach der Darstellung der wichtigsten Prinzipien des Lean Managements stellt sich die Frage nach dem Neuheitswert und den praktischen Realisierungsmöglichkeiten

Überprüft man die aufgeführten Grundsätze, gelangt man zu folgendem Ergebnis:

- Es gibt wenig Neues im Vergleich zu dem, was Fachautoren seit vielen Jahren empfehlen.
- Es gibt viel Neues im Vergleich zu dem, was wir in den uns bekannten Industriebetrieben antreffen.

Offenbar besteht eine grosse Diskrepanz zwischen unseren theoretischen Erkenntnissen und dem Willen, diese praktisch umzusetzen. Erst wenn es uns wirklich schlecht geht, sind wir bereit, liebgewordene Verhaltensmuster über Bord zu werfen. Rückläufige Auftragseingänge und schmelzende Gewinne bilden somit die aktuelle Grundlage zur Änderung unserer Industriekultur. Die bestehenden Sachzwänge dürfen uns jedoch nicht verleiten, fremde Managementkonzepte kritiklos zu imitieren. Die Tatsache, dass die Japaner selbst mit ihren amerikanischen Tochtergesellschaften, welche von Amerikanern geleitet werden, nur langsame Fortschritte erzielen, mahnt zur Vorsicht. Trotz anderer Rahmenbedingungen und Mentalität sollten wir uns ernsthafter mit jenen Elementen befassen, die wir tatsächlich ändern können.

Dazu zählen
- eine verstärkte Konzentration auf die Kernaktivitäten,
- ein konsequentes Outsourcing mit partnerschaftlichen Beziehungen zu den Lieferanten,
- die bewusste Förderung vernetzten Denkens durch verstärkte Teamarbeit,
- nach Möglichkeit die Ausrichtung der Strukturen nach Geschäftsfeldern und zusammenhängenden Prozessen, z.B. durch Parallelisierung einzelner Entwicklungsarbeiten mit der Produktion (simultaneous engineering).

==Von besonderer Bedeutung erscheint uns die strategische Ausrichtung der Organisation nach Kunden- und Leistungssegmenten.== Unsere Industriebetriebe bevorzugen mehrheitlich die funktionalen Organisationsformen, welche durch Zusammenfassung gleicher Prozesse einen höheren Spezialisierungsgrad ermöglichen.

Bei den einzelnen Fertigungsstufen wird durch Standardisierung und Rationalisierung eine Teiloptimierung erreicht, welche sich gesamtunternehmerisch nicht immer auszahlt. Durch die Spezialisierung entstehen zu viele Schnittstellen und komplexe Prozesse, welche sich nachteilig auf die Durchlaufzeiten und besonders negativ auf die Fehlerquote bei Änderungen auswirken. Gemäss Abb. 6.35 versuchen wir heute, die Arbeitsteilung nach Möglichkeit kundenorientiert auszurichten und eine höhere Effektivität im Sinne einer Gesamtoptimierung zu erzielen.

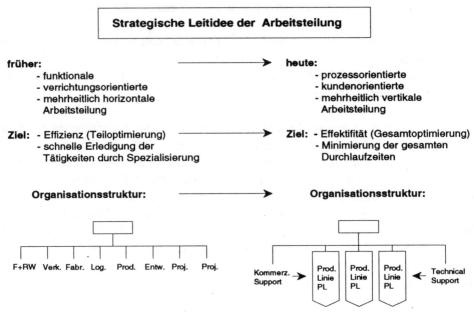

Abb. 6.35: *Strategische Leitidee der Lean Arbeitsteilung*

Beim aufgeführten Beispiel verlieren aus organisatorischer Sicht die funktionalen Bereiche ihre Vormachtstellung. Die Grundstruktur konzentriert sich auf die kundenorientierten Produktelinien, welche vom kommerziellen und technischen Support unterstützt werden.

Nach Groth/Kammel[6.27] ist es leichter, bei «Grüne-Wiese-Projekten» das Lean Management einzuführen als bei bestehenden, traditionell geführten Unternehmen. Auf dem Weg zum schlanken Unternehmen sind hauptsächlich folgende Implementierungsbarrieren zu überwinden:

- Das Topmanagement muss von der Richtigkeit dieses Systems überzeugt sein.
- Die individuellen Verhältnisse des Unternehmens sind zu berücksichtigen.
- Für die Einführung der Lean Produktion braucht es sehr viel Zeit, ein Vorgehen nach der «Bombenwurf-Methode» ist unzweckmässig.
- Ohne Förderung der Teamfähigkeit der Mitarbeiter und Ausbildung der Teamleiter dürfen keine grossen Fortschritte erwartet werden.
- Die Einführung systematisierter Entwicklungs- und Produktionsprozesse erfordert eine teamorientierte Projektführung. Dabei müssen die Hauptverantwortlichen ihren Bereichsegoismus im Interesse gemeinsamer Ziele ablegen.
- Schlanke und flexible Unternehmen haben sich auf die Kernaktivitäten zu

konzentrieren und sich von Produkteteilen, welche nicht der Wertschöpfung dienen, zu trennen. Bei der Einleitung von Outsourcing-Massnahmen ist mit internem Widerstand zu rechnen.

Die schwierigsten Änderungen betreffen jeweils das Verhalten der Mitarbeiter. Lean production kann man nicht verordnen, sondern nur gemeinsam entwickeln. In der Tat stellt die soziale Kompetenz in bezug auf Personalentwicklung und Personalführung unser grösstes Defizit dar. Der Kampf für eine neue Unternehmenskultur lässt sich nur durch kleine Schritte gewinnen. Entsprechende Projekte sind unter Einbezug aller Beteiligten sorgfältig zu planen und phasenweise zu realisieren, wobei Ausdauer verlangt wird und kleine Rückschläge eingeplant werden müssen.

6.2 Cluster- und/oder Netzwerkorganisation

Die Erkenntnis, dass ein Unternehmen Eigenschaften einer Netzwerkstruktur aufweist, ist nicht neu. Als neu oder aktuell muss dagegen der Versuch bezeichnet werden, das Netzwerk als Organisationsform zu gestalten. Der bedeutenste Versuch in dieser Richtung stammt von Q. Mill[6.28], wobei die von ihm propagierte Organisationsform als Cluster-Organisation bezeichnet wird.

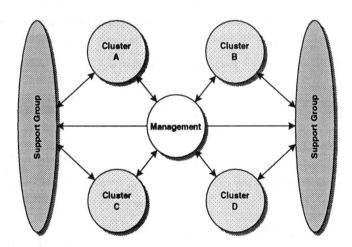

Abb. 6.36: Skizze einer Cluster-Organisation nach Gomez[6.29]

Bei dieser Form der Arbeitsteilung werden für alle wichtigen unternehmerischen Prozesse Subsysteme gebildet. Diese organisatorischen Einheiten können 30–40 Mitarbeiter umfassen und werden mit einer minimalen Hierarchie zu einem Gesamtsystem vernetzt. Die einzelnen Teams setzen sich ihre Ziele weitgehend selbst und verfügen auch über eigene organisatorische Ressourcen. Regelungen wie Pflichtenhefte, Statussymbole, Titel, Dienstwege besitzen einen geringen Stellenwert. Dagegen werden Eigendynamik, Initiative, Job rotation, Job Enrichment und Kooperationsbereitschaft besonders gepflegt. Durch die Verlagerung der Entscheidungsprozesse auf die tiefstmögliche Stufe soll das Verantwortungsbewusstsein der Teammitglieder gefördert und eine schnelle Anpassung an die Marktveränderungen gewährleistet werden.

Formen \ Kriterien	Linien-Organisation 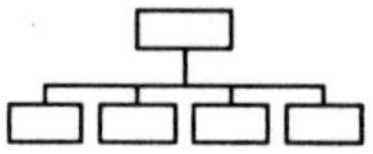	Matrix-Organisation 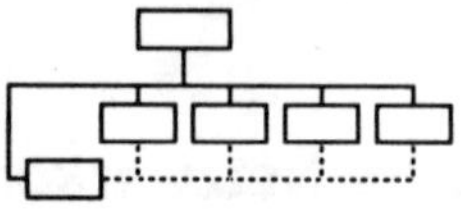	Cluster-Organisation 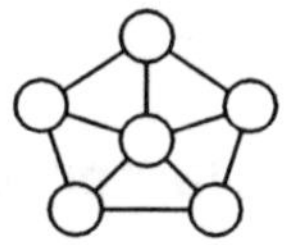
Grundlagen	- techn. Arbeitsteilung	- Koordination von Funktionen / Produkte	- Networking - Produkte-Teams
Führungsstufen	- viele	- einige	- sehr wenige
Leitungsspanne	- eher klein	- begrenzt	- sehr gross
Kommunikation	- vorwiegend vertikal	- beschränkt auf Konfliktlösung	- unbegrenzt - Networking
Leistungsbeurteilung	- durch übergeordneten Chef	- durch Linien- und Fachvorgesetzten	- durch Teammitglieder oder Kunden
Management-Prinzip	- Koordination	- Kooperation	- Kollaboration
Zielsetzung	- Top-Down	- verschiedene Stellen	- Eigenziele durch Vision
Entscheidungsfindung	- übergeordnete Instanzen	- Linien- und Fachvorgesetzter	- auf der tiefstmöglichen Stelle
Zuteilung Ressourcen	- Top-Management	- funktional Verantwortlicher	- Vereinbarung zwischen Team-Chef und Zentrale

Abb. 6.37: Kriterien der Linien-, Matrix- und Cluster-Organisation

Die Cluster oder Teams werden unterstützt durch einzelne «support groups». Diese nebengeordneten Stellen übernehmen die Aufgabe, einzelne Teammitglieder nach dem Patenprinzip zu beraten und zu fördern. Die wichtigsten Merkmale und Unterschiede der Linien-, Matrix- und Cluster-Organisation haben wir in Abb. 6.37 dargestellt.

Der Cluster-Organisation werden folgende Vorteile zugeordnet:

- Unternehmerisches Verhalten der Mitarbeiter
- Flexibilität
- Günstige Voraussetzungen für die Innovationen
- Variationsreicher Einsatz der Mitarbeiter
- Kleine Overhead-Kosten.

Als grösster Vorteil wird jeweils der direkte und strategiekonforme Einsatz der Mitarbeiter, welche nur einen kleinen Verwaltungsaufwand beanspruchen, aufgeführt. Zu den Nachteilen zählen:

- Die Instabilität des Systems
- Die Abhängigkeit von wenigen Teamverantwortlichen
- Die fehlende Einsatzmöglichkeit traditioneller Kontrollinstrumente.

Die Einführung der Cluster-Organisation setzt Disziplin und grossen Kooperationswillen der Mitarbeiter voraus. Die innerbetrieblichen Verhältnisse müssen demgemäss einen familiären Charakter aufweisen.

Bei der Einführung von netzartigen Strukturen ist mit erheblichem Widerstand des mittleren Managements zu rechnen. Die konsequente Delegation von Kompetenzen an die Bereichsteams bedeutet für die noch bestehenden Führungskräfte einen Autoritätsverlust. Im Extremfall müssen sie sich selbst wegrationalisieren. Es ist nur natürlich, dass sich mittlere Führungskräfte gegen die «Enthierarchisierung» wehren. Dabei braucht auch eine Netzwerkorganisation zur Etablierung und Förderung der Teams gute «Berater» und «Spielmacher». Nur muss die bisher praktizierte Autorität durch Zielsetzung und Kontrolle im Unternehmen ohne Grenzen durch ein neues Führungsverhalten ersetzt werden.

Zweifellos enthält die Idee der Cluster-Organisation einige interessante Denkansätze. Für den praktischen Einsatz kommen nach unserer Meinung am ehesten Dienstleistungsbetriebe in Frage. Da wir diese Form zu wenig kennen und wir bisher nur zwei negativen Beispielen begegnet sind, verzichten wir auf eine weitere Beurteilung.

Literatur zu Kapitel 6

6.1	Chandler A. D.	Strategy and Structure, Cambridge/London 1962
6.2	Gomez P.	Neue Trends in der Konzernorganisation, Zürich ZfO, 3/1992
6.3	Drexel G.	Organisatorische Verankerung strategischer Geschäftsfelder, Die Unternehmung 2/1987.
6.4	Menzl A./ Gmür U.	Mehrdimensionale und flexible Organisationsformen, BM Nr. 61, Bern 1974
6.5	Gomez P.	Neue Trends in der Konzernorganisation, Zürich ZfO, 3/1992
6.6	Ulrich H./Krieg	St.Galler Management-Konzept, Bern 1972
6.7	Schertler W.	Unternehmensorganisation, München 1982
6.8	Hill/Fehlbaum/Ulrich	Organisationslehre, Haupt 1974
6.9	Stanley/Davis/Lawrence	Die Probleme der Matrix-Organisation, Harvard-Business Review 10/1988
6.10	Bleicher K.	Organisation, Strategien – Strukturen – Kulturen, Wiesbaden 1991
6.11	Wild J.	Produkt-Management, München 1972
6.12	Nüssel H.	Produkt-Management ja oder nein, Berlin 1975
6.13	Diller H.	Produkt-Management und Marketing-Informationssystem, Berlin 1975
6.14	Menzl A./Gmür U.	Mehrdimensionale und flexible Organisationsformen, BM Nr. 61, Bern 1974
6.15	Wyler A.	Richtiges Projektmanagement verhindert Katastrophen, i.O. 2/1985
6.16	Holliger-Übersax	Angewandte Morphologie, Zürich MIZ 1982
6.17	Freese E.	Grundlagen der Organisation, Wiesbaden 1960
6.18	Hirzel M.	Warnung, Projektmanagement hat seine Tücken, i.O. 4/1987
6.19	Strasser J.	Im Projektteam spielt jeder eine Rolle, i.O. 6/1987
6.20	Scheuring H.	Die Projektorganisation muss transparent sein, i.O. 6/1987
6.21	Scheuring H.	a.a.O., S.286
6.22	Scheuring H.	a.a.O., S 286

6.23	Petersen D.	Projektmanagement zur gezielten Veränderung der Organisation, i.O. 12/86
6.24	Holliger-Übersax	Angewandte Morphologie, Zürich MIZ 1982
6.25	Hirzel M.	Lean Management muss in den Köpfen der Manager beginnen, i.O. 2/93
6.26	Piepel U.	Wege zur Übertragung der Lean Production, i.O. 2/93
6.27	Groth U./Kammel W.	13 Stolpersteine vor dem schlanken Unternehmen, Harvard Business 1/1993
6.28	Mills Q.	Rebirth of the corporation, New York 1991
6.29	Gomez P./Zimmermann T.	Unternehmensorganisation, Profile, Dynamik, Methoden; Frankfurt, New York 1992

Kapitel 7

Führungsstrukturen

1. **Führungsorganisation und Führungsstrukturen** 294

2. **Einsatz und Leistungsauftrag des Verwaltungsrates** 297
   2.1 Bedeutung des VR nach Art und Grösse des Unternehmens 297
   2.2 Traditionelle und neue VR-Aufgaben 299
   2.3 Aufgaben und Rollenverteilung in einem aktiven VR 302

3. **Aufgaben und Struktur der Geschäftsleitung** 305
   3.1 Grundsätzliche Eigenschaften der Ein-Mann-Führung 307
   3.2 Grundsätzliche Eigenschaften der Gremiums-Führung 309
   3.3 Typische Gremiums-Konzepte 310
   3.4 Typische Führungskonzepte in mittleren Unternehmen 315
       3.41 «Der Pionier» 317
       3.42 «Der Souveräne» 319
       3.43 «Der Ausbauer» 320
       3.44 «Der Verwalter» 322
       3.45 «Der Mächtige» 323
       3.46 «Der Neue» 325
       3.47 «Der Platzhalter» 326

Literatur zu Kapitel 7 329

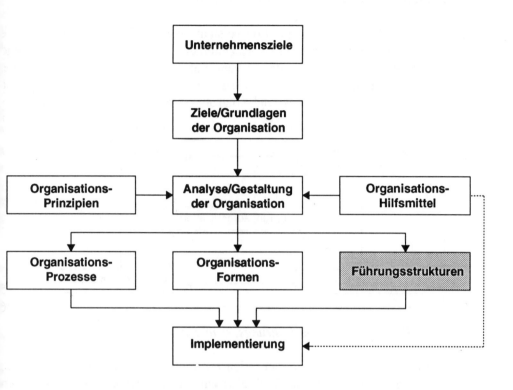

Problemkreise/Fragen

- Das neue Aktienrecht legt die Aufgaben und Verantwortlichkeiten des Verwaltungsrates fest. Welche Aufgaben kann der Verwaltungsrat nicht delegieren?
- Wie setzt sich ein idealtypischer Verwaltungsrat zusammen und wie kann er die Geschäftsleitung wirkungsvoll unterstützen?
- Was verstehen wir unter «neuer Führungsrolle» der Geschäftsleitung?
- Welches sind die wichtigsten Formen, Vor- und Nachteile der «Ein-Mann-Geschäftsführung»?
- Mit welchen Vor- und Nachteilen ist bei der Gremiumsführung zu rechnen?

1. Führungsorganisation und Führungsstrukturen

Unter dem Begriff Führungsorganisation versteht man sämtliche Elemente, welche zur Leitung, Lenkung und Steuerung eines Unternehmens dienen. Im Einzelnen sind dies: Die Arbeitsteilung auf «höchster Ebene» (Führungsstruktur), das Verhalten bei Entscheidungsprozessen (Führungsstil), die Fähigkeiten der Hauptverantwortlichen (Führungskräfte) und die Planungs- und Kontrollsysteme (Führungssysteme).

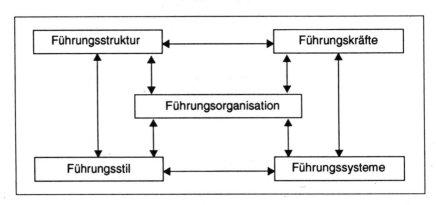

Abb. 7.1: Konzeptrahmen der Führungsorganisation

Eine Beurteilung der Führungsorganisation erfordert immer die Berücksichtigung sämtlicher Elemente und deren Wechselwirkungen. So bevorzugen selbstsichere Chefs einfache Strukturen und benötigen wenige, dafür klare Planungssysteme. Kollegialinstanzen funktionieren dagegen nur bei grosser Kooperationsbereitschaft der Beteiligten und ausgebauten Führungssystemen.

Die betriebswirtschaftliche Literatur konzentriert sich auf Struktur- und Ablaufprobleme in Teilbereichen des Unternehmens und befasst sich nur selten mit den Führungsstrukturen. Nur wenige Autoren, darunter K. Bleicher[7.1] und E. Rühli [7.2] haben sich mit den Strukturfragen der Unternehmensleitung befasst. Die Ignorierung der heiklen Frage der Führungsstruktur könnte folgende Gründe haben:
- Die Leitungs- und Machtzentren sind meistens identisch mit den Auftraggebern betriebswirtschaftlicher Studien. Aufträge zur Selbstbeurteilung werden selten finanziert.
- Bei vielen kleinen und mittleren Unternehmen sind die Hauptverantwortlichen zugleich Eigentümer. Damit entfällt die Frage nach der Zweckmässigkeit der Führungsstruktur.
- Grösse, Branche, Nationalität und Rechtsform erfordern individuelle Führungskonzepte; für Standardkonzepte bleibt wenig Raum.

Trotz dieser Einschränkungen versuchen wir die Formen und Einflussfaktoren der Führungsstrukturen zu beurteilen. Da wir uns zum Ziel gesetzt haben, vorwiegend eigene Erfahrungen weiterzugeben, konzentrieren wir uns auf die Formen schweizerischer Gesellschaften.

Wer den Mut hat, Führungsstrukturen zu analysieren, wird gemäss Abb. 7.2 auf verschiedene rationale und zufällige Einflussfaktoren stossen.

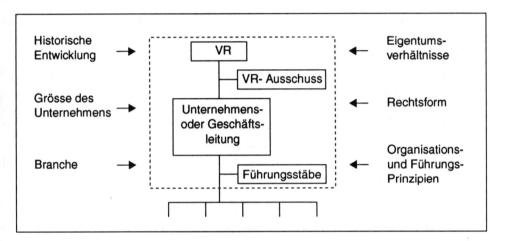

Abb. 7.2:   Einflussfaktoren der Führungsstrukturen.

Die **historische Entwicklung** ist der meistgenannte Grund für unzweckmässsige Führungsstrukturen. Einmal gewählte Leitungskonzepte haben offenbar ein viel grösseres Beharrungsvermögen als Teilsysteme des Unternehmens. Nur selbstsichere Machtinhaber haben den Mut, die Leitungssysteme zur Diskussion zu stellen. Als historisch gewachsen gelten auch jene Führungsorganisationen, welche anlässlich von Fusionen entstehen. Bei der Zusammenlegung von Betrieben ergeben sich in den ersten Jahren durch eine starke Gewichtung personeller Aspekte oft Mehrfachbesetzungen von Führungspositionen.

Die **Grösse des Unternehmens** wirkt sich in erster Linie auf die Zahl und Einstufung der Führungsstäbe aus. Die Leitungsgremien von Konzernen verfügen meistens über direkt zugeteilte Führungsstäbe wie z.B. Personalentwicklung, Organisation, interne Revision, Rechtsberatung, Information/PR usw. Ferner haben die verantwortlichen Leiter bedeutender operativer Einheiten (Sparten, Profit-Centren) eine beschränkte Anzahl eigener Führungsstäbe, welche den Kontakt zu den übergeordneten Stäben sicherstellen sollen.

Auch die **Branchenzugehörigkeit** hinterlässt bei den Führungsstrukturen deutliche Spuren. Beispielsweise wird bei Banken die grosse Verantwortung auf ein Direktorium verteilt. Ferner erfordern die erhöhten Risiken die Integration von Aufsichts- und Kontrollinstanzen. Mittlere Handels- und Dienstleistungsunternehmen bevorzugen dagegen aus Gründen der höheren Flexibilität meist Ein-Mann-Führungsgskonzepte. Bei Industrieunternehmen wird die Führungsstruktur stärker auf die betrieblichen Bedürfnisse wie Grösse, Wachstum oder Produktevielfalt ausgerichtet.

Die **Eigentumsverhältnisse** bestimmen bei den meisten kleineren und mittleren Unternehmen die Machtverhältnisse in der Unternehmensleitung. Wer eine Führungsposition aufgrund des Erbrechtes erhält, kann durchaus positive Leistungen erbringen. Wir kennen viele Unternehmen, bei denen die Führungsorganisation auf den Eigentümer zugeschnitten wurde und die sehr erfolgreich arbeiten. Problematisch wird es erst, wenn die tüchtigeren Leute in einer tieferen Hierarchiestufe sitzen und der Chef aufgrund seines Aktienbesitzes respektiert werden muss. Erkennt der leitende Eigentümer diese Situation, dann kann er tüchtige Mitarbeiter mit überhöhten Salären auch längere Zeit für das Unternehmen einsetzen. Allerdings sind dabei informelle Gruppierungen und teure Schutzmassnahmen nicht zu vermeiden.

Die **Rechtsform** stellt Anforderungen an die formale Leitungsstruktur und zwingt die Unternehmen Institutionen zu bilden, welche im Handelsregister eingetragen werden. Im Krisenfall haben die Vorschriften des Gesellschaftsrechts durchaus ihre Bedeutung, in bezug auf die Machtverhältnisse bei normalem Geschäftsgang sagen sie wenig aus. So kann beispielsweise eine Holdinggesellschaft die von ihr kontrollierten Firmen zentralistisch führen, wobei den Verwaltungsräten der Gesellschaften (meist eigene Mitarbeiter) nur theoretisch Entscheidungsrechte zustehen.

Die **Organisations- und Führungsprinzipien**, wie z.B Kontrollspanne, konsequente Arbeitsteilung, keine Doppelspurigkeiten, Delegations- und Zentralisierungsgrad werden bei der Strukturierung von Leitungsorganisationen kaum beachtet. Ausgenommen davon sind jene Unternehmen, welche unter Leistungsdruck stehen und die weniger Nebenbedingungen akzeptieren müssen.

Merksätze:
- Funktionsfähige Führungsorganisationen entstehen aus der richtigen Kombination von: Persönlichkeit des Unternehmers, praktizierter Führungsstil, Zweckmässigkeit von Führungsstruktur und Führungssystemen.

- Führungsstrukturen stehen selten zur Diskussion und lassen sich nur unter Berücksichtigung verschiedener Nebenbedingungen den unternehmerischen Bedürfnissen anpassen.

2. Einsatz und Leistungsauftrag des Verwaltungsrates

In der Schweiz gibt es ca. 140 000 Aktiengesellschaften und über 150 000 Verwaltungsräte. Der grösste Teil davon entfällt auf die Einmann-AG, welche aus der Sicht des Verwaltungsrates meistens nur verwaltet wird. Wenn man bedenkt, dass die 100 bedeutendsten Verwaltungsräte in der Schweiz im Durchschnitt über 90 Mandate verfügen, ist eine andere Interpretation kaum möglich. Organisatorisch interessant sind die rund 10 000 kleineren und mittleren Unternehmen mit 50–1000 Beschäftigten sowie die 90 Grossbetriebe mit über 1000 Mitarbeitern. In diesen Firmen übernimmt in der Regel der Verwaltungsrat als Kollegialinstanz einen Teil der Führungsarbeit.

2.1 Bedeutung des VR nach Art und Grösse des Unternehmens

Die Rechte und Pflichten des VR und der Aktionäre sind im OR bzw. im Aktienrecht, welches Mitte 1992 angepasst wurde, festgehalten. Diese Bestimmungen dienen in erster Linie dem Schutz der Aktionäre und regeln die Verantwortlichkeiten der einzelnen Instanzen. Aus dem Gesetz ist auch ersichtlich, dass der ganze VR für einen Schaden aus Pflichtverletzung verantwortlich gemacht werden kann, wenn dieser Schaden durch gemeinsames Handeln oder gemeinsame Unterlassung verursacht wurde. Obwohl wir uns nicht mit den negativen Fällen befassen wollen, sollte man die rechtliche Verankerung der Aufsichtspflicht und Verantwortlichkeit nicht übersehen. Weder der Ausdruck «Aufsichtspflicht» noch der Begriff «Verwaltung» vermögen bei fortschrittlichen Unternehmen die Funktion des VR zu umschreiben. Ob die oberste Instanz einer AG eher verwaltet oder führt hängt ab von der:

– Grösse des Unternehmens
– Entwicklungsphase des Unternehmens
– Verteilung des Aktienkapitals
– Eigeninitiative der Verwaltungsräte.

Die **Grösse eines Unternehmens** hat einen Einfluss auf die Zusammensetzung und Funktion eines Verwaltungsrates. Bei kleineren Firmen sind VR-Sitzungen eher Arbeitssitzungen, bei denen die Ergebnisse kommentiert und alternative Verbesserungsvorschläge zur Diskussion gestellt werden. Bei grösseren Unternehmen steigt in der Regel auch die Zahl der Verwaltungsräte, weil neben den Kapitalvertretern auch politische und wirtschaftliche Interessenvertreter berücksichtigt werden müssen. Obwohl die Teilnehmer dieser Gremien hohe Ansprüche zu erfüllen haben, sind die Ergebnisse solcher Sitzungen oft bescheiden. Bei einer grossen Teilnehmerzahl dominieren die Formalitäten (Verlesung Protokoll, Geschäftsbericht, Revisionsbericht), so dass neben den Anträgen der Geschäftsleitung höchstens noch unter dem Traktandum: «Diverses» Fragen möglich sind. Die eigentliche Führungs- und Steuerungsaufgabe muss von Ausschüssen oder der Geschäftsleitung übernommen werden.

Nicht zuletzt sollte bei der Besetzung eines VR-Sitzes Rücksicht genommen werden auf die **Entwicklungsphase des Unternehmens**. Befindet sich ein Unternehmen in der Pionierphase, dann braucht es aktiv mitwirkende Persönlichkeiten, welche neue Absatzkanäle oder Finanzierungsquellen erschliessen. Bei Unternehmen mit Kooperations-oder Diversifikationsvorhaben können Verwaltungsräte mit guten Beziehungen wertvolle Schützenhilfe leisten.

Die **Verteilung des Aktienkapitals** charakterisiert die Gesellschaft und stellt unterschiedliche Anforderungen an den VR. Die daraus resultierenden Arten der Aktiengesellschaften zeigt die Abb. 7.3.

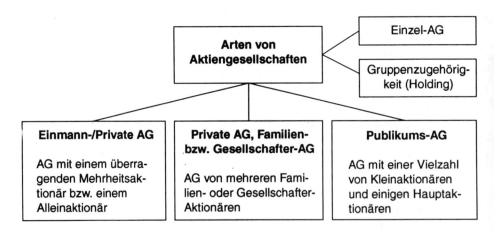

Abb. 7.3:   Die Arten von Aktiengesellschaften nach dem Gesichtspunkt der Verteilung des Aktienkapitals (J. Strasser$^{7.3}$)

Die Bedeutung des VR bei den einzelnen Gesellschaften lässt sich demnach wie folgt charakterisieren:

- **Einmann-, Private- oder Pionier-Aktiengesellschaften** werden mehrheitlich von einer kreativen, starken und dynamischen Unternehmerpersönlichkeit geführt. Um störende Einflussnahmen auszuschliessen, rekrutiert sich der VR meistens aus dem Familien- oder Freundeskreis. Dabei könnten gerade jene Unternehmer, welche wichtige Entscheide alleine fällen müssen, von einem systematisch denkenden, komplementären Gesprächspartner profitieren.

- Unternehmen mit **mehreren Familien- oder Gesellschafter-Aktionärsblöcken** haben im VR neben den Interessenvertretern auch aussenstehende oder unabhängige Mitglieder. Die Vertretung des Kapitals im obersten Führungsgremium kann immer dann als vorteilhaft betrachtet werden, wenn sich die Eigentümer aktiv mit der Unternehmenspolitik und den strategischen Plänen auseinandersetzen. Beschränkt sich das Interesse auf die Dividendenverteilung, dann müssen die aussenstehenden Verwaltungsräte die heikle Rolle der Vermittler und Förderer übernehmen.

- Bei Gesellschaften mit einer **Vielzahl von Aktionären** erfolgt die Wahl des VR eher nach dem Leistungsprinzip. Die gewünschte Spezialisierung bzw. die Erwartungshaltung der übrigen VR-Mitglieder bestimmen hier das Anforderungsprofil eines neuen Verwaltungsrates.

2.2 Traditionelle und neue VR-Aufgaben

Die Listen der VR-Sitzungen enthalten je nach Einsatz und Funktion unterschiedliche Traktanden. Beschränkt man sich auf die rechtlichen oder statutarischen Pflichten, dann ist der VR gemäss dem neuen Art. 716a OR für folgende Aktivitäten zuständig:

1. die Oberleitung der Gesellschaft und die Erteilung der nötigen Weisungen,
2. die Festlegung der Organisation,
3. die Ausgestaltung des Rechnungswesens, der Finanzkontrolle sowie die Finanzplanung, sofern diese für die Führung der Gesellschaft notwendig ist,
4. die Ernennung und Abberufung der mit der Geschäftsführung und der Vertretung betrauten Personen,
5. die Oberaufsicht über die mit der Geschäftsführung betrauten Personen, namentlich im Hinblick auf die Befolgung der Gesetze, Statuten, Reglemente und Weisungen,
6. die Erstellung des Jahresberichts sowie die Vorbereitung der Generalversammlung und die Ausführung ihrer Beschlüsse,
7. die Benachrichtigung des Richters im Falle der Überschuldung.

Auch beim Minimaleinsatz des VR werden die Pflichtaufgaben ergänzt durch Orientierungen über wichtige Ereignisse oder laufende Projekte. Leider werden strate-

gisch wichtige Problemfragen nur zu oft am Schluss der Traktandenliste aufgeführt, so dass sie nach Behandlung der Pflichtaufgaben aus Zeitgründen wegfallen.
Sicherlich gibt es heute auch eine grosse Anzahl objektiver und leistungsbewusster VR-Gremien. Mindestens zeigt eine Selbsteinstufung wichtiger Aufgaben durch die Verwaltungsräte gemäss einer Studie von Spencer Stuart ein positives Bild.

Rang	Aufgaben
1	– Auswahl neuer Führungskräfte auf GL-Ebene
2	– Durchsetzung einer strategischen Planung
3	– Sicherung der Geschäftsnachfolge
4	– Bewältigung von Krisensituationen
5	– Genehmigung Strategie, Budgets, Investitionsprojekte
6	– Beurteilung / Auswechslung von Führungskräften
7	– Nachfolgeplanung auf Stufe VR
8	– Erkennen / Anbahnen neuer Geschäftsgebiete
9	– Genehmigung einzelner grosser Investitionsprojekte
10	– Sicherung der Unabhägigkeit des Unternehmens
11	– Sicherstellung der Finanzierung
12	– Öffentlichkeitsarbeit
13	– Kontaktpflege zu GL-Mitgliedern
14	– Selektion von Führungskräften auf der 2. Stufe
15	– Mitarbeit in Ausschüssen

Abb. 7.4: Wichtige Aufgaben des VR gemäss einer Umfrage der Firma Spencer Stuart(7.4)

Gemäss dieser Umfrage betrachten die Verwaltungsräte die personelle Besetzung auf der obersten Führungsstufe als sehr wichtige Aufgabe. Daneben werden der Durchsetzung der strategischen Planung und der Erkennung und Anbahnung neuer Geschäftsgebiete ein grosser Stellenwert eingeräumt. Wie weit diese positive Einstellung Wunschdenken oder die Wirklichkeit darstellt, können wir nicht überprüfen.

Tatsächlich wurde in den letzten Jahren in vielen Unternehmen das Pflichtenheft des Verwaltungsrates erweitert. Nach wie vor bleibt das operative Management in der Händen der Geschäftsleitung, dagegen soll sich der VR, allerdings in Zusammenarbeit mit der Unternehmensleitung, vermehrt mit strategischen Problemen, welche der Wertsteigerung des Gesamtunternehmens dienen, auseinandersetzen. Abb. 7.5 zeigt die wichtigsten Managementaufgaben nach Zuständigkeitsbereichen.

Ebene	Hauptaufgaben	Zuständigkeitsbereich
Normatives Management	Festlegung der Unternehmensphilosophie und der wichtigsten Unternehmensgrundsätze (der «business mission»), der juristischen Struktur, der Organisationsform sowie der massgebenden Inhalte der Firmenkultur.	Primär der Verwaltungsrat, in Zusammenarbeit mit der Geschäftsleitung.
Strategisches Management	Bestimmung der strategischen Stossrichtungen und der dafür benötigten Ressourcen bezüglich Märkte und Produkte, Strukturen und Management-Systeme, Human-Ressourcen und Weiterentwicklung der Lebensfähigkeit der Unternehmung.	Primär die Geschäftsleitung, aber in enger Abstimmung mit dem Verwaltungsrat, der die Strategie genehmigt und die Durchsetzung überwachen muss.
Operatives Management	Realisation der strategisch ausgerichteten Massnahmenpakete und Lenkung der laufenden Aktivitäten; Stärkung der Marktposition sowie der Finanzkraft der Unternehmung.	Exklusive Domäne der Geschäftsleitung. Die Verwaltung ist nur über aussergewöhnliche Ereignisse zu informieren.

Abb. 7.5: *Aufgabenbereiche der drei Managementebenen (nach L. Fopp[7.5])*

Bei der von L. Fopp vorgeschlagenen Aufgabenteilung kann höchstens die exklusive Zuständigkeit der Linieninstanzen für das operative Management in Frage gestellt werden. Wir kennen zahlreiche Fälle, bei denen die Fachvorgesetzten eines Unternehmens die VR-Mitglieder auch bei operationellen Problemen beiziehen. Die Initiative für die Ausnützung dieser Beratungsfunktion muss allerdings von den Linieninstanzen ausgehen.

Merksätze:

– Der Verwaltungsrat als oberste Entscheidungsinstanz übernimmt in kleineren Unternehmen und nach traditioneller Auffassung eine Überwachungs-, Koordinations- und Bereitschaftsfunktion für Krisenzeiten.

– Nach moderner Auffassung wirkt er aktiv mit bei der Sicherung der Überlebensfähigkeit des Unternehmens, indem er zusammen mit der Geschäftsleitung die Strategien festlegt, über die Zuteilung der Ressourcen entscheidet und die Linieninstanzen bei wichtigen Aufgaben unterstützt.

– Die Möglichkeiten zur Einflussnahme des VR wurden im neuen Aktienrecht (Art. 715a und Art. 716a OR) wesentlich erweitert.

2.3 Aufgaben und Rollenverteilung in einem aktiven VR

Bei der Besetzung einer Geschäftsleitungsposition werden die zu erfüllenden Aufgaben sorgfältig aufgelistet, ein Anforderungsprofil erstellt und bei der Selektion verschiedene Prüfmethoden eingesetzt. Erfüllt ein Manager die an ihn gestellten Anforderungen nicht, so wird der Vertrag, selbstverständlich im gemeinsamen Einvernehmen, aufgelöst. Wie aber rekrutiert man Verwaltungsräte? Wo bleiben die Pressemeldungen über die Auswechslung jener Mitglieder, welche die Anforderungen nicht mehr erfüllen?

Wenn man von der traditionellen Rolle des VR als Aufsichtsorgan ausgeht und deren Mitglieder als Kopfnicker und Almosenempfänger bezeichnet, darf man keine hohen Anforderungen stellen. Dagegen gibt es Unternehmen, welche das Erfahrungspotential des übergeordneten Gremiums bzw. den sporadischen Einsatz eigener Fachberater nützen möchten und deshalb die Verwaltungsratsmitglieder sorgältig nach dem Leistungsprinzip auswählen.

Grundsätzlich bestimmt die Erwartungshaltung der Eigentümer das Profil eines Verwaltungsrates. Wer als Alleininhaber ein Unternehmen führt hat auch das Recht, einen VR nach persönlichen Präferenzen zu bestimmen. Mit Vorteil sollte neben den «Angehörigen» mindestens ein aktives und neutrales VR-Mitglied bestimmt werden, welches als sporadischer und kritischer Gesprächspartner zur Verfügung steht.

Bei grösseren Unternehmen mit mehreren Aktionären sollte bei der Ernennung des VR auf eine bestmögliche Abdeckung folgender Fachgebiete geachtet werden:

- Finanzen
- Marketing
- Produktion/Einkauf
- Recht
- Personal
- Organisation/EDV

Das idealtypische VR-Mitglied ist somit eine unternehmerisch denkende Persönlichkeit, welche auf mindestens einem der aufgeführten Gebiete über fundierte Kenntnisse und Beziehungen verfügt. Darüber hinaus hat er nach W. Halter[7.6] folgende Bedingungen zu erfüllen:

- Er ist eine Persönlichkeit, und zwar im Sinne nachgewiesener, erfolgreicher Leistung. Dabei spielt weder Herkunft noch Titel eine Rolle.
- Er besitzt unternehmerische Führungsstärke. Er ist der einzige, der informelle Wege im Unternehmen gehen kann.
- Er steht über der Sache, behält die Übersicht und ist unabhängig von verpflichtenden Wirtschaftsverbindungen.

- Er bildet sich auf höherer Ebene weiter.
- Er stellt seine Leistung für ein Mandat durchschnittlich für einen Monat pro Jahr zur Verfügung.
- Er betreut als Vollprofi maximal neun Mandate.

Diese Bedingungen sind für grössere Unternehmen sicherlich gerechtfertigt, für mittlere und kleinere Betriebe sind sie kaum realisierbar. Bei einer idealtypischen Aufgaben- und Rollenverteilung innerhalb des VR sollten nach Möglichkeit folgende Spezialaufgaben zugewiesen werden:

- Präsident:
  - Organisation der GV und der VR-Sitzungen
  - Zuteilung der Aufgaben an die Mitglieder des VR
  - Pflege der Beziehungen zu den Aktionären
  - Persönliche Beratung des Geschäftsleiters

- Finanzexperte:
  - Sicherstellung eines aussagefähigen Reportings
  - Analyse und Interpretation der Kennziffern
  - Überwachung der Finanz-, Liquiditäts- und Investitionsplanung
  - Unterstützung der Linieninstanzen bei Finanzierungsfragen und Bankgeschäften

- Marketingexperte:
  - Analyse und Beurteilung der SGF und SEP
  - Mitwirkung bei der Erschliessung neuer Märkte
  - Überwachung des Firmen-Auftritts

- Jurist:
  - Beurteilung der Auswirkungen neuer Gesetze für das Unternehmen
  - Überprüfung von Verträgen mit wichtigen oder längerfristigen Verpflichtungen

- Techniker:
  - Beurteilung von technischen Investitionen
  - Beurteilung von Entwicklungsprojekten
  - Unterstützung des Unternehmens bei logistischen Problemen

- Betriebswirtschafter:
  - Unterstützung der GL bei der effizienten Gestaltung der Organisation
  - Durchsetzung eines fortschrittlichen Personalwesens.

Die vorgeschlagene Rollenverteilung im VR darf nicht den Eindruck erwecken, dass alle Mitglieder ein «Ressort» zu übernehmen haben. Insbesondere die Vertreter von Aktienpaketen verfügen nicht immer über Spezialkenntnisse und können trotzdem wertvolle Beiträge leisten.

Als Abschluss unseres Antrages zur Bildung eines aktiven VR gelten folgende Minimalanforderungen:

- Bei jeder Neubesetzung sollte man sich überlegen, welche Eigenschaften eines Verwaltungsrates dem Unternehmen am meisten nützen könnten.

- Bei der Bestimmung eines neuen Mitgliedes darf nur dann ein Bekannter eines VR-Mitgliedes nachrücken, wenn er diese Erwartungen erfüllt.

- Der Präsident des VR hat die Pflicht, die vom VR zu übernehmenden Aufgaben auf die Mitglieder aufzuteilen und die «Spielregeln» für die Arbeitssitzungen festzulegen. Zu den Spielregeln gehören beispielsweise Bestimmungen über die
    - rechtzeitige Bekanntgabe der Traktanden,
    - seriöse Vorbereitung von Sachgeschäften,
    - Zustellung schriftlicher Unterlagen eine Woche vor der Sitzung,
    - Festlegung von Prioritäten, Zeitaufwand und Reihenfolge der zu behandelnden Traktanden am Anfang der Sitzung,
    - korrekte Protokollierung der Entscheide.

- Muss ein VR mit einer Vielzahl von Mitgliedern besetzt werden, dann sind für strategisch wichtige Aufgabengebiete Ausschüsse zu bilden.

- Eine statutarische Festlegung der Amtsdauer oder Altersgrenze erleichtert die Diskussion für notwendige Ergänzungswahlen.

> *«Wenn es darum geht, die Nase im Wind zu behalten, wird die Geschäftsleitung den stets präsenten, informierten, kompetenten Verwaltungsrat als Helfer und nicht als Hemmer begrüssen»* W. Halter[7.6]

3. Aufgaben und Struktur der Geschäftsleitung

Die bisherigen Ausführungen über die aktive Rolle des VR dürfen nicht darüber hinwegtäuschen, dass die Hauptverantwortung für eine erfolgreiche Geschäftstätigkeit bei der Unternehmens- oder Geschäftsleitung liegt. Tüchtige Geschäftsleiter können auch ohne aktiven VR Erfolg haben, umgekehrt nützt ein ideal besetzter VR wenig, wenn die Geschäftsleitung die gemeinsam erarbeitete Strategie nicht umsetzen kann.

Die Geschäftsleitung bildet das eigentliche Machtzentrum des Unternehmens und hat als Hauptaufgabe:

> «einen komplexen Organismus durch Festlegung von Zielen,
> Mitteln und Verfahren in eine erfolgreiche Zukunft zu steuern».

Die personelle Besetzung und eventuelle Arbeitsteilung richten sich wie beim VR nicht ausschliesslich nach organisatorischen Prinzipien. Die Entwicklungsphase des Unternehmens, die Machtansprüche der Eigentümer oder die Tradition bestimmen auch hier Form und Stil der Leitungsstruktur. Da Reorganisationsprojekte meistens nur Teilsysteme des Unternehmens erfassen, wird die Zweckmässigkeit von Führungsstrukturen bei der Analyse ohnehin ausgeklammert. Eine systematische Planung der Unternehmensleitung erfolgt somit nur selten, etwa beim Kauf oder der Zusammenlegung von Betrieben. Würden Leitungsstrukturen geplant, so müsste man von den zu erfüllenden Aufgaben und dem Leistungsauftrag ausgehen.

Die wichtigsten Aufgaben eines Geschäftsleiters sind:

- Erarbeitung und Festlegung der anzustrebenden Unternehmensziele (Leitbild, Unternehmenspolitik, strategische Planung).
- Konkretisierung und Aufteilung der Unternehmensziele in operationelle Teilziele, Budgets und Aktionspläne; Zuweisung der Aufgaben an die Mitarbeiter.
- Laufende Koordination der Aktivitäten im Unternehmen.
- Durchsetzung einer zielkonformen Finanz-, Investitions-, Forschungs-, Absatz- und Distributionspolitik.
- Entscheid in allen dringlichen und wichtigen Angelegenheiten im Rahmen der festgelegten Kompetenzordnung.
- Laufende Ueberwachung der Wirtschaftlichkeit und Rentabilität des Gesamtunternehmens.
- Vertretung der Unternehmung nach aussen.
- Vorbereitung der Anträge an den Verwaltungsrat.

Diese Lenkungs-, Koordinations- und Betreuungsaufgaben erfordern eine Persönlichkeit mit umfassendem Wissen, Erfahrung und Durchsetzungsvermögen. Zudem beinhaltet die Gesamtleitung nach Müri folgende Führungsrollen:

Klassische Führungsrollen		
Rolle	**Tätigkeit**	**Ziel**
Ordnungshüter	Strukturen schaffen und sichern	Ordnung
Herausforderer	Ziele setzen und motivieren	Leistung
Förderer	Potentiale ausschöpfen	Spielraum
Neue Führungsrolle		
Kulturarchitekt	Heimat schaffen, Fernziele artikulieren, Kontakt herstellen	Sicherheit und Geborgenheit

Abb. 7.6: Die klassischen und neuen Führungsrollen nach P. Müri[7.7]

Diese moderne Interpretation der Führungsfunktion hat mit der traditionellen Führungsaufgabe: Kommandieren–Kontrollieren–Korrigieren wenig gemeinsam. Ferner erschweren die zunehmende Spezialisierung, die steigende Informationsflut und der Zwang zur raschen Innovation die Aufgabe der Gesamtleitung. Bei jeder Strukturierung der Leitung stellt sich deshalb die Frage, ob die Lenkungsfunktion einem Einzelnen oder einem Gremium übertragen werden soll. Die grundsätzlichen Möglichkeiten für die Aufgabenzuteilung in der Leitung haben wir in der Abb. 7.7 dargestellt.

Bei der **Ein-Mann-Führung** übernimmt ein Einzelner sämtliche Führungsaufgaben. Er kann dies, wie es bei Pionierunternehmen typisch ist, im «Alleingang» tun, oder mit einzelnen Stäben (Generalsekretär, Assistenten) die Führungsarbeit verrichten.

Bei der **Gremiumsführung** teilen sich verschiedene Manager die Führungsaufgabe, wobei
- ein Mitglied dem Gremium als Präsident oder Direktor vorsteht und damit über einzelne Sonderrechte verfügt,
- ein Mitglied die «Primus inter pares»-Rolle übernimmt, womit er unter Gleichberechtigten für die Koordination des Teams sorgt.

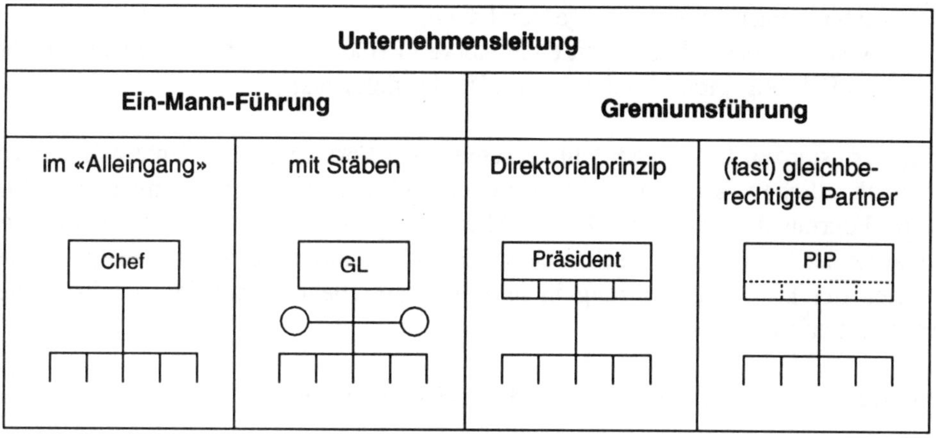

Unternehmensleitung				
Ein-Mann-Führung		Gremiumsführung	
im «Alleingang»	mit Stäben	Direktorialprinzip	(fast) gleichberechtigte Partner
Chef	GL	Präsident	PIP

Abb. 7.7: Möglichkeiten zur Strukturierung der Unternehmensleitung

In der Schweiz gibt es gemäss einer Untersuchung von R. Staerkle[7.8] bei
- 1/3 der Industriebetriebe eine Ein-Mann-Spitze
- 2/3 der Industriebetriebe eine mehrköpfige Führung, wovon rund die Hälfte mit einem Präsidenten.

Zwischen Führungsstruktur und Führungsstil besteht immer eine Wechselwirkung. Dies bedeutet allerdings nicht, dass in jedem Fall Ein-Mann-Führungen autoritär und Gremiumsführungen kooperativ sein müssen. Führungsgremien erfordern nur innerhalb des Leitungssystems ein kooperatives Verhalten, nach unten ist ein anderes Verhalten durchaus möglich.

3.1 Grundsätzliche Eigenschaften der Ein-Mann-Führung

Als Ein-Mann-Führung oder Singularinstanz bezeichnet man alle jene Leitungsstrukturen, bei denen die wichtigsten unternehmenspolitischen Entscheide von einer Person gefällt werden. Von praktischer Bedeutung ist einzig die einer Person eingeräumte Vorzugsstellung innerhalb des Führungssystems.

In der Praxis finden wir die «Ein-Mann-Führung» bei:
- Kleinunternehmen (direkte Führung der Mitarbeiter),
- mittleren Unternehmen, bei denen die funktionalen Bereiche (F+E, Einkauf, Produktion etc.) vom Geschäftsleiter überwacht und koordiniert werden,

- grösseren Unternehmen, welche zur Lenkung der Filialbetriebe oder Sparten einen Generaldirektor eingesetzt haben,
- Konzerngesellschaften mit einer starken Persönlichkeit als Präsident, welcher im Führungsgremium dominiert (Direktorialprinzip).

Singularinstanzen treten somit in verschiedenen Formen und in Unternehmen von unterschiedlicher Grösse auf. Bei kleineren und mittleren Unternehmen sind «Ein-Mann-Führungskonzepte» die Regel. Allerdings gibt es durch die individuelle Interpretation der Führungsrolle sehr unterschiedliche Führungskonzepte. Die häufigsten Formen der Ein-Mann-Führung in mittleren Unternehmen werden wir im letzten Abschnitt erläutern.

Die wichtigsten Vorteile der «Ein-Mann-Führung» sind:

- Hohe Aktions- und Reaktionsfähigkeit bei Entscheidungen und Anordnungen.
- Einfache und klare Kompetenz- und Verantwortungsverhältnisse an der Spitze des Unternehmens.
- Absolut eindeutige Unterstellungsverhältnisse sowohl aus der Sicht der Geschäftsleitung als auch aus der Sicht der Mitarbeiter.
- Klare Zuständigkeit in bezug auf die Vertretung des Unternehmens nach aussen.

Als **Nachteile** der Singularinstanz müssen aufgeführt werden:

- Grosse Abhängigkeit des Erfolges des Gesamtunternehmens von einer Person.
- Fachliche Schwächen des Leitenden werden nicht ausgeglichen, wie dies bei Pluralinstanzen der Fall ist.
- Erhebliches Risiko in bezug auf die Kontinuität der Unternehmensführung; bei einem Ausfall des Hauptverantwortlichen ist das Nachfolgeproblem schwierig zu lösen.
- Starke Führungspersönlichkeiten sind bei der Entscheidungsbildung oft einsam, da mutige und kompetente Gesprächspartner fehlen.

Die Hauptvorteile der «Ein-Mann-Führung» liegen zweifellos in der einfachen und klaren Führungsstruktur, welche sich positiv auf die Dynamik und Flexibilität auswirkt. Besonders die von Pionieren geleiteten Betriebe zeichnen sich aus durch überdurchschnittlichem Einsatz, Ideenreichtum, Investitionsfreudigkeit und hohe Motivation der Mitarbeiter. Allerdings sind die von einer Person geführten oder beherrschten Betriebe aufgrund ihrer Experimentier- und Risikofreudigkeit auch anfälliger als Durchschnittsunternehmen.

3.2 Grundsätzliche Eigenschaften der Gremiums-Führung

Bei der Gremiumsführung oder der sogenannten Pluralinstanz teilen sich mehrere Personen die Aufgaben und Entscheide der Gesamtführung. Diese Aufteilung der Führungsaufgaben erfolgt aus der Erkenntnis, dass ein Einzelner bei mittleren und grösseren Unternehmen kaum mehr in der Lage ist, die komplexen Probleme im Alleingang zu meistern. P. F. Drucker[7.9] glaubt in Anbetracht der Vielfalt der unternehmerischen Aufgaben an einen Irrtum der Ein-Mann-Leitung und kommt zu folgender Erkenntnis:

«In keinem Unternehmen – vielleicht mit Ausnahme der allerkleinsten – lässt sich die oberste Leitung als Aufgabe eines einzigen Mannes organisieren. Sie muss die Aufgabe mehrerer Männer sein, die als Team zusammenarbeiten».

Die höhere Fachkompetenz und Meinungsvielfalt eines Teams ist der häufigst genannte Grund für die Wahl der Gremiumsführung. Von den zahlreichen Erscheinungsformen der Gremiumsführung lassen sich folgende Typen unterscheiden:

- Gremien, welche nach dem Direktorialprinzip geführt werden, wobei sich der Präsident
    - auch gegen den Willen der übrigen Gremiumsmitglieder durchsetzen kann,
    - nur dann gegenüber dem Willen der übrigen Mitglieder durchsetzen kann, wenn diese auf die Einschaltung des VR verzichten.
- Gremien, welche nach dem Kollegialprinzip geführt werden, wobei vereinbart werden kann, dass für Entscheidungen
    - einfache oder qualifizierte Mehrheit erforderlich ist,
    - eine Einstimmigkeit erforderlich ist.

Geschäftsleitungsgremien, bei denen dem Präsidenten eine starke Vorzugsstellung zukommt, haben ähnliche Eigenschaften wie die Ein-Mann-Konzepte. Für die übrigen Formen der Gremiumsführung gelten folgende grundsätzlichen Vor- und Nachteile:

Vorteile der Gremiumsführung

- Ausgewogenere und meist bessere Entscheide, weil diese auf einer grösseren Summe an Bildung, Erfahrung, Wissen und Können aufbauen.
- Fehlüberlegungen Einzelner können spontan korrigiert werden.
- Durch die Pluralität der Willensbildung erfolgt die Koordination der Bereichs-

interessen bereits an der Spitze des Unternehmens.
- Die Kontinuität der Unternehmensführung kann leichter gesichert werden, da eine höhere Arbeitskapazität vorhanden ist.
- Die Möglichkeit der direkten Kommunikation bei unternehmerischen Problemen fördert das Verständnis zwischen den Bereichsleitern.
- Die Spezialisierung der Hauptverantwortlichen (Forschung, Finanzen, Marketing) ist bis zur Unternehmensspitze möglich.
- Die Einschaltung der «Fachexperten» bei der Führungsarbeit hat eine motivierende Wirkung; es gibt weniger Benachteiligte.

Nachteile der Gremiumsführung
- Die Pluralität der Willensbildung beinhaltet eine gewisse Schwerfälligkeit bei der Entscheidungsfindung.
- Weil jedes Problem unternehmenspolitisch «beleuchtet» werden kann und Sitzungen nur periodisch stattfinden, können Entscheide oft verzögert werden.
- Da Fehlentscheide von Gremien milder beurteilt werden besteht die Gefahr, dass die Verantwortlichkeit Einzelner in die Gremien verlagert wird.
- Ein Gremium kann planen, beraten und entscheiden, jedoch nicht führen. Anordnungen und Entscheide müssen immer von einzelnen Mitgliedern ausgeführt und überwacht werden.
- Wichtige und zugleich dringliche Aufgaben werden oft zu spät erledigt.

Zur Behebung oder Milderung der aufgeführten Nachteile gibt es vorsorgliche Massnahmen. Dazu gehören:
- Eine klare Zuordnung von Aufgaben, welche von Gremien übernommen werden bzw. in den Kompetenzbereich der Einzelnen gehören.
- Die Einsetzung eines Gremium-Vorsitzenden, welcher über einen ausreichenden Kompetenzrahmen zur Behandlung dringlicher Probleme verfügt.
- Eine klare Regelung der Art und Weise der Willensbildung innerhalb des Gremiums bzw. die vorgängige Erarbeitung und Festlegung der «Spielregeln».

3.3 Typische Gremiums-Konzepte

Nach der grundsätzlichen Behandlung der Gremiums-Führung sollen die wichtigsten Erscheinungsformen sowie ihre Integration in die Organisationsstruktur dargestellt und beurteilt werden. Wenn wir von Gremiums-Führung sprechen, so denken wir an dieser Stelle an die dem Verwaltungsrat unterstellte Unternehmensleitung (UL) oder Geschäftsleitung (GL). Folgende Formen sind in der Praxis häufig anzutreffen:

Zwei-Mann-Führung

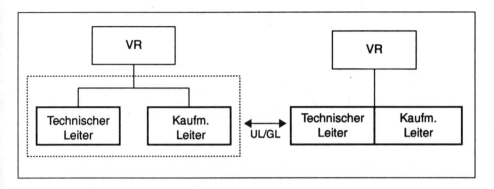

Abb. 7.8: Geschäftsleitung als Zwei-Mann-Führung

Merkmale: – Zwei gleichberechtigte Partner, in der Regel der Technische Leiter und der Kaufmännische Leiter, teilen sich die Aufgaben der Geschäftsleitung.
– Bereichsspezifische Fragen werden allein, bereichsübergreifende oder unternehmenspolitische Fragen gemeinsam entschieden.
– Die Mitarbeiter auf der zweiten Führungsstufe sind entweder dem TL oder KL unterstellt.

Vorteile: – Zwei Hauptverantwortliche kennen die Gesamtprobleme des Unternehmens.
– Relativ einfache Koordination der Bereichsinteressen.
– Breitere Basis für die Entscheidungsfindung (gegenüber Ein-Mann-Konzept).

Nachteile: – Die starke Persönlichkeit setzt sich durch und dominiert das Unternehmensgeschehen.
– Der VR muss sich bei Meinungsverschiedenheiten aktiv einschalten.
– Klare Kompetenzregelung erforderlich.

Einsatz: – Zwei-Mann-Führungskonzepte sind fast immer problematisch («Zwei Hähne auf einem Mist – ein stetig Zanken ist»).

Gremium ohne oder mit teilweiser Bereichszuteilung

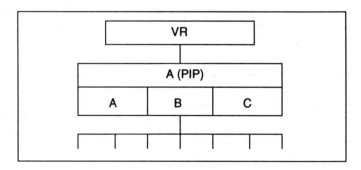

Abb. 7.9: Gremiumsführung ohne/mit Vorsitzenden und teilweiser Ressortaufteilung

Merkmale: – Die Geschäftsleitung wird nach dem Kollegialprinzip gebildet, wobei in der Regel ein Mitglied die Koordination übernimmt.
– Die einzelnen Mitglieder der Geschäftsleitung befassen sich mit den Gesamtaufgaben und in der Regel mit speziellen Aufgaben aus den einzelnen Ressorts.
– Die Bereichsleiter sind dem Gremium unterstellt.

Vorteile: – Grundsätzliche Vorteile der Gremiumsführung (Pluralität der Meinungsbildung).
– Alle GL-Mitglieder befassen sich mit den unternehmerischen Gesamtaufgaben.

Nachteile: – Unklarheiten über Kompetenzen und Verantwortlichkeiten.
– Mehrere GL-Mitglieder haben sich mit bereichsspezifischen Spezialfragen zu befassen.
– Die einem Gremium unterstellten Bereichsleiter spielen ihre Chefs gerne gegeneinander aus.

Einsatz: – Diese Form der Gremiumsführung ist nur dann praktikabel, wenn der Vorsitzende die Führungsaufgaben konsequent ausübt (vgl. Vorteile der Ein-Mann-Führung).
– Die Unterstellung von Mitarbeitern unter ein Gremium ist ein grober Organisationsfehler.

Gremiumsführung mit Ressortzuteilung

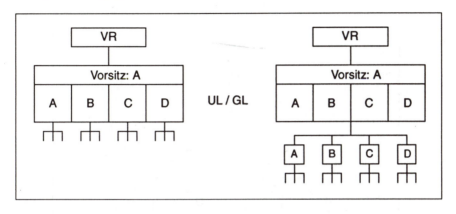

Abb. 7.10: Bereichsleiter sind zugleich Mitglied der Geschäftsleitung

Merkmale:
- Die Mitglieder der Geschäftsleitung sind grundsätzlich gleichberechtigt, verfügen jedoch über einen Vorsitzenden.
- Jedes Mitglied der Geschäftsleitung führt zugleich einen Geschäftsbereich.
- Die Chefs auf der nächsten Hierarchiestufe sind somit einem Geschäftsleitungsmitglied unterstellt.

Vorteile:
- Klare Unterstellungsverhältnisse.
- Durch Vertretung der Fachbereiche in der GL ist eine gute Koordination an der Spitze gewährleistet.
- Entscheidungen der GL werden in der Regel von den Fachverantwortlichen gut vorbereitet.
- Die Entscheidungsfindung erfolgt auf breiter Basis.

Nachteile:
- Weil jedes GL-Mitglied einen Teilbereich vertritt, können die Gesamtaufgaben des Unternehmens zu kurz kommen.
- Ein gewisses Ressortdenken ist unvermeidbar.
- Die Entscheidungsfindung ist oft schwerfällig.

Einsatz:
- Diese Form der Gremiumsführung funktioniert bei einzelnen Unternehmen recht gut. Eine wichtige Voraussetzung dafür ist allerdings eine hohe Kooperationsbereitschaft der einzelnen GL-Mitglieder.

Mischform: Ein-Mann-Gremiumsführung

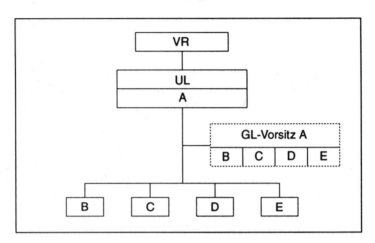

Abb. 7.11: Unternehmensleiter und die Geschäftsleitung teilen sich die Aufgaben der Gesamtführung

Merkmale: – Der Unternehmens- oder Geschäftsleiter ist für die Gesamtführung verantwortlich und entscheidet in allen wichtigen und zugleich dringlichen Angelegenheiten (Ein-Mann-Konzept).
– Über alle wichtigen und nicht dringlichen Geschäfte entscheidet ein Geschäftsleitungsgremium (GL-Sitzung).
– Der Unternehmensleiter führt die Geschäftsleitungs-Sitzungen.

Vorteile: – Sicherstellung der Vorzüge der Ein-Mann-Geschäftsführung, wie Flexibilität und hohe Reaktionsfähigkeit.
– Sicherstellung der wichtigsten Vorzüge der Gremiumsführung, wie Integration von Fachspezialisten in der GL und hohe Motivation der Bereichsleiter.

Nachteile: – Bei einem starken Unternehmensleiter werden sich die übrigen Geschäftsleitungsmitglieder kaum durchsetzen.

Einsatz: – Bei klarer Zuständigkeit der GL-Sitzungen und einem kooperativen Verhalten des Unternehmensleiters kann ein effizientes und leistungsfähiges Führungssystem entstehen. Diesem Leitungssystem stehen wir aufgrund unserer Erfahrung positiv gegenüber.

3.4 Typische Führungskonzepte in mittleren Unternehmen

Erklärung:

> Bei der Erläuterung der typischen Formen der Geschäftsführung in mittleren Unternehmen verlassen wir bewusst den Pfad «wissenschaftlich» fundierter Theorien und stützen uns ausschliesslich auf eigene Beobachtungen. Dabei sollen die möglichen Entwicklungen von Führungsstrukturen, angefangen vom reinen Pionier-Unternehmen bis zu den Gremiums-Konzepten, beleuchtet werden.

Wenn wir die uns bekannten Ein-Mann-Führungsstrukturen in Zusammenhang bringen mit der Lebenskurve eines Unternehmens, so resultieren in jeder Lebensphase typische Führungskonzepte. In den meisten Fällen können die Führungskonzepte als Normalentwicklung betrachtet werden bzw. der Charakter des Führungssystems entspricht der betriebsindividuellen Notwendigkeit und damit der Wachstumsphase des Unternehmens.

Es gibt aber auch zahlreiche Unternehmer, welche das einmal gewählte Führungskonzept auch in der folgenden unternehmerischen Lebensphase beibehalten wollen und es versäumen, durch partielle Kompetenzabtretung für eine situationsgerechte Führungsstruktur zu sorgen. Diese Führungskonzepte können die an sie gestellten Anforderungen nicht mehr erfüllen und werden deshalb als Fehlentwicklungen bezeichnet. In Abb. 7.12 haben wir die ersten drei Phasen der Lebenskurve eines Unternehmens mit den zwei wichtigsten Gefahrenzonen, in denen die Führungsstruktur angepasst werden sollte, dargestellt.

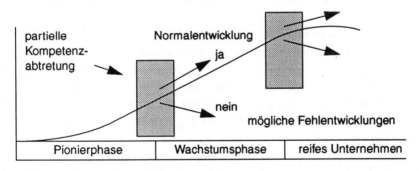

Abb. 7.12: Normal- und Fehlentwicklungen der Führungskonzepte im Zusammenhang mit der Lebenskurve eines Unternehmens

Versucht man nun, die Führungskonzepte nach der Lebenskurve des Unternehmens zu ordnen, so erhalten wir sieben typische Erscheinungsformen. Dabei gelten
- der Pionier, der Souveräne und der Ausbauer als konzeptionelle Normalentwicklungen,
- der Mächtige, der Platzhalter und der Verwalter als Fehlentwicklungen,
- der Neue als eine normale Erscheinung einer früheren Fehlentwicklung.

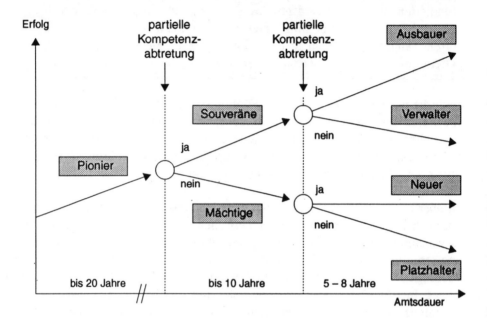

Abb. 7.13: Entwicklung und Abhängigkeit typischer Ein-Mann-Führungskonzepte

Kleinunternehmen verdanken ihren steilen Aufstieg meist einem **«Pionier»**, welcher den Aufbau eines Familienbetriebes als seine Lebensaufgabe betrachtet. Denkt ein Pionier nicht nur an sich selbst, sondern an die Kontinuität der Unternehmensführung, so überträgt er nach Überschreitung seines fünfzigsten Lebensjahres wichtige Teilaufgaben auf vorhandene gut ausgebildete Mitarbeiter. Der **«souveräne Unternehmer»** kann sich somit auf die Mitwirkung einzelner verantwortungsvoller Persönlichkeiten verlassen.

Erreicht der souveräne Unternehmer seine 60-Jahresgrenze, sollten die von ihm geschulten **«Ausbauer»** in der Lage sein, auch strategisch wichtige Planungs- und Führungsaufgaben selbständig zu übernehmen. Der Unternehmer kann dabei bis zu seiner Pensionierung seine Position ganz oder teilweise beibehalten und dem Unternehmen seine Erfahrungen zur Verfügung stellen. Verpasst er diese Chance, so wird er bald feststellen müssen, dass seine früher so initiativen und strebsamen Gefolgsleute mit den Jahren ihren Schwung verlieren und zu gehorsamen Willensvollstreckern oder «Verwaltern» degenerieren.

Kehren wir zum Pionier zurück und beobachten jene Unternehmer, welche keine interne Aufbauarbeit leisten wollen. Bei guter Gesundheit wird der Pionier, nun als «mächtiger» Unternehmer, seine Rolle noch weitere zehn Jahre mit wechselndem Erfolg spielen können. Allerdings ist eine ausschliesslich auf der Macht basierende Führung ein schlechter Nährboden für selbständig denkende Kaderleute. Aus diesem Grunde kommt bei einem allfälligen Führungswechsel nur ein externer «Neuer» in Frage. Da ehemals erfolgreiche Unternehmer gegenüber modernen Managementmethoden äusserst misstrauisch sind, wird der neue Geschäftsführer einen sehr schweren Stand haben.

Unternehmer, welche ihre Position bis zum Lebensende beibehalten, werden von den Mitarbeitern in den letzten Jahren als «Platzhalter» bezeichnet.

3.41 «Der Pionier»

Unser Wirtschaftssystem braucht Pioniere, Leute, welche die Chancen unserer freien Marktwirtschaft wahrnehmen und ihre ganze Persönlichkeit in den Dienst des Unternehmens stellen. Nach Magyar[7.10] sind Pioniere Wegbereiter, Bahnbrecher und Erfinder, die Neuland erschliessen.

Der Pionier gedeiht in beachtlicher Mehrheit in Klein- und Familienbetrieben. Dabei braucht er nicht unbedingt Eigentümer zu sein, seine Wesensmerkmale sind eine vollständige Identifikation mit dem Unternehmen, eine aggressive, vorwärtsstrebende und risikofreudige Unternehmenspolitik. Ferner versteht er aus seinen ihm meistens direkt unterstellten Mitarbeitern ein leistungsorientiertes Führungsteam zu schmieden. Die erwirtschafteten Gewinne werden unverzüglich in neue, fortschrittlichere Technologien investiert. Pioniere haben ein ausgeprägt autoritäres Auftreten. Obwohl sie es verstehen, Lagebesprechungen in nahezu kollegialem Ton abzuhalten, haben ihre Befehlsausgaben eher einen militärischen Anstrich. Den modernen Auffassungen der Managementlehre zum Trotz darf dieser autoritäre Führungsstil meist als erfolgreich bezeichnet werden. Nach unseren Beobachtungen gibt es dafür verschiedene Gründe. Einmal wird autoritäres Verhalten bei vorhandener Fachkompetenz nicht als unangenehm empfunden. Wer zudem mit dem guten Beispiel vorangeht und unangenehme Aufgaben selbst erledigt, sichert sich die Bewunderung seiner Mitarbeiter.

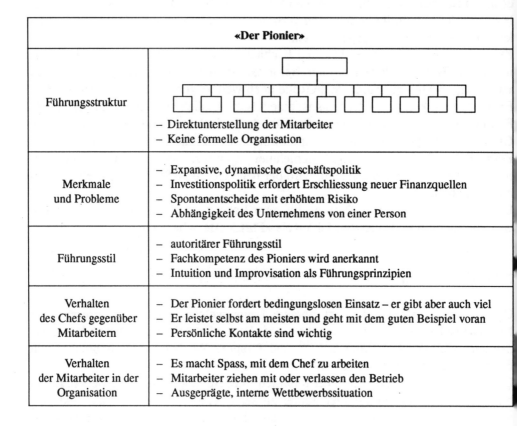

Abb. 7.14: Steckbrief Führungskonzept: «Der Pionier»

Meistens versuchen die Nachwuchskräfte in Pionierunternehmen, das Führungsverhalten ihres Chefs zu imitieren, sie pflegen die gleichen Hobbys und arbeiten, weil das so üblich ist, auch über das Wochenende. Allerdings sind Unternehmen, welche im Pionierstil geführt werden, auch Gefahren ausgesetzt. Weil sich bei diesem Führungskonzept die Kommunikation nur vertikal, also zwischen dem Chef und dem verantwortlichen Mitarbeiter abspielt, fehlt es an der Meinungsvielfalt bei der Beurteilung komplexer Probleme. Einzelne Flops, welche aus überstürzten Entscheidungsprozessen resultieren, sind deshalb keine Seltenheit.

Das grösste Risiko liegt zweifellos beim Pionier selbst. Fällt er aus irgend einem Grunde aus, so fehlt dem Unternehmen eine geeignete Führungskraft, welche die Lokomotivfunktion übernehmen könnte.

3.42 «Der Souveräne»

Der «Souveräne» hat aufgrund seiner Tüchtigkeit und seinem Interesse an der Öffentlichkeitsarbeit einen überfüllten Terminkalender. Er hat jedoch rechtzeitig jene personellen Voraussetzungen geschaffen, welche einen zeitlich begrenzten Einsatz oder gar einen späteren Absprung ermöglichen. Sein Unternehmen verfügt nicht nur über eine, sondern mehrere selbständige und verantwortungsbewusste Persönlichkeiten. Weil dadurch an der Führungsspitze selten ein Problemstau entsteht, braucht sich der Souveräne wegen seines zeitlich beschränkten Einsatzes auch kein schlechtes Gewissen zu machen.

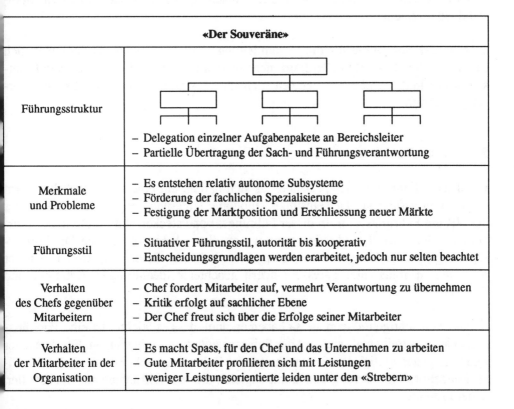

Abb. 7.15: Steckbrief Führungskonzept: «Der Souveräne»

Souverän geleitete Unternehmen verfügen somit über selbständig arbeitende Subsysteme mit eindeutiger Kompetenzregelung. Dabei spielt der Unternehmer nach wie vor die Hauptrolle. Er kann sich indessen im Marketing-, Produktions- oder Finanzbereich auf kompetente und loyale Mitarbeiter und Gesprächspartner stützen.

Zur Erreichung dieses Idealzustandes gibt es keine allgemein gültigen Rezepte. Vorerst ist die Einsicht erforderlich, dass unbequeme Mitarbeiter, welche den Mut haben, eine andere Ansicht zu vertreten als der Chef, auf die Dauer nützlicher sein können als Mitläufer.

Wer ein erfolgreiches Führungsteam aufbauen will, muss durch Festlegung anspruchsvoller Ziele, einer eindeutigen Zuordnung von Kompetenzen sowie einer unterstützenden Weiterbildung dafür sorgen, dass Leistungsnachweise tatsächlich erbracht werden können. Gegenüber Mitarbeitern, welche bei den ersten Schwierigkeiten den Chef konsultieren und die Probleme zurückdelegieren möchten, muss der Souveräne feste Haltung zeigen. Nur wer Rückdelegationen konsequent vermeidet und von seinen Unterstellten ausgereifte Vorschläge verlangt, kann diese zur Selbständigkeit erziehen.

Solange der Souveräne für die Gesamtleitung eines Unternehmens verantwortlich ist, darf er die Delegation allerdings nicht zu weit treiben. Ohne periodischen Frontkontakt verliert ein Chef mit der Zeit stichhaltige Argumente und damit seine Überzeugungskraft.

3.43 «Der Ausbauer»

Bei diesem Führungskonzept handelt es sich bereits um eine abgeschwächte Form der Gremiumsführung. Der einstmals autonome Unternehmer leitet als Delegierter des VR ein Führungsteam. In dieser Führungstruppe stecken stark motivierte Mitarbeiter, welche bereit sind, Verantwortung zu übernehmen. Zu diesen Direktunterstellten pflegt der Chef eine nahezu partnerschaftliche Beziehung; trotzdem ist er nicht nur «primus inter pares», sondern geachteter Ideenbringer, Antreiber und Berater.

Solche weitsichtigen «Teamchefs» haben erkannt, dass es leichter ist eine Vorwärtsstrategie zu betreiben als sich mit der Substanzsicherung zu begnügen. Für Ausbauer hinkt die gegenwärtige Praxis stets hinter der Zukunft zurück. Für sie bedeutet echter Fortschritt Veränderung und damit zugleich die Inangriffnahme anspruchsvoller, neuer Projekte.

Führungsstrukturen

	«Der Ausbauer»
Führungsstruktur	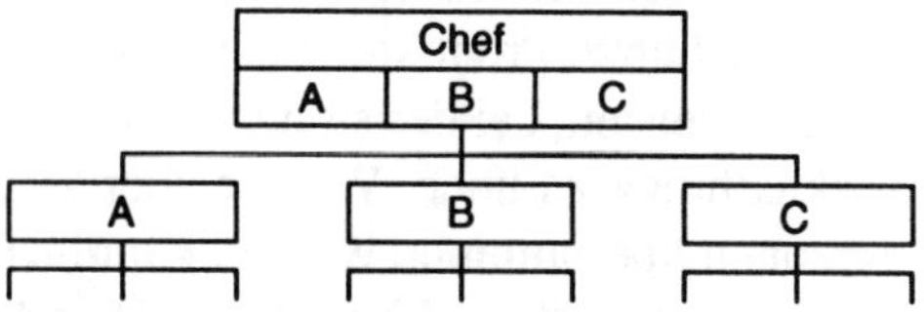 (Organigramm: Chef A B C → A, B, C) – Teilübertragung der Gesamtverantwortlichkeit an Bereichsleiter – Chef behält den Vorsitz der Geschäftsleitung
Merkmale und Probleme	– Es werden abgrenzbare Funktionsbereiche oder PC gebildet – Hauptaufgabe des Chefs: Beratung und Koordination der Subsysteme – Die früheren Erfolge lassen sich nur teilweise wiederholen
Führungsstil	– Führung durch Zielsetzung (Strategie, Planung, Budgetierung) – Meinungsverschiedenheiten werden ausdiskutiert – relativ wenig Fehlurteile
Verhalten des Chefs gegenüber Mitarbeitern	– Leistungen werden anerkannt – Förderung und Ausbildung initiativer Mitarbeiter – Sicherung und Motivation durch Leistungsanerkennung
Verhalten der Mitarbeiter in der Organisation	– Selbstentfaltungs- und Selbstverwirklichungsziele werden mit dem Unternehmen in Einklang gebracht – Das Rennen um die Nachfolge beginnt

Abb. 7.16: *Steckbrief Führungskonzept: «Der Ausbauer»*

Der «Ausbauer» befasst sich nur mit strategischen Aufgaben. Die operative Führung des Unternehmens hat er längst an einige zuverlässige Chefs abgetreten. Für neue Projekte setzt der Unternehmer nur jene Mitarbeiter ein, von denen er den grössten Erfolg erwartet. Die effektive Macht besitzen somit jene Chefs, welche über die besten Informationen verfügen und mit den interessantesten Projekten beauftragt werden. Mit dieser informellen Organisation bzw. mit dem laufenden Infragestellen des Erreichten hält der Unternehmer seine potentiellen Nachfolger in Schwung. Das unter dem Begriff «Ausbauer» zusammengefasste Führungskonzept ist somit keineswegs konfliktfrei. Im Gegenteil, der Hauptverantwortliche provoziert sogar einzelne Konflikte, weil er erkannt hat, dass Auseinandersetzungen auf sachlicher Ebene durchaus konstruktiv sein können.

3.44 «Der Verwalter»

Dieses Führungskonzept ist typisch bei sogenannten «Schwungradunternehmen», also Betriebe, welche über eine fundierte finanzielle Basis sowie einzelne ertragsstarke, meist noch geschützte Produkte (cash cows) verfügen. Der einstmals souveräne Chef kann es sich leisten, bei der strategischen Führung des Unternehmens eine «vornehme Zurückhaltung» zu üben. Weil er überzeugt ist, dass seine Funktion nur von mehreren Personen übernommen werden kann, hat er für die operative Führung ein Gremium mit gleichgestellten, altbewährten Mitarbeitern eingesetzt. Er misstraut dem von ihm ernannten Führungsteam und ist stolz auf die Erfolge der Vergangenheit.

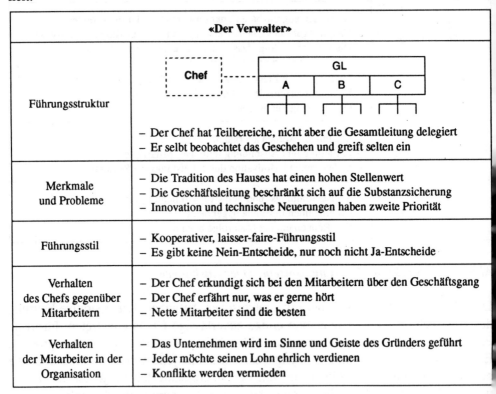

Abb. 7.17: Steckbrief Führungskonzept «Der Verwalter»

In der Geschäftsleitung sitzen erfahrene, meist ältere Chefs mit ausgesprochen kooperativen Eigenschaften. Damit keine Fehler passieren, werden auch bereichsspezifische Probleme an den häufig stattfindenden Sitzungen besprochen. Anträge und etwas riskante Ideen von Mitarbeitern werden auf umfassenden Pendenzenlisten gesammelt. Unbequeme Entscheide, welche keine Kompromisse zulassen, werden vertagt oder bei Gelegenheit dem Eigentümer, Delegierten des Verwaltungsrates bzw. dem informellen Machthaber vorgelegt. Dieser sieht seine Unersetzlichkeit bestätigt und trifft seine Entscheidungen aufgrund einseitiger oder unvollständiger Grundlagen. Allfällige Fehlentscheide vermögen die Stabilität des Unternehmens nicht zu erschüttern. Durch die gemeinsame Verantwortlichkeit entsteht ohnehin nur eine «Kollektivschuld», womit die Fehlbaren kaum zu ermitteln sind.

Die Tradition des Hauses sowie die Pflege guter zwischenmenschlicher Beziehungen spielen bei diesem Führungskonzept eine wichtige Rolle. Meldungen über interne Schwierigkeiten oder geschäftliche Misserfolge dringen nicht an die Öffentlichkeit. Der informelle Machthaber sowie allfällige Minderheitsaktionäre erhalten gut präparierte Statistiken und Geschäftsberichte.

Stagnierende Umsätze und rückläufige Marktanteile werden mit den schwierigen Marktverhältnissen begründet. Um das unternehmerische Gewissen zu beruhigen, werden auch externe Institute für Entwicklungsstudien beigezogen. Die darin enthaltenen Vorschläge werden sorgfältig studiert und vor allem diskutiert; sie finden jedoch nur selten Eingang in einen verbindlichen Aktionsplan. Das nicht oder nur teilweise zu verzinsende Eigenkapital gestattet eine wirtschaftliche Unternehmensführung. Für bedeutende Erneuerungsinvestitionen oder Ausbruchsstrategien ist die derzeitige Wirtschaftslage zu unsicher – vorsichtshalber wartet man auf bessere Zeiten.

3.45 «Der Mächtige»

Wer kennt sie nicht, die absoluten Herrscher oder «Mächtigen» eines Unternehmens. Sie geniessen in der Öffentlichkeit ein hohes Ansehen und sind in zahlreichen Verwaltungsräten vertreten. Diese durchaus löblichen Eigenschaften haben auch andere erfolgreiche Kollegen. Der Mächtige unterscheidet sich von ihnen durch die Tatsache, dass er es in der Pionierzeit versäumt hat, in seinem Unternehmen für tüchtigen Nachwuchs zu sorgen. Hauptmerkmal dieses Führungskonzeptes ist denn auch die grosse Kluft zwischen dem Machtzentrum und der nächsten Führungsebene. Nach dem Grundsatz: «Unter einer Wettertanne wächst kein Gras» findet der Mächtige in seinem Betrieb tatsächlich keinen ernstzunehmenden Gesprächspartner.
Diese zweifellos betrübliche Entwicklung verdankt der Mächtige seiner mangelnden Einsicht, dass fähige Mitarbeiter immer anspruchsvollere Aufgaben und grössere Verantwortung übernehmen möchten. Lässt der «Beste» im Unternehmen dies nicht zu, resignieren selbstbewusste Mitarbeiter oder versuchen in anderen Betrieben ihre Tüchtigkeit unter Beweis zu stellen. Die mangelnde Delegationsbereitschaft des Chefs führt somit mit den Jahren zu einem negativen Selektionsprozess.

	«Der Mächtige»
Führungsstruktur	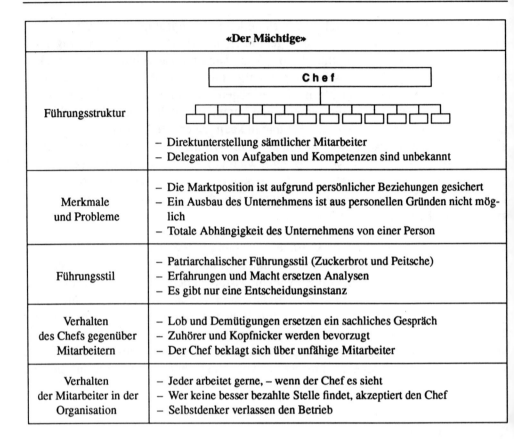 – Direktunterstellung sämtlicher Mitarbeiter – Delegation von Aufgaben und Kompetenzen sind unbekannt
Merkmale und Probleme	– Die Marktposition ist aufgrund persönlicher Beziehungen gesichert – Ein Ausbau des Unternehmens ist aus personellen Gründen nicht möglich – Totale Abhängigkeit des Unternehmens von einer Person
Führungsstil	– Patriarchalischer Führungsstil (Zuckerbrot und Peitsche) – Erfahrungen und Macht ersetzen Analysen – Es gibt nur eine Entscheidungsinstanz
Verhalten des Chefs gegenüber Mitarbeitern	– Lob und Demütigungen ersetzen ein sachliches Gespräch – Zuhörer und Kopfnicker werden bevorzugt – Der Chef beklagt sich über unfähige Mitarbeiter
Verhalten der Mitarbeiter in der Organisation	– Jeder arbeitet gerne, – wenn der Chef es sieht – Wer keine besser bezahlte Stelle findet, akzeptiert den Chef – Selbstdenker verlassen den Betrieb

Abb. 7.18: Steckbrief Führungskonzept «Der Mächtige»

Der Mächtige versucht die Leistungsfähigkeit seines Betriebes zu erhöhen, indem er immer mehr Vorschriften und Weisungen erlässt. Seine früher sachlichen Aussprachen ersetzt er durch Ansprachen vor den versammelten Mitarbeitern. Dabei fordert er erhöhten Leistungswillen und schreckt nicht davor zurück, einzelne Mitarbeiter für begangene Fehler öffentlich zu tadeln. Gegenüber den Unterwürfigen und Demütigen zeigt er sich recht grosszügig, womit er sich immer eine Schar von Mitarbeitern sichern kann, welche ihn weiterhin bewundern. Der Mächtige hat sein persönliches Ziel der Selbstverwirklichung erreicht, allerdings auf Kosten des Unternehmens.

3.46 «Der Neue»

Unter diesem Führungskonzept verstehen wir die meist mehrjährige Übergangszeit von der Einstellung eines neuen Geschäftsleiters bis zum vollständigen Ausscheiden des bisherigen Machtinhabers.
Es gibt auch «mächtige» Unternehmer, welche zwar spät, aber dennoch einsehen, dass sie einen Nachfolger brauchen. Weil es tüchtige Führungskräfte in einem patriarchalisch geführten Betrieb nicht geben kann, muss der «Neue» ausserhalb des Unternehmens gesucht werden. Bei der Einstellung wird dem neuen Geschäftsführer eine baldige Übertragung der Leitungsfunktion in Aussicht gestellt. Da der ehemals mächtige Unternehmer davon überzeugt ist, dass für die Führung seines Unternehmens eine grosse Erfahrung erforderlich sei, dauert die vereinbarte Einführungszeit oder Übergangslösung meist sehr lange.

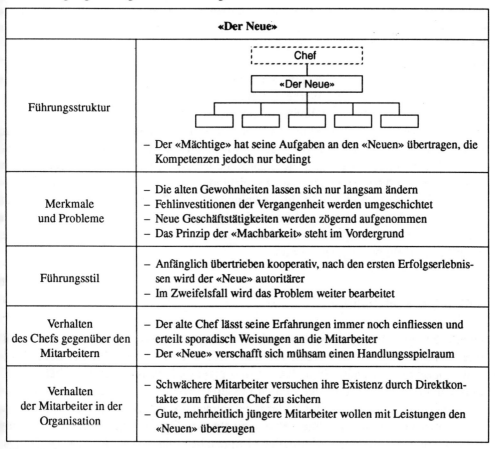

	«Der Neue»
Führungsstruktur	(Chef → «Der Neue» → Mitarbeiter)
	– Der «Mächtige» hat seine Aufgaben an den «Neuen» übertragen, die Kompetenzen jedoch nur bedingt
Merkmale und Probleme	– Die alten Gewohnheiten lassen sich nur langsam ändern – Fehlinvestitionen der Vergangenheit werden umgeschichtet – Neue Geschäftstätigkeiten werden zögernd aufgenommen – Das Prinzip der «Machbarkeit» steht im Vordergrund
Führungsstil	– Anfänglich übertrieben kooperativ, nach den ersten Erfolgserlebnissen wird der «Neue» autoritärer – Im Zweifelsfall wird das Problem weiter bearbeitet
Verhalten des Chefs gegenüber den Mitarbeitern	– Der alte Chef lässt seine Erfahrungen immer noch einfliessen und erteilt sporadisch Weisungen an die Mitarbeiter – Der «Neue» verschafft sich mühsam einen Handlungsspielraum
Verhalten der Mitarbeiter in der Organisation	– Schwächere Mitarbeiter versuchen ihre Existenz durch Direktkontakte zum früheren Chef zu sichern – Gute, mehrheitlich jüngere Mitarbeiter wollen mit Leistungen den «Neuen» überzeugen

Abb. 7.19: Steckbrief Führungskonzept: «Der Neue»

Damit treffen im gleichen Unternehmen zwei Führungspersönlichkeiten mit grundverschiedenen Auffassungen aufeinander. Der bisherige und effektive Machtinhaber mit traditionsbehafteten Wertvorstellungen, pragmatischen Entscheidungsprozessen und personenorientierten Organisationsprinzipien, der neue, auf dem Papier ernannte Geschäftsführer mit meist modernen, sachlichen und systematischen Führungsprinzipien.

Für den «Neuen» ist eine sorgfältige Einführung und eine gewisse Arbeitsteilung anfänglich durchaus angenehm. Erst wenn er merkt, dass die vereinbarte Kompetenzabtretung nicht mehr als dringlich betrachtet wird, versucht er die Zügel anzuziehen. Am besten gelingt ihm dies mit der Einführung neuer Planungs-, Organisations- und Führungsinstrumente. Mit seinen neuen Ideen kann er einen kleinen Teil der Mitarbeiter, meist die jüngeren und fortschrittlich eingestellten, gewinnen. Ältere oder weniger aufgeschlossene Mitarbeiter sind gegenüber den Neuerungen eher skeptisch eingestellt und benützen ihre Direktkontakte zum bisherigen Geschäftsführer, um ihre Anliegen fallweise durchzusetzen. Der zwar nur noch teilweise anwesende, aber informell immer noch mächtige Unternehmer freut sich über jeden Ratsuchenden und zeigt seine spontane Hilfsbereitschaft, indem er Lieferanten bestimmt, Einkäufe tätigt, Werbevorschläge genehmigt oder sporadisch gestellte Lohnforderungen beliebter Mitarbeiter akzeptiert.

Die daraus entstehende Patt-Situation kann der Neue nur dann lösen, wenn er die für ihn risikobehaftete Vertrauensfrage stellt. Im positiven Fall wird die formelle Führungsstruktur durchgesetzt und die erforderlichen Kompetenzen übertragen. Damit beginnt für den Neuen eine mühsam zu leistende Aufbauarbeit. Bis sich das Verhalten der Mitarbeiter ändert und die verschiedenen Fehlinvestitionen umgeschichtet sind, können Jahre vergehen. Mittelfristig darf deshalb kein Aufschwung erwartet werden. Die Bewahrung des Unternehmens vor weiteren Marktanteilsverlusten muss bereits als Erfolg bezeichnet werden.

3.47 «Der Platzhalter»

Uneinsichtige «Mächtige», welche sich bis zum gesundheitlich bedingten Austritt an ihre Funktion klammern, werden von den Mitarbeitern als Sesselkleber oder Platzhalter bezeichnet. Solche Sesselkleber sind eigentlich zu bedauern; sie hätten aufgrund ihrer früheren Leistungen einen besseren Abgang verdient. Obwohl sie aus Sicherheitsgründen schon längst ihren Führerschein abgeben müssten, fühlen sie sich immer noch fähig ein Unternehmen zu steuern. Grundsätzliche Entscheidungen werden von verschiedenen informellen Gruppen beeinflusst. Da gibt es Verwaltungsräte mit Spezialaufgaben, Beiräte mit diplomatischem Flair, persönliche Freunde der

Geschäftsinhabers, umsatzorientierte Berater, Verwandte und interne Mitarbeiter in Vorzugsstellungen. Sie alle werden, ob sie nun kompetent sind oder nicht, sporadisch bei einzelnen Geschäftsvorfällen zugezogen.
Ihre Aufgabe besteht vor allem darin, dem Platzhalter zuzuhören, ihm vorerst wohlwollend zuzunicken, ihn dann zu beruhigen und schliesslich seine allfälligen Weisungen in einer modifizierten und für das Unternehmen vertretbaren Form weiterzuleiten.

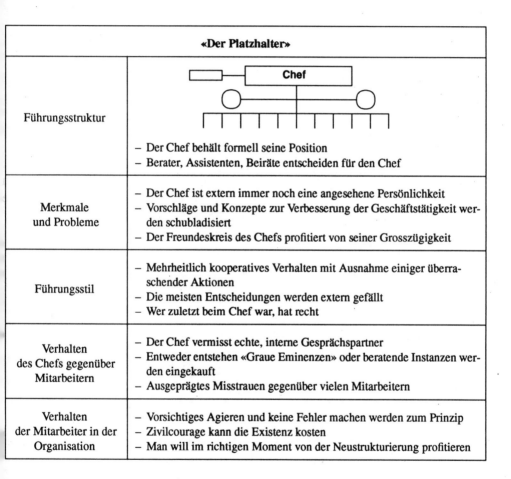

Abb. 7.20: *Steckbrief Führungskonzept: «Der Platzhalter»*

Die Gefahr für unternehmerische Fehlinvestitionen ist bei solchem gefühlsorientierten Führungsverhalten besonders gross. Kein oder nur wenig Geld wird für Forschungsprojekte, EDV-Anlagen oder innerbetriebliche Rationalisierungen ausgegeben. Dagegen haben repräsentative Bauprojekte, welche sich als Denkmal eignen könnten, weit bessere Erfolgschancen.

Bei der vorliegenden Situation wäre der Verkauf des Unternehmens zweifellos die objektiv beste Lösung. Der Anstoss dazu kann allerdings nur von den Banken kommen. Nur finanzielle Sachzwänge können das Verhalten eines Platzhalters ändern. Ohne Druck von aussen müssen die noch bestehenden informellen Gruppen versuchen, das Unternehmen vor weiteren Substanzverlusten zu bewahren.

Literatur zu Kapitel 7

7.1	Bleicher K.	Organisation, Strategien–Strukturen–Kulturen, Wiesbaden 1991
7.2	Rühle K.	Zeitgemässe Gestaltung der Führungsspitze von Unternehmen, Bertelsmann 1986
7.3	Strasser J.	Dieses Know-how muss ein Verwaltungsrat mitbringen, iO-Zeitschrift 2/1983
7.4	Spencer Stuart	Umfrage SHZ, 24.11.1983
7.5	Fopp L.	Verwaltungsräte, iO-Zeitschrift 7/8/1985
7.6	Halter W.	Plädoyer für den aktiven VR, iO-Zeitschrift 2/1989
7.7	Müri P.	Der Chef: Viele Rollen – eine Persönlichkeit, iO-Zeitschriftl 7/8/1986
7.8	Staerkle R.	Konzept der Unternehmungs- und Führungsorganisation, Bern 1991
7.9	Drucker P. F.	Die Praxis des Managements, Econ 1970
7.10	Magyar K. M.	Pioniere und Pionierunternehmen, Die Orientierung SVB, Nr. 86 1986

Index

A

Analyse Struktur	104
• Aufgabenbereiche	112
• Instrumente der	119
• IST-Analyse	104
• leitbildorientiertes Vorgehen	105
• Phasen	107
• Voranalyse	109
Anforderungsprofil	82
Arbeitsabläufe	
• Ablauf-Grobplan	210
• Aufgabe-Folgeplan	213
• Formular-Ablaufplan	210
• Techniken	209
• Vorgehen	208, 214
Arbeitsvereinfachungskonzepte	191
• Vorgehen	192
Ärea-Manager	242
Aufgaben	
• Führungsaufgaben	165
• persönliche Aufgaben	165
• Sachaufgaben	165
Aufgabenanalyse	
• Anwendungsgebiete	185
• Darstellung Aufgabenstruktur	188
• Erfassungstechnik	186
• Vorgehen	183
Aufgabenbündelung	49
Aufgabenliste	194
Aufgabenverteilungsplan	
• IST	195
• SOLL	195

C

Cluster-Organisation	285
Cost-Center	242

D

Delegation	52
• als Führungsaufgabe	53
• Fehler	57
• Grad der	56
• Kompetenzen	61
• Prinzipien	54
Dokumentenanlyse	121

E

Effektivität	21
Effizienz	21
Eignungsprofil	82
Ein-Mann-Führungskonzepte	
• der Ausbauer	320
• der Mächtige	323
• der Neue	325
• der Pionier	317
• der Platzhalter	326
• der Souveräne	319
• der Verwalter	322

F

Filialunternehmen	239
Fragebogen	122
Führungsorganisation	294
Führungsstrukturen	294
Führungsstufe	66
Functional-Manager	242
Funktionendiagramm	166
• Abstimmung auf Struktur	169
• Aufgabenkatalog	170
• Beurteilung	175
• Festlegung der Funktionen	173
• Hauptmerkmale	167
Funktionsbeschreibung	161

G

Geschäftsleitung	
• Aufgaben	305
• Ein-Mann-Führung	306
• Führungsrollen	306
• Gremiumsführung	306, 309
• Gremiums-Konzepte	310
• Mischform	314
• mit Ressortzuteilung	313
• ohne Bereichszuteilung	312
• Zwei-Mann-Führung	311
Grundstruktur	222
GWA	197
• Projektablauf	199
• Wirkung	200
• Ziele	198

I

Integrierte Projektorganisation	264
Interview	128
• Anzahl Interviewpartner	132
• Arten	128
• Ort	131
• Phasen	129
Investment-Center	242

J

Job Contract	157, 158
Job Description	157, 161
Job Enlargement	88
Job Enrichment	89
Job Rotation	88
Job Sharing	89

K

Kommunikationsdiagramme	153
Kompetenzen	61
• Anordnungskompetenz	62
• Antragskompetenz	61
• Ausführungskompetenz	62
• Entscheidungskompetenz	62
Kontrollspanne	64

L

Lean Management	280
Lebenskurve eines Unternehmens	315
Leistungsorientierung	21
Leistungsstandards	159
Leitungsspanne	64
Linienstruktur	71

M

Matrix-Organisation	241
• fachtechnische Unterstellung	244
• Schnittstellen	244
• Spielregeln	245
• Struktur	242
• Vortrittsrechte	245
• Zusammenarbeit	243
Matrix-Projektorganisation	264
• Anwendungsvoraussetzungen	267
• Konfliktthese	265
• Kooperationsthese	265

O

Organigramm	149
• Darstellung	151
• Gestaltung	150
Organisation	
• als Führungsaufgabe	36
• Einsatzbereiche	18, 33
• formelle Aspekte	34
• Hilfsmittel	148
• Instrumente der	31
• periodische Anpassung	41
• Phasen	143
• Prinzipien	117
• Probleme	18
• Tätigkeit	18
• und Motivation	41
• Ziele	17
• Zyklen	96
Organisationsanalyse	
• Beobachtungen	134
• Kommunikationsdiagramme	135
• Lösungsvorschläge	140
• Multimomentstudien	134
• Nutzwertanalyse	140
• Selbstaufschreibung	135
• Verhalten Mitarbeiter	102
• Vorgehen	138
• Ziele und Ansprüche	136
Organisationsform	229
• divisionale	236
• funktionale	234
• nach Abnehmerkategorien	240
• produktorientiert	236
• regionale	238
Organisationsstruktur	
• Ableitung der Formen	229
• eindimensionale Konzepte	230
• Einfluss Unternehmenspolitik	225
• Entwicklungsphasen	222
• zweidimensionale Konzepte	230

P

Pflichtenheft	157, 16
Pionier	31
Produkte-Teams	25
Produktivität	2
Produktmanagement	25

Index

- Anwendungsvoraussetzungen 251
- Aufgaben 253
- Einsatzformen 255
- und Funktionen 250

Profit-Center 242
Projektausschuss 277
Projektführungsinstrumente 275
- Aktionsplan 275
- Balkendiagramm 275
- Meilensteinplan 275
- Projektstatusbericht 275

Projektgruppe 277
Projektkoordination 262
Projektorganisation
- Abwicklung von Projekten 273
- Aufgaben Projektleiter 268
- integrierte 264
- Projektplanung 273
- Projektsteuerung 273
- Projektüberwachung 273
- reine 270

Projektteam 277

R
Rentabilität 20

S
Schlüsselbereiche 204
Selbstkoordination 80
SGE (strategische Geschäfts-Einheiten) 223
SGF (strategische Geschäfts-Felder) 223
Stellenarten 70
- Linienstelle 71
- Matrix-Stelle 75
- Springer 88
- Stabsstelle 72
- Zentrale Dienste 74

Stellenbeschreibung 157
- Umfeld 161

Stellenbesetzung 82
- personenbezogen 83
- sachbezogen 83

Stellenbeziehungen
- Ein-Linienbeziehung 77
- Mehr-Linienbeziehung 78
- Zentralstelle 78

Stellenbild 82

Stellenbildung 48
Stellvertretung 85
- nebenamtlich 86
- Platzhalter 87
- vollamtlich 86

Strukturierung
- horizontal 63
- vertikal 63

Strukturtyp 70
System 24
- Ansatz 26
- Denken 27

Systemorientierung 23

T
Tensor-Organisation 247
- drei Dimensionen 248
- vier Dimensionen 249

U
Unternehmerische Dimensionen
- Darstellung 226
- Einstufung 230
- Funktionen 227
- Kombinationsmöglichkeiten 231
- Märkte 227
- Prioritäten 228
- Produkte 227
- Wahl 227

Unternehmung
- Soziale Aspekte 29

V
Verwaltungsrat 297
- Aufgaben 299
- Rollenverteilung 302

W
Wirtschaftlichkeit 21

Anhang

Meier AG

Fragebogen

zur Ermittlung der Zweckmässigkeit bestehender organisatorischer Regelungen

Dr. E. Nauer, Unternehmensberatung, St.Gallen

- 2 -

1. Personalien

Name : .... Vorname :........................

Jahrgang : .... Tel. intern : ....

Jahr des Firmeneintritts : .... In dieser Position seit : ....

2. Organisatorische Eingliederung

2.1 Bezeichnung der Stelle : ....

2.2 Wer ist Ihr direkter Vorgesetzter?
    Name: Stellenbezeichnung:
    ....

2.3 Von wem erhalten Sie sonst noch Aufträge oder Weisungen?
    Name: Art der Aufträge:
    ....
    ....
    ....
    ....

2.4 Wer ist Ihnen direkt unterstellt?
    Name: Stellenbezeichnung:
    ....
    ....
    ....
    ....
    ....
    ....

2.5 An welche Personen, die Ihnen nicht direkt unterstellt sind, erteilen Sie Aufträge oder Weisungen ?
    Name: Art der Weisung:
    ....
    ....
    ....
    ....
    ....

- 3 -

2.6 Stellvertretung:
- Wer ist Ihr Stellvertreter (evtl. mehrere nach Sachgebieten)?
....
....

- Wen vertreten Sie?
....
....

2.7 Zuständigkeitsbereich/organisatorische Eingliederung
- Ist Ihre Stelle innerhalb der Gesamtorganisation richtig eingeordnet? Müsste Ihre Stelle allenfalls einem anderen Bereich zugeordnet werden?
....
....

- Ist Ihr Zuständigkeitsbereich gegenüber anderen Stellen genügend klar abgegrenzt?
....
....

- Haben Sie eine Stellenbeschreibung, ein Pflichtenheft, Funktionendiagramm oder andere schriftliche Arbeitsbeschreibungen? (bitte beilegen)
....
....

3. Aufgabenbereich
3.1 Welches sind die drei bis fünf wichtigsten Aufgaben Ihrer Stelle, und wie werden Sie durch diese zeitlich beansprucht? (Für die zeitliche Belastung ist keine absolute Genauigkeit erforderlich.)

Aufgaben:	Zeitaufwand in %

- 4 -

3.2 Welche Ihrer derzeitigen Aufgaben würden Sie aus organisatorischen oder anderen Gründen einer anderen Stelle zuweisen?
Aufgabe: Stelle:
....
....
....

3.3 Werden bei irgend einer Stelle der Unternehmung Aufgaben erledigt, die eigentlich in Ihren Verantwortungsbereich fallen?
Aufgaben: Stelle:
....
....
....

3.4 Wie beurteilen Sie grundsätzlich den von Ihrer Stelle zu erfüllenden Leistungsauftrag?
Denken Sie über allfällige Probleme nach und schildern Sie diese.
Beispiele:
- Entspricht die Definition Ihres Aufgabenbereiches den Anforderungen der Unternehmung und des Marktes?
- Werden gewisse Aufgaben vernachlässigt?
- Könnten gewisse Aufgaben ohne Beeinträchtigung der Zielerreichung weggelassen werden?
- Gibt es Doppelspurigkeiten oder Überschneidungen?

....
....
....
....
....
....
....
....
....
....
....
....
....
....
....
....
....
....
....

- 5 -

4. Führung/Kompetenzen/Informationen

4.1 Werden Sie regelmässig über die grundsätzlichen Ziele, Prioritäten oder Probleme orientiert? Welche Zusatzinformationen könnten Ihre Arbeit erleichtern?
....
....
....

4.2 Werden die von Ihnen zu erfüllenden Ziele und die darauf basierenden Hauptaufgaben regelmässig und klar festgelegt?
(Mit welchem Vorgesetzen und wie oft?)
....
....
....

4.3 Reichen die Kompetenzen aus, um die vorgegebenen Ziele zu erreichen?
....
....
....

4.4 Welche Entscheidungen, die Ihren Arbeitsbereich betreffen, hat sich Ihr Vorgesetzter vorbehalten?
....
....
....

4.5 Welche Entscheidungen überlassen Sie Ihren Untergebenen?
....
....
....

4.6 An welchen Ausschüssen, Sitzungen, Projektteams nehmen Sie teil?
....
....
....

4.7 Welche Projektteams oder Ausschüsse könnten neu gebildet werden oder auf welche bestehenden könnte man verzichten?
....
....
....

- 6 -

5. Anregungen
Mit einem Fragebogen lässt sich immer nur ein Teil der betrieblichen Probleme erfassen. Versetzen Sie sich in die Rolle des Unternehmers oder Organisators und überlegen Sie sich, welche bisher noch nicht genannten organisatorischen Änderungen Sie einführen würden!

- 7 -

Erläuterung zum Fragebogen

Vorgehen beim Ausfüllen des Fragebogens

- Fragebogen vor dem Ausfüllen bitte zuerst vollständig durchlesen.
- Der Organisator möchte Ihre persönliche Meinung kennenlernen; Teamarbeit ist diesmal weniger geeignet.
- Es sollen keine stilreinen Sätze formuliert werden; Stichworte oder kurze Sätze genügen.
- Übergehen Sie Fragen, welche ihren Arbeitsbereich nicht betreffen.
- Wenn bei einer Frage zu wenig Platz für Ihre Antwort zur Verfügung steht, so bitten wir Sie, ein zusätzliches Blatt zu verwenden.
- Wir bitten Sie, den Fragebogen so schnell als möglich an die untenstehende Adresse zu schicken.

Auswertung

Die Fragebogen sowie die persönlichen Besprechungen bilden die Grundlage der Organisationsanalyse. Bei dieser ersten Phase der Organisationstätigkeit geht es um eine möglichst vorurteilsfreie Erfassung des bestehenden Organisationskonzeptes sowie um eine Auflistung bereits vorhandener Verbesserungsvorschläge von seiten der Mitarbeiter. Wir sind allen Mitarbeitern dankbar, welche die Ausgangslage kritisch, jedoch objektiv beurteilen und bei der Lösungsfindung aktiv mitwirken.

Diskretion

Die Fragebogen werden ausschliesslich von Dr. E. Nauer eingesehen. Die Ergebnisse aus den Fragebogen und den Interviews werden summarisch bzw. problemorientiert ausgewertet. Mängel und kritische Äusserungen werden abgeklärt, ohne dass der Name oder die Stelle bekanntgegeben wird, von der die entsprechende Information stammt.

Gute Vorschläge hingegen werden auf ihre Realisierbarkeit geprüft und bei entsprechender Zustimmung als Vorschlag des betreffenden Mitarbeiters gekennzeichnet, weitergeleitet bzw. in der Reorganisation berücksichtigt.

Die ausgefüllten Fragebogen werden nach Abschluss der Untersuchung vernichtet. Jeder Mitarbeiter hat somit Gewähr, dass seine Angaben absolut vertraulich behandelt werden.

Dr. Ernst Nauer
Unternehmensberatung
Postfach 1435
9001 St.Gallen

071 311 45 74

Tel. 071/223 57 41
Fax. 071/223 57 48

Organisationslehre
___

Wilhelm Hill / Raymond Fehlbaum / Peter Ulrich

Organisationslehre 1

Ziele, Instrumente und Bedingungen
der Organisation sozialer Systeme

Uni-Taschenbücher (UTB) Band 259

5., überarbeitete Auflage
367 Seiten
52 Abbildungen und Tabellen, 1 Falttafel
kartoniert Fr. 26.– / DM 27.80 / öS 203.–
ISBN 3-258-04734-0

___

Verlag Paul Haupt Bern · Stuttgart · Wien

Organisationslehre

Wilhelm Hill / Raymond Fehlbaum / Peter Ulrich

Organisationslehre 2

Theoretische Ansätze und praktische Methoden
der Organisation sozialer Systeme

Uni-Taschenbücher (UTB) Band 365

5., verbesserte Auflage
276 Seiten
17 Abbildungen, 2 Tabellen, 2 Falttafeln
kartoniert Fr. 23.– / DM 24.80 / öS 181.–
ISBN 3-258-05857-1

Verlag Paul Haupt Bern · Stuttgart · Wien